Roberto Capello
e os edifícios

SULACAP e SUL AMÉRICA DO BRASIL

1930 - 1950

Karine de Arimateia

APOIO:

Newton
Inovação é a nossa tradição.

do_co_mo_mo_
brasil | núcleo mg

Belo Horizonte · 1946
"Ed. "Sul America" e "Sulacap"

C. da L. 134

À memória do meu querido irmão, Waldemar Antônio de Arimateia, exímio procurador de justiça do Estado de Minas Gerais.

3

PREFÁCIO

Foi com muita satisfação que recebi o convite para escrever o prefácio do livro de Karine de Arimateia, que sintetiza a sua pesquisa de doutoramento. É importante destacar que fui, desde o princípio, seduzida pelo tema e, mesmo não conhecendo Karine pessoalmente, logo quis dialogar com ela e recebê-la como orientanda no Programa de Pós-Graduação em Arquitetura – PROARQ, da Universidade Federal do Rio de Janeiro - UFRJ.

O caminho enfrentado pela então doutoranda foi tortuoso. Ela encarou perdas, problemas familiares e de saúde e a distância, em um período em que tínhamos apenas o Skype como ferramenta para encontros online, pois não havíamos sido apresentados a tantos outros que foram disponibilizados no período pandêmico.

Karine ainda se defrontou com o 'tempo', este bem precioso que cada vez mais vemos encurtado, pois ela dividiu o seu, como doutoranda, com as tarefas docentes, já que, além das de ensino na instituição em que trabalha, ainda exerceu cargos administrativos durante o período do doutorado.

Assim, além de uma tese, o que vocês vão ler aqui é o resultado de um 'se desdobrar', entre tantas coisas da vida, para concluir uma tarefa com precisão e criatividade, para se habilitar como uma pesquisadora autônoma. Não que ela não o fosse, pois descobrir um tema inédito a partir de um problema da sua atividade profissional já demonstra o perfil de pesquisadora da autora. Posso afirmar que nisso me identifico com ela, a atração por temas que não estão entre aqueles celebrados e reconhecidos pelo campo de estudos da arquitetura e urbanismo e, em específico, da modernidade arquitetônica.

Nesse sentido, Sarah Williams Goldhagen (2005)[1] nos alerta para o fato de que a representação moderna em arquitetura não pode ser reduzida a estilos ou mesmo a uma vertente canônica como a codificada pelos CIAMs como pertencente ao Movimento Moderno. Isso para ela seria uma redução da complexidade e riqueza de expressões. A autora caracteriza este entendimento da representação moderna em arquitetura como um paradigma, que, como uma

1 GOLDHAGEN, Sarah Williams. Something to talk about Modernism. Discourse, Style. *Journal of the Society of Architectural Historians*. v. 64, n. 2, 2005, p. 144-167. Publicado pela University of California Press. Disponível em: https://www.jstor.org/stable/25068142?seq=1. Acesso em: 2 out. 2020.

ferramenta analítica, pode vir a reduzir o problema, não expondo a questão na sua totalidade.

Nesse sentido, o trabalho de Karine traz uma modernidade arquitetônica expressa numa tipologia urbana nova nas cidades brasileiras: o edifício empresarial em altura. Esta tipologia funcional e formal no caso estudado teve como objetivo abrigar os escritórios das empresas Sulacap e Sul América, mas em alguns dos casos abrigava também unidades habitacionais, ou seja, eram multifuncionais. Mas o que é interessante destacarmos é sua função representativa da modernidade, que era transmitida não pelas transparências das fachadas envidraçadas, mas pelo caráter de imponência e segurança transmitido pela solidez das edificações.

Seria fácil enquadrar esses edifícios em um estilo e caracterizá-los como obras *Art Déco*, mas isso não elucidaria o problema da sua presença nas cidades, e como nos diz Walter Benjamin (1985)[2] a arquitetura na modernidade tem o papel de ser um veículo de comunicação de massas. Esse autor refere-se à arquitetura como tendo um papel fundamental desde o princípio da civilização, como "protótipo de uma obra de arte cuja recepção se dá coletivamente", apoderada pela coletividade no seu cotidiano na cidade. Por outro lado, a própria denominação *Art Déco* que foi inspirada na *Exposição Internacional de Artes Decorativas e Industriais Modernas*, realizada em Paris em 1925, pode ser questionada. Em tal exposição foram apresentadas uma miríade de linguagens que se diziam representativas da modernidade, e entre elas estava o purismo de Le Corbusier, com seu Pavilhão do Espirito Novo, o pavilhão russo criado por Konstantin Melnikov, em linguagem construtivista e que venceu como o melhor, além de obras ecléticas com as mais diversas referências incorporadas, como a de um classicismo sem ornamentos, ou mesmo a beleza cênica das obras de Mallet-Stevens,[3] obras que não podem ser consideradas ornamentais.

Assim, com a clareza da importância dessas obras para a entrada na modernidade das cidades brasileiras, a autora foi a campo. Primeiro, descobrindo a origem de um arquiteto pouco discutido e apenas citado pela historiografia da arquitetura brasileira. Para isso ela lançou mão de todas as ferramentas disponíveis para entender sua trajetória. Dessa forma, por meio da sua tese, Roberto Capello deixou de ser apenas um imigrante italiano e autor de alguns projetos para ser

2 BENJAMIN, Walter. *Magia e técnica, arte e política*: ensaios sobre literatura e história da cultura. São Paulo: Editora Brasiliense, 1985. (Obras escolhidas, V. 1)

3 Mallet-Stevens desenhou para esta exposição o hall da Embaixada francesa, o Pavilhão de Informações e Turismo, o estúdio da Société des Auteurs de Film, o jardim de árvores em concreto em colaboração com os irmãos Jan (1896-1966) e Joël Martel (1896-1966) e, por fim, o Pavilhão do Syndicat d'Iniciative de Paris.

reconhecido como um arquiteto[4] que contribuiu com uma coleção de edifícios construídos nas principais cidades brasileiras.

Mas Karine não parou por aí, ela foi à maioria das cidades e levantou documentos para produzir sua própria coleção, ou mais precisamente um inventário, composto de fichas com redesenhos, fotos e textos descritivos e analíticos, que demonstram o protagonismo desses edifícios para a modernização dos centros urbanos, tirando do anonimato não apenas o arquiteto, mas cada um dos prédios e sua participação nos conjuntos urbanos.

Acredito que a escolha de não reduzir esses edifícios a uma análise estilística foi acertada, eles representam um momento de virada do perfil bucólico das cidades (1930-1950) por meio de investimentos de capital pelas empresas. A Sulacap e a Sul América não vendiam apenas seguros, mas um modo de vida, investindo no mercado de imóveis urbanos de prédios em altura.

Ao finalizar, quero reiterar a importância da pesquisa e reconhecimento de uma modernidade que foge do icônico e que está escondida no que Mauricio Abreu (1998)[5] chamou 'memória histórica', a qual pode ser reencontrada por meio de documentos, mas também pela observação e escrutínio do espaço construído. Isso Karine nos ensina, pois foi cruzando os documentos encontrados e o empírico que se impôs novas perguntas que a levaram à produção de um material inédito, lançando luz sobre a história da arquitetura e das cidades. Tal resultado, que pode ser acessado nesta publicação, tem potencial para abrir novos temas de pesquisa para ser utilizado no ensino e mesmo na promoção de uma leitura diletante. Enfim, considero essa obra uma grande contribuição para o campo da arquitetura e do urbanismo, pois revela o que não estava evidente, cumprindo o papel da pesquisa acadêmica. Boa leitura!

ANA M. G. ALBANO AMORA

Arquiteta e Urbanista, Professora Associada da Faculdade de Arquitetura e Urbanismo da FAU e do Programa de Pós-Graduação em Arquitetura-PROARQ da Universidade Federal do Rio de Janeiro-UFRJ e bolsista de Produtividade em Pesquisa do CNPq.

4 Capello graduou-se como engenheiro pelo Politecnico di Torino, mas teve seu título reconhecido como arquiteto no Brasil.

5 ABREU, Mauricio Almeida. Sobre a memória das cidades. *Revista da Faculdade de Letras – Geografia*. Porto, I série. v. XIV, 1998. Disponível em: https://ojs.letras.up.pt/index.php/geografia/*article/view*/7761/7122.

APRESENTAÇÃO

Este livro tem sua gênese na pesquisa de doutorado que realizei no âmbito do Programa de Pós-graduação em Arquitetura (PROARQ) da Universidade Federal do Rio de Janeiro,[6] cujo tema central eram os edifícios-sedes da empresa Sul América Companhia Nacional de Seguros de Vida (SALIC)[7] e de seu outro braço empresarial, a Sul América Capitalização (SULACAP), construídos nas principais cidades brasileiras entre as décadas de 1930 a 1950 a partir dos projetos elaborados pelo arquiteto italiano Roberto Capello (1901-1985).[8]

Finalizada a pesquisa em 2021, identifiquei o quanto Roberto Capello foi apagado da cena da produção arquitetônica brasileira, embora tenha sido citado nos principais jornais do país nas décadas de 1930 a 1940 como autor dos projetos de alguns dos edifícios mais emblemáticos construídos nas áreas centrais das cidades brasileiras, a maioria deles para servir de sedes das sucursais da SALIC. Suas obras ganharam especial destaque no contexto urbano tanto por sua linguagem formal, que dialogava com os ideais modernos em contraste com o conjunto arquitetônico de traços ecléticos e coloniais, quanto por sua inovação em relação à técnica construtiva. Em decorrência dessa percepção, nos três anos que se seguiram após a defesa da tese, trabalhei na tentativa de recuperar o nome de Capello e divulgar a exemplaridade de seu legado para o contexto da produção da arquitetura moderna brasileira, trabalho que, somado à pesquisa inicial, resulta agora neste livro.

No contexto das pesquisas sobre a produção arquitetônica brasileira da primeira metade do século XX, tem sido cada vez mais recorrente o estudo sobre os arquitetos imigrantes que se formaram em países europeus no período quando a discussão do saber arquitetônico oscilava entre a tradição e a

6 ARIMATEIA, Karine de. *Roberto Capello e os Edifícios SULACAP e Sul América*: 1930 a 1950. Tese (Doutorado em Arquitetura) – Faculdade de Arquitetura e Urbanismo, Universidade Federal do Rio de Janeiro, Rio de Janeiro, 2021.

7 A sigla SALIC refere-se à abreviatura do nome da empresa no idioma inglês, South America Life Insurance Company. No decorrer dos anos de atuação no Brasil, a empresa constituiu outras corporações, como a SULACAP (Sul América Capitalização) e a SATMA (Sul América Terrestre Marítima).

8 Conforme descrito no capítulo sobre a trajetória do arquiteto (Capítulo 1), Roberto Capello formou-se em engenharia na Politécnica de Turim, Itália, no ano de 1925. Em 1935, já no Brasil, seu diploma de engenheiro foi validado e, posteriormente, em 1936, recebeu o título de arquiteto. Desse modo, seu pronome de tratamento neste texto será sempre o de arquiteto.

modernidade, cuja atuação em nosso território contribuiu para a pluralidade formal e funcional do conjunto construído. Apesar do aumento quantitativo dessas pesquisas, ainda são raras as publicações sobre os arquitetos excluídos do circuito dos profissionais que se destacaram na cena carioca e paulista, como é o caso de Roberto Capello.

O interesse pela pesquisa surgiu na ocasião da elaboração do dossiê de tombamento do conjunto SULACAP/Sul América da cidade de Belo Horizonte, documento cuja equipe técnica coordenei em parceria com outros profissionais. Na fase dos estudos de diagnósticos das duas torres, identifiquei publicações que apontavam a existência de edifícios da empresa em outras cidades brasileiras, tais como o SULACAP de Salvador, citado por Nivaldo Vieira de Andrade Junior;[9] o SULACAP e o Sul América de Porto Alegre, mencionados por Anna Paula Moura Canez;[10] o SULACAP da cidade de Santos, referenciado em artigo publicado por Carlos Finochio;[11] e o SULACAP de Juiz de Fora, tratado por Carina Folena Cardoso,[12] todos, de acordo com os autores, de autoria de Roberto Capello, com exceção das duas torres de Porto Alegre, cuja autoria foi atribuída por Canez unicamente ao arquiteto Arnaldo Gladosch, atribuição esta debatível conforme poderá ser verificado adiante. Após o término da elaboração do dossiê de tombamento, a título de curiosidade, realizei pesquisas complementares que indicaram a existência de sedes também em Curitiba, Florianópolis, Rio de Janeiro, Niterói, São Paulo, Recife, Fortaleza, Belém e Manaus. A partir desta pesquisa preliminar, concluí que essas edificações não haviam sido estudadas em sua totalidade, tampouco, com algumas exceções, analisadas separadamente. A existência de tantas sedes construídas pela empresa no espaço urbano das principais cidades brasileiras me fez aventar se todas haviam sido projetadas por Roberto Capello. Além disso, as publicações existentes que lhe conferiam autoria apenas apontavam o nome do arquiteto, sem apresentar qualquer informação adicional e suficiente para identificar o profissional. Essas indagações preliminares bastaram para delinear o projeto de pesquisa que agora resulta neste livro. Em oportuno, ressalta-se que, desde o início das investigações, a abordagem biográfica não fazia parte da estratégia

9 ANDRADE JUNIOR, Nivaldo Vieira de. *Arquitetura Moderna na Bahia, 1947-1951*: uma história a contrapelo. Tese (Doutorado em Arquitetura e Urbanismo) – Faculdade de Arquitetura, Universidade Federal da Bahia, Salvador, 2012.

10 CANEZ, Anna Paula Moura. *Arnaldo Gladosch*: o edifício e a metrópole. Tese (Doutorado em Teoria, História e Crítica da Arquitetura) – Faculdade de Arquitetura, Universidade Federal do Rio Grande do Sul, Porto Alegre, 2006.

11 FINOCHIO, Carlos. Santos do século XX: trajetória da arquitetura e urbanismo. WebArtigos, 2011. Disponível em: http://www.webartigos.com/artigos/santos-do-seculo-xx-trajetoria-da-arquitetura-e-urbanismo/64802/. Acesso em: 2 out. 2014.

12 CARDOSO, Carina Folena. *100 anos de verticalização em Juiz de Fora*: edifícios de apartamentos na avenida Barão do Rio Branco. Dissertação (Mestrado em Ambiente Construído) – Faculdade de Engenharia, Universidade Federal de Juiz de Fora, Minas Gerais, 2015.

metodológica da pesquisa, entretanto a trajetória profissional de Roberto Capello foi explorada a fim de compreender, na medida do possível, as influências projetuais que possivelmente refletiram na arquitetura dos edifícios da empresa, além de identificar o arquiteto no contexto da produção arquitetônica brasileira.

A proposta inicial era estudar esses edifícios na tentativa de entender a produção arquitetônica diversificada do período e, para tanto, diversas questões preliminares foram levantadas. Algumas puderam ser respondidas, outras não, uma vez que o estudo de obras de arquitetura nem sempre é capaz de solucionar todas as dúvidas que emergem da disciplina, apesar de servirem como instrumento para abrir outras portas.[13] Analisar obras de arquitetura requer, sobretudo, o exercício crítico; edificadas em um tempo, elas passam a fazer parte da história, mas não de uma história periodizada, e sim como parte de um processo de transculturação de ideias, segundo o pensamento da arquiteta Marina Waisman.[14]

Para a estruturação do livro, subtraí da tese original todas as questões metodológicas encadeadas para a realização da pesquisa, além dos capítulos que abordavam fundamentações teóricas, restando apenas o que interessava para a obra funcionar como um instrumento de apresentação da trajetória profissional do arquiteto e como uma espécie de inventário dos edifícios-sede da empresa Sul América projetados por ele. Com esse propósito, construí três capítulos: o primeiro se dedica a apresentar a trajetória profissional de Capello desde a sua formação em Turim, comuna italiana da região de Piemonte, até a sua atuação no Brasil. O segundo capítulo aborda a empresa Sul América, destacando sua operação ao longo de mais de um século de existência, incluindo os investimentos no setor imobiliário que resultaram na construção de diversos edifícios icônicos nas principais cidades brasileiras e também em outros países. Por fim, o último capítulo apresenta as sedes que foram projetadas por Capello no Brasil em 1930 a 1950, período que coincide com sua provável chegada ao Brasil até o seu desligamento da empresa, quando passou a atuar de forma autônoma. Com este registro, espero contribuir também para o estudo das edificações verticais construídas nas primeiras décadas do século XX, época em que a arquitetura se preocupava em dialogar com a paisagem urbana das nossas cidades.

Os primeiros edifícios verticais projetados por Roberto Capello para a Sul América sintetizaram o ideário que nortearia seus futuros trabalhos na empresa: introdução de inovações tecnológicas, o cuidado com a expressão tectônica, a relação harmoniosa do edifício com a cidade e a tradução, no próprio objeto, das necessidades funcionais e de investimentos financeiros de uma empresa brasileira em

13 ZEIN, R. V. Há que se ir às coisas: revendo as obras. *In*: ROCHA, G.; BRONSTEIN, L.; OLIVEIRA, B. S.; LASSANCE, G. (Org.). *Leituras em Teoria da Arquitetura 3*. Objetos. Rio de Janeiro: Riobooks, 2011, v. 3, p. 198-218.

14 WAISMAN, Marina. *O Interior da História*: Historiografia arquitetônica para uso de latino-americanos. Tradução: Anita Di Marco. São Paulo: Perspectiva, 2013.

plena ascensão. As análises preliminares atestaram uma série de similitudes entre as obras. A maioria dos edifícios foi erguida em terrenos de esquina, estrategicamente localizados nas áreas centrais das cidades, apresentando soluções formais clássicas como as divisões tripartidas da volumetria, janelas ritmadas do tipo "Copacabana", pouca ornamentação, saguões suntuosos revestidos em mármore, fachadas revestidas em pó de pedra, entre outros aspectos.

A pesquisa iniciou-se nos arquivos da empresa Sul América, compostos pelo material proveniente do Museu Sul América e da biblioteca da empresa, instituições que funcionaram na antiga sede do Rio de Janeiro, na Rua da Quitanda, até a transferência da empresa para a atual edificação, localizada na Rua Beatriz Larragoiti Lucas, 121, Bairro Cidade Nova. Com a mudança de endereço, todo o acervo foi transladado para uma empresa de logística no interior do estado do Rio de Janeiro, que passou a ser responsável por sua guarda. A existência desse material foi informada pelo Sr. Zeca Vieira, então Diretor de Marketing Corporativo da Sul América, que disponibilizou inicialmente uma listagem detalhada do conteúdo existente, da qual selecionei o material a ser pesquisado, o qual foi transportado para a sede do Rio de Janeiro, onde realizei a pesquisa. Infelizmente, o acervo não continha as peças gráficas dos projetos de arquitetura dos edifícios, essenciais para este estudo. No entanto, o volume continha os periódicos publicados pela empresa desde o início da sua fundação, além de livros e outros materiais que possibilitaram a descoberta de fatos importantes relativos às sedes construídas, como as autorias dos projetos arquitetônicos e, principalmente, a comprovação da existência, em 1935, do "Departamento de Propriedades e Hypotecas", cujo setor de obras e projetos era coordenado pelo arquiteto Roberto Capello. A pesquisa, contudo, não se restringiu a essa fonte, como se verá adiante.

Em relação ao profissional, até o início desta pesquisa as informações disponíveis eram escassas e sem fontes seguras. As poucas referências disponíveis, geralmente no contexto do estudo de algum edifício, indicavam que Capello era um arquiteto de nacionalidade italiana e que integrava a equipe do escritório técnico da empresa Sul América no Rio de Janeiro.[15] Alguns dados foram comprovados e outros refutados, conforme será exposto no decorrer do livro. A pesquisa no acervo da Hemeroteca Digital Brasileira da Biblioteca Nacional revelou várias informações sobre o arquiteto, como a identificação dos seus descendentes, em especial a sua filha Carla Capello, contatada por meio das redes sociais e que, gentilmente, me concedeu entrevista em sua residência no Rio de Janeiro. Carla Capello guarda um acervo significativo do pai, apesar de ter doado os projetos arquitetônicos das sedes da empresa para o Museu Sul América, os quais, como mencionado, infelizmente não foram encontrados no

15 Machado, 1998, p. 327, *apud* Canez, 2006.

acervo. Na ocasião da defesa da tese, tive a surpresa de contar com a participação de sua outra filha, Diana Guenzburger (nascida Diana Capello), que, ao saber da minha intenção em publicar este livro, me enviou uma caixa especial contendo diversas fotografias antigas originais das sedes projetadas pelo pai, incluindo imagens das dependências internas de algumas delas, as quais até então não havia encontrado em minhas pesquisas, acompanhadas de uma carta pessoal demonstrando o seu orgulho pela minha iniciativa em valorizar e documentar a contribuição do seu pai para a arquitetura brasileira.

Após a identificação dos edifícios projetados por Capello, iniciei as visitas às cidades onde eles foram construídos para a comparação entre o projeto original e o objeto real. Duas sedes, porém, não puderam ser visitadas em função do período pandêmico que se instaurou no ano de 2020, o que faz desta pesquisa incompleta, como é de fato toda pesquisa. Apesar desse percalço, contei com a ajuda de muitas pessoas nas cidades não visitadas, reforçando o entendimento de que nenhuma pesquisa é realizada por um único indivíduo. Neste ponto, gostaria de aproveitar e agradecer aqueles que foram fundamentais para a construção do registro deste importante acervo.

Primeiramente agradeço à querida professora Dra. Ana M. G. Albano Amora, pela orientação dedicada e segura e por acreditar no potencial da pesquisa para a publicação deste livro. Ana pertence ao grupo dos educadores e educadoras que mesmo com o fim do período de atuação direta em nossa formação não abandona o processo educativo, estando sempre disponível para trocas de ideias, não só sobre a disciplina, mas também sobre a vida. Não tinha como outra pessoa escrever o prefácio deste livro. Em especial, agradeço também a Carla Capello e Diana Guenzburger, filhas do arquiteto Roberto Capello, por disponibilizar o acervo do pai, fundamental para a investigação. Também deixo aqui o meu agradecimento aos professores e funcionários do Proarq/UFRJ, os quais estão na lida diária com alunos, auxiliando-os na produção dos seus conhecimentos, trabalho que, como sabemos, não é nada fácil.

Além disso, agradeço ao professor Dr. Nivaldo Andrade Junior, pela leitura inicial do projeto de pesquisa; ao arquiteto Alexandre Veras, pelas informações do edifício Sul América de Fortaleza; ao engenheiro Marcelo Mesquita, por disponibilizar o levantamento atualizado do edifício Sul América de Curitiba; ao Sr. Ivan Olivete, da Receita Federal de Curitiba, pelas informações sobre o edifício Sul América dessa cidade; a Hailton Soares da Silva Junior, estudante de arquitetura e urbanismo em Recife, pela pesquisa referente ao projeto arquitetônico original das sedes nessa cidade; à Sra. Natasha Duarte Amarante, da Coordenação de Gestão Documental de Porto Alegre, por disponibilizar os projetos das sedes SULACAP e Sul América dessa cidade; ao Sr. Reinaldo Lindolfo Lohn, integrante do Departamento de História da Universidade do Estado de Santa Catarina, por contribuir com informações sobre a sede de

Florianópolis; ao Sr. Santiago Bernal, síndico do edifício Sul América de Fortaleza, por disponibilizar as plantas existentes no arquivo da administração do condomínio; ao Sr. Milton, síndico do edifício SULACAP de Niterói, por disponibilizar o projeto original desse edifício; à querida aluna Michele Teodoro, responsável pelos desenhos referentes às peças gráficas dos edifícios; ao Sr. Zeca Vieira, que ocupava o cargo de Diretor de Marketing Corporativo da Sul América na ocasião da pesquisa, por me proporcionar o acesso ao rico acervo da empresa; ao querido amigo Dr. Pedro Maciel Guimarães, pelo incentivo à pesquisa e pela companhia durante a visita ao SULACAP de Santos; aos queridos primos Maisa e Elly por me proporcionarem a paz do Recanto do Cedro, em São João del-Rei, para a redação final deste texto; à querida amiga Luciana Masiero, pela revisão dos e-mails encaminhados ao Politecnico di Torino; ao querido amigo arquiteto Rodrigo Baeta, pela gentileza em se deslocar em plena situação pandêmica para produzir as fotos do edifício Sul América de Salvador; aos professores Gustavo Rocha-Peixoto, Aline Calazans Marques, Renato Luiz Sobral Anelli e Julio Cesar Ribeiro Sampaio pelas contribuições durante a banca de doutorado; e, por fim, ao meu marido Feijão, pelo companheirismo e sugestões *brutais* ao longo da pesquisa.

Em oportuno, não poderia deixar de registrar um fato importante em relação ao conjunto arquitetônico SULACAP e Sul América de Belo Horizonte, cidade onde resido há mais de trinta anos. Como se verá adiante, a implantação simétrica dos dois edifícios em um terreno triangular na Av. Afonso Pena proposta por Roberto Capello resultou em um amplo espaço livre ajardinado que, apesar de privado, tornou-se um dos principais pontos de encontro da população belo-horizontina até que, na década de 1970, uma construção indevida ocupou toda a área, anulando o seu uso público. A construção gerou polêmicas na capital mineira. Moradores lamentaram a intervenção e nos anos seguintes lutaram pela sua demolição. Depois de um hiato de tempo em que o assunto não foi mais comentado pelo público geral, embora tenha sido tratado frequentemente nos cursos de arquitetura da cidade, no ano de 2019, uma campanha conduzida pelo então vereador Gabriel Azevedo, denominada Janela Aberta, foi lançada em prol da desapropriação da edificação descaracterizante.[16] O assunto voltou às manchetes dos principais jornais mineiros até que, em 6 de março de 2023, a Prefeitura Municipal de Belo Horizonte publicou o decreto nº 18.267, declarando de utilidade pública a construção indevida entre as torres, e iniciou o processo de contratação para a demolição da edificação e o devido retorno da área livre para uso público.

16 A convite do vereador Gabriel Azevedo, contribuí com a campanha juntamente com os arquitetos Gustavo Penna e Flávio de Lemos Carsalade. Mais informações em: http://www.janelaaberta.com.br/.

Belo Horizonte foi projetada pelo engenheiro Aarão Reis (1853-1936) com mais de 900.000m^2 de área verde, apesar de somente 248.566m^2 terem sido implementadas. O projeto completo previa a execução de 24 praças, as quais sofreram modificações consideráveis e de maneira mais intensa no período de 1897 a 1930,[17] sendo algumas delas totalmente ocupadas, como aconteceu com uma das quatro áreas livres localizadas nas arestas do Parque Municipal Américo Renné Giannetti, onde foi construída a sede eclética dos Correios e, posteriormente à sua demolição, as torres Sul América e SULACAP. Desse modo, o retorno da área ajardinada torna-se uma decisão inédita no histórico das gestões municipais, que, com o tempo, passaram a preterir as áreas públicas em favor do mercado imobiliário. A demolição da edificação indevida começou em agosto de 2024. Espero que a publicação deste livro coincida com a tão esperada devolução do espaço livre à população belo-horizontina.

17 OLIVEIRA, Carlos Alberto. *A nova capital em movimento*: a reconfiguração dos espaços públicos em Belo Horizonte (1897-1930). Dissertação (Mestrado em História) – Instituto de Filosofia e Ciências Humanas, Universidade Estadual de Campinas, 2012.

1

O ARQUITETO

Fotografia do arquiteto Roberto Capello. FONTE: Acervo pessoal de Carla Capello.

> "[...] não podemos compreender uma trajetória (isto é, o envelhecimento social que, embora o acompanhe de forma inevitável é independente do envelhecimento biológico), sem que tenhamos previamente construído os estados sucessivos do campo no qual ela se desenrolou e, logo, o conjunto de relações objetivas que uniram o agente considerado – pelo menos em certos números de estados pertinentes – ao conjunto dos outros agentes envolvidos no mesmo campo e confrontados com o mesmo espaço dos possíveis."
>
> PIERRE BOURDIEU[1]

Em nenhum momento desta pesquisa tive a audaciosa intenção de construir a biografia do arquiteto Roberto Capello, porém o uso do material biográfico foi inevitável, pois a compreensão das obras de arquitetura demanda o entendimento das influências que o arquiteto recebeu ao longo de sua trajetória profissional.

Até o início desta pesquisa eram obscuras informações tais como sua nacionalidade, formação, a data e os motivos que fizeram Capello migrar para o Brasil e outros dados relevantes para fundamentar o objetivo inicialmente traçado. Tais elementos foram conquistados no decorrer da investigação e resultaram no material que serviu tanto para nortear esta pesquisa, de forma a referenciar o profissional no tempo e no lugar, quanto para compor uma documentação para embasar as futuras investigações no campo arquitetônico.

No contexto dos estudos sobre os arquitetos imigrantes que atuaram no Brasil, é consenso a importância de ampliar as pesquisas sobre os profissionais pouco referenciados na literatura arquitetônica brasileira, de forma a revelar suas trajetórias e modos de criação e suas contribuições para a produção do espaço construído. Ana M. G. Albano Amora, por exemplo, além de ressaltar a importância desses estudos, revela a dificuldade enfrentada no levantamento da documentação desses arquitetos, que, ao ser revelada, difunde ideias e valores no contexto tanto das produções técnicas quanto no processo de assimilação dos conteúdos estéticos pela sociedade,[2] condições que foram imprescindíveis para iluminar a presente investigação.

Deste modo, será apresentado em sequência o processo de construção do material biográfico relativo ao arquiteto Roberto Capello, o qual resultou no entendimento de sua trajetória profissional.

1 BOURDIEU, Pierre. A ilusão biográfica. *In*: AMADO, Janaína e FERREIRA, Marieta de Moraes. *Usos e abusos da história oral*. 8ª edição. Rio de Janeiro: Editora FGV, 2006. p. 183-191.

2 AMORA, Ana Albano. *O nacional e o moderno*: arquitetura e saúde no Estado Novo nas cidades catarinenses. Tese (Doutorado em Arquitetura) – Faculdade de Arquitetura, Universidade Federal do Rio de Janeiro. 2006. p. 1.

1.1. INDÍCIOS

A busca de dados sobre o profissional Roberto Capello foi realizada, preliminarmente, em publicações que o referenciavam. O que havia disponível resumia-se em conferir-lhe a autoria dos projetos de alguns dos edifícios-sede da empresa Sul América por meio de breves citações, muitas vezes vagas. Dessa pesquisa, foram levantadas as seguintes referências que serviram de base para a análise prévia sobre o arquiteto: Roger Pamponet e José Sánchez, ao traçarem o panorama da obra do engenheiro Emílio Henrique Baumgart em artigo publicado no IX Congresso Brasileiro de Pontes e Estruturas, apresentaram a seguinte citação: "Em 1938 com o Arq. Roberto Capello fez o cálculo do edifício Salic (1938) de Porto Alegre."[3] São conhecidas as estreitas relações profissionais que Baumgart mantinha com os arquitetos da cena moderna, assinando obras emblemáticas junto a Eduardo Reidy, Oscar Niemeyer, Lucio Costa e outros, fato que, a princípio, sugeriu a vinculação de Capello com os arquitetos conhecidos na época como progressistas.

Já Roberto Segre, em artigo publicado sobre o centenário de Belo Horizonte, traz a seguinte descrição do Conjunto Arquitetônico SULACAP/Sul América dessa cidade:

> Uma obra mestra do proto-modernismo latino-americano e obviada nas histórias da arquitetura da região é o conjunto de comércio e escritórios SULACAP-Sudameris (SIC), realizado em 1941 pelo arquiteto Roberto Capello. Nela se mostra uma articulação entre arquitetura e cidade comparada só com o conjunto Simón Bolívar de Cipriano Domingues, construído em Caracas uma década depois.[4]

A exemplaridade da obra deixada em Belo Horizonte fez com que o nome de Roberto Capello fosse amplamente citado em artigos e livros, no entanto, nenhum desses registros forneceu informações relevantes sobre a sua trajetória profissional.

Nivaldo Vieira de Andrade Júnior, Maria Rosa Carvalho e Raquel Neimann da Cunha Freire, na descrição sobre o inventário da arquitetura moderna na Bahia, apontaram Roberto Capello entre os arquitetos e projetistas com obras mais significativas na Bahia:

3 PAMPONET, Roger; SANCHEZ, José Manoel Morales. O engenheiro Emílio Baumgart e a arquitetura brasileira em concreto armado da primeira metade do século XX. *In*: CONGRESSO BRASILEIRO DE PONTES E ESTRUTURAS, IX, 2016, Rio de Janeiro. Anais Eletrônicos. p. 4.

4 SEGRE, Roberto. *Fervor cartesiano, paixão barroca*: reflexões sobre o centenário de Belo Horizonte. Tradução: Concepção R. Pedrosa de Segre. Rio de Janeiro, 1998. p. 9.

> Foram levantadas as obras mais significativas dos mais importantes arquitetos e projetistas modernos atuantes na Bahia a partir da década de 1930, como Alexander Buddeüs, Roberto Capello, Hélio Duarte, Paulo Antunes Ribeiro, Lev Smarcevski, Antônio Rebouças, Diógenes Rebouças, José Bina Fonyat Filho, Lina Bo Bardi, João Filgueiras Lima (Lelé), Assis Reis, Gilberbet Chaves, Paulo Ormindo de Azevedo e Pasqualino Magnavita.[5]

Carlos Finochio (2011), em seu artigo sobre a trajetória da arquitetura e urbanismo da cidade de Santos, citou o edifício SULACAP e conferiu a autoria do projeto arquitetônico a Roberto Capello:

> Em 1936, foi erguido o edifício mais alto da cidade de Santos, edifício SULACAP, com seus 10 andares, situado na Rua XV de Novembro, 41. Um prédio comercial, de linhas suaves com elementos inclinados na fachada para a captação de luminosidade zenital por uma clarabóia no seu topo. Construído pela Sul América Capitalização S/A., projeto do arquiteto Roberto Capello, o moderno edifício já possuía ar condicionado central. Todo o material de acabamento foi importado, inclusive os elevadores ingleses e os mármores de Carrara.[6]

Anna Paula Canez, em sua tese de doutorado sobre Arnaldo Gladosch, registrou que os edifícios SULACAP e Sul América de Porto Alegre "foram projetados por Arnaldo Gladosch no escritório técnico de Roberto Capello",[7] fato que questionei após pesquisas mais fundamentadas, conforme se verá adiante.

Carina Cardoso, em sua dissertação de mestrado sobre o tema da verticalização da cidade de Juiz de Fora, discorreu sobre o edifício SULACAP construído na Rua Halfeld:

> A construção de seis pavimentos [...] era o edifício Sulacap, à época, o mais alto prédio de Juiz de Fora. Projetado pelo engenheiro Roberto Capello, em seu pavimento térreo localizavam-se lojas e o escritório da empresa, no segundo e terceiro pavimentos, escritórios, e nos demais, apartamentos.[8]

5 ANDRADE JUNIOR, Nivaldo Vieira de; CARVALHO, Maria Rosa; FREIRE, Raquel Neimann da Cunha. O IPHAN e os desafios da preservação do patrimônio moderno: a aplicação na Bahia do Inventário Nacional da Arquitetura, Urbanismo e Paisagismo Modernos. *In*: 8º Seminário DOCOMOMO Brasil, 2009, Rio de Janeiro. p. 13.

6 FINOCHIO, Carlos. Santos do século XX: trajetória da arquitetura e urbanismo. WebArtigos, 2011. p. 11.

7 CANEZ, Anna Paula Moura. *Arnaldo Gladosch*: o edifício e a metrópole. Tese (Doutorado em Teoria, História e Crítica da Arquitetura) – Faculdade de Arquitetura, Universidade Federal do Rio Grande do Sul, Porto Alegre, 2006. p. 27.

8 CARDOSO, Carina Folena. *100 anos de verticalização em Juiz de Fora*: edifícios de apartamentos na avenida Barão do Rio Branco. Dissertação (Mestrado em Ambiente Construído) – Faculdade de Engenharia, Universidade Federal de Juiz de Fora, Minas Gerais, 2015. p. 79.

Em artigo publicado sobre a transformação urbana do Recife, Fernando Diniz Moreira indicou a presença do edifício SULACAP na cidade e analisou a obra:

> Este jogo entre côncavo e convexo também está presente na entrada oposta da avenida, nos edifícios Sulacap e Santo Albino. Projetado pelo arquiteto Roberto Capello do Rio de Janeiro, o Sulacap posiciona-se ao lado da Igreja Matriz de Santo Antonio, que tinha dominado o skyline da área até seu vizinho surgir anunciando os novos tempos.[9]

Analisadas essas referências, e na ausência de dados biográficos que pudessem me auxiliar na tentativa da construção do percurso profissional do arquiteto, outras fontes de pesquisas foram consultadas. Nesta busca, o acervo da Hemeroteca Digital da Biblioteca Nacional serviu para constatar as inúmeras viagens realizadas pelo arquiteto pelo Brasil, em visita aos locais onde as sedes das empresas seriam construídas ou encontravam-se em construção, assim como revelou outros dados que possibilitaram localizar seus descendentes, em especial a sua filha Carla Capello, que gentilmente me concedeu entrevista em sua residência na cidade do Rio de Janeiro e me mostrou o acervo pessoal deixado pelo pai, composto pelo diploma de formação em engenharia civil na Politécnica de Turim, além de desenhos, pinturas, fotografias e perspectivas dos projeto de algumas sedes da Sul América, bem como de outros projetos de autoria do arquiteto. Ao questionar a existência dos desenhos técnicos referente aos projetos arquitetônicos dos edifícios da Sul América, Carla informou que doou todo o acervo para o museu da empresa, que, na ocasião, funcionava no prédio da Rua da Quitanda.[10]

O arquivo da empresa Sul América também foi pesquisado. A despeito da inexistência dos projetos arquitetônicos, o acervo, composto pelo material dos extintos museu Sul América e Biblioteca, que funcionaram no prédio da Rua da Quitanda, no Rio de Janeiro, até a transferência da sede para a nova edificação,[11] tornou-se um material importante e essencial para a análise, uma vez que foram encontradas as revistas publicadas pela Sul América entre 1920 a 1970, cuja

9 MOREIRA, Fernando. A transformação do bairro de Santo Antônio no Recife (1938-1949). *In*: Seminário de História da Cidade e do Urbanismo, XIV, 2016, São Carlos. *Cidade, Arquitetura e Urbanismo*: visões e revisões do século XX. Anais eletrônicos. p.305.

10 Entrevista com Carla Capello (uma das filhas de Capello, também neta do engenheiro Ludgero W. Dolabella, que integrou a equipe de planejamento de Belo Horizonte) realizada em maio de 2016.

11 A nova sede foi construída na Rua Beatriz Larragoiti Lucas, 121, Rio de Janeiro. Com a mudança de endereço da sede, todo o acervo foi transferido para uma empresa de logística no interior do estado do Rio de Janeiro, que ficou responsável por sua guarda. A existência desse acervo foi informada pelo diretor de marketing corporativo da empresa Sul América, sr. Zeca Vieira, que disponibilizou, inicialmente, uma listagem detalhada de todo o material existente, da qual foi selecionado o conteúdo a ser pesquisado. Com isto, a empresa transportou o material previamente selecionado para a sede do Rio de Janeiro, onde a pesquisa foi realizada.

leitura revelou dados fundamentais para a investigação, como a existência de outras sedes de autoria do arquiteto e não mencionadas nos textos pesquisados.

Outras pesquisas resultaram na descoberta de um artigo assinado por Roberto Capello e publicado em 1936 na revista *Arquitetura e Urbanismo*, além de uma entrevista sua concedida para o jornal *O Dia*, na ocasião da inauguração da sede Sul América de Curitiba, documentos que possibilitaram iluminar parcialmente o seu modo de projetação e sua sensibilidade perante a produção arquitetônica do período.

Capa da revista *Sul América* de 1921.
FONTE: Acervo Sul América.

Vale a pena a transcrição parcial da entrevista, em que Capello indicou a preferência pelo uso de materiais locais em seus projetos:

> Por princípio e mesmo em harmonia com as tradições da Companhia, em qualquer parte onde erguemos uma construção, como aqui, são meticulosamente estudados os recursos regionais que permitissem na obra o maximo aproveitamento das reservas naturaes do Estado. Infelizmente, no tocante por exemplo ao serviço de marmoraria, tivemos que sacrificar a nossa intenção. De facto, não se ignora que no Brasil existem talvez as jazidas do marmore mais formoso do mundo, assim outras riquezas incomparaveis, como no Paraná o marmore de Castro. Todavia, a applicação desse material praticamente ainda não está na altura de satisfazer as necessidades de uma construcção de vulto, por isso que os processos de industrialização não offerecem a facilidade requerida, isto é, o marmore está lá na serra e para aproveita-lo não constamos ainda com meios que nos façam chegar até aqui como desejamos [...]. A pedra da fachada, denominada Travestino (*sic*) Romano é conhecida pelos architectos como recurso de embellezamento original pelo contraste que oferece: na sua caprichosa

> irregularidade ve-se ainda vivo o trabalho da propria natureza [...]. Na fachada onde procuramos obedecer o estylo da época, foi empregado areia natural de Caxambu, Estado de Minas, pela razão de termos concluido que a areia desta zona contem certos saes que dão em resultado manchas que comprommentem a côr como foi observado pela própria Cia. Constructora Nacional [...]. Se por um lado, no tocante a marmoraria, a fachada e a areia não conseguimos aproveitar o recurso local, isso não impediu que deixassemos de empregar material paranaense. E, foi na madeira que encontramos os meios mais surprehendentes para corporificar nossos objectivos.[12]

O artigo de sua autoria publicado da revista *Arquitetura e Urbanismo*, intitulado "O Copacabana Palace Hotel", discorreu sobre o projeto original do edifício de autoria do arquiteto Joseph Gire (1872 – 1933), que em 1936 já havia sofrido modificações em estrutura original. Capello, de certa forma, defendeu a arquitetura do hotel, aparentemente rechaçada por não ser "moderna":

> Finalmente, aprendemos que a boa arquitetura, ou para melhor dizer, a arquitetura não depende das fórmas aparentes externas. O Hotel Copacabana, é de 'estilo' Luiz XVI. Que importa? Ao lado das construções ditas modernas, levantadas posteriormente, mas que de modernas não têm nada, pois não apresentam as soluções técnicas que constituem o fundamento da arquitetura contemporânea – o Copacabana Palace Hotel resiste vitoriosamente à ação corrosiva do tempo. Ao lado delas êle é moderníssimo.[13]

Nas suas palavras, evidencia-se um dos debates centrais do período sobre a arquitetura moderna: para ser considerada moderna, a arquitetura deveria empregar técnicas contemporâneas em formas tradicionais ou deveria refletir o progresso técnico da época por meio de formas inovadoras?

Sobre essa questão, é pertinente mencionar o pensamento do arquiteto mexicano Juan O'Gorman (1905-1982), expresso em uma conferência no ano de 1933 na Sociedade dos Arquitetos Mexicanos (SAM), que se alinha com a opinião de Capello apresentada no artigo:

> Por isso, senhores, a arquitetura que uns chamam de funcional ou racional e outros alemã, sueca, internacional ou moderna, produzindo confusões com tantos nomes, a chamaremos 'arquitetura técnica', com o objetivo de

12 O IMPONENTE Edifício da Sul América. Jornal *O Dia*, Curitiba, p. 8, 16 mai. 1936, edição 03592. Disponível em: http://bndigital.bn.br/hemeroteca-digital. Acesso em: 28 fev. 2018.

13 CAPELLO, Roberto. O Copacabana Palace Hotel. *Revista Arquitetura e Urbanismo*, Rio de Janeiro: Instituto dos Arquitetos do Brasil (IAB) jul./ ago. 1936. p. 17.

defini-la melhor, entendendo claramente que sua finalidade é a de ser útil ao homem de uma maneira direta e precisa.[14]

O diploma de graduação em engenharia no Politecnico di Torino, presente no acervo do arquiteto, direcionou a minha investigação ao Archivio Storico del Politecnico di Torino. A instituição respondeu prontamente aos meus questionamentos, além de enviar documentos complementares relativos ao aluno.[15] De posse dos dados levantados, foi possível construir parte de sua trajetória, tanto acadêmica como profissional, relatada a seguir.

Aquarelas produzidas por Roberto Capello.
FONTE: Acervo pessoal de Carla Capello.

14 O´GORMAN, Juan. Arquitectura técnica y Arquitectura Orgánica. *In*: MALUENDA, Ana Maria Esteban. *La Arquitectura Moderna en Latino América*. Barcelona: Editorial Reverté S.A., 2016, p. 43-44. Tradução minha: "*Por eso, señores, a la arquitectura que unos llaman funcional o racional y otros alemana, sueca, internacional o moderna, produciendo confusiones con tanto nombre, la llamaremos 'arquitetctura técnica', con el objeto de definirla mejor, entendiendo claramente que su finalidad es la de ser útil al hombre de una manera directa y precisa.*"

15 O contato com o Politecnico di Torino foi realizado via e-mail, em agosto de 2020, que direcionou o pedido ao Arquivo Histórico do Politecnico. Enrica Bodrato, arquivista responsável, respondeu prontamente o contato e encaminhou o *Fascicoli studenti, Libri matricola e Diplomi* de Roberto Capello.

1.2. CUNEO, PISA, TURIM E BRASIL

Roberto Capello (1901-1985) nasceu em 28 de outubro de 1901, em Cuneo, comuna italiana da região de Piemonte, e migrou para o Brasil certamente após 1925, ano em que seu diploma em engenharia no Politecnico di Torino foi expedido.[16] Tudo indica que o arquiteto veio de mudança para o Rio de Janeiro já com o emprego garantido na Sul América,[17] empresa sediada na então capital brasileira, onde coordenou o setor de projetos e obras do Departamento de Propriedades e Hypotecas.

Em 1920, segundo os registros acadêmicos de Capello, disponibilizados pelo Archivio Storico del Politecnico di Torino, Capello transferiu-se da Università di Pisa para o Politecnico di Torino, quando se matriculou no curso de engenharia mecânica. Posteriormente, transferiu-se para o curso de engenharia civil, no qual graduou-se no ano de 1925. O histórico escolar (*Fascicoli studenti*) descreve as disciplinas cursadas por Capello no transcorrer do curso, muitas delas relacionadas com o campo da arquitetura, como era comum na época. O registro do histórico iniciou-se Ano II, no qual consta as seguintes anotações: ***Disegno d'Órnato, Disegno d'Architett, Geometria Descrittiva***, *Chimica Generale, Fisica Sperimentale* e *Meccanica Razionale*. No Ano III, Capello concluiu as disciplinas: ***Scienza Costruzioni***, *Meccanica aplicata, Chimica applicata, Mineralogia, Disegno de macchine* e outras relacionadas com o curso de engenharia mecânica. Já no Ano IV, cursado em 1923, constam: *Termotecnica, Idraulica*, ***Architettura***, *Macchine termiche, Geometria prat. e Geodesia, Principi di eletrotécnica*. No último ano - Ano V – foram anotadas: *Teoria dei Ponti, Costruz. Strad. e Idraul. Elettrotecnica*, ***Architettura Tecnica***, *Economia Rur. Ed. Estimo., Ferrovie, Ingegneria Sanitaria, Materie Legali.*

16 Data de nascimento e formatura confirmada no diploma de graduação do arquiteto. O falecimento foi publicado no *Jornal do Brasil* de 06/07/1985, 1º caderno, p. 14.

17 Segundo Carla Capello, sua avó paterna possuía relações com o sr. Larragoitti, então presidente da Sul América, fato que garantiu o emprego de Capello na empresa.

Documento de identificação do aluno enviado pelo Archivio Storico del Politecnico di Torino.

O material referente a algumas atividades desenvolvidas para a disciplina *Architettura* do IV ano também compunha o acervo pessoal do arquiteto. Os desenhos, acompanhados do memorial descritivo, possibilitaram entender parcialmente o seu modo de projetação extraído da aprendizagem. Na proposta para o desenvolvimento de um *Piccolo albergo di montagna,* Capello escreveu:

Seção Arquitetura – IV° Ano –Tema II

Pequeno hotel de montanha.

Este hotel de montanha destina-se a acolher cerca de 40 pessoas, para além do proprietário e do pessoal de serviço - O local escolhido situa-se a uma altitude de 1200 metros acima do nível do mar - Existe um terreno grande e bastante plano, abrigado a norte por uma montanha coberta por um espesso pinhal - Em frente, encontra-se uma ampla pradaria com um declive suave em direção à estrada do fundo do vale.

Em direção ao sul e ao oeste, tem as melhores vistas do panorama alpino circundante.

O hotel foi concebido para acolher uma clientela seleta e abastada que vem no verão para uma estadia e no inverno para excursões aos altos picos circundantes.

As construções serão, portanto, feitas sem ostentação, mas confortáveis e dotadas de uma simplicidade imponente - Evitar-se-ão os edifícios demasiado altos e procurar-se-á adaptar o edifício à paisagem de montanha.

Não serão utilizados materiais demasiado difíceis de obter ou inadequados para o clima, sendo preferível utilizar a pedra visível e a madeira que se encontram em abundância no local. - As construções de telhados demasiado complicadas e inadequadas para as altas montanhas também serão evitadas.

O edifício térreo terá uma sala de reuniões - uma sala de leitura e escrita - uma sala de bilhar - com grandes lareiras que podem ser acesas em caso de mau tempo - uma sala para a direção - instalações sanitárias - WC, etc.

Uma ou mais galerias abertas - mas que podem ser fechadas com portas de vidro deslizantes em caso de mau tempo.

Será dada especial atenção à organização da sala de jantar e das cozinhas de modo a evitar a propagação de odores alimentares em todo o hotel.

O hotel deverá ter quartos com casa de banho a pedido dos clientes, estando os quartos dispostos de forma a poder formar também alguns apartamentos pequenos e isolados para famílias de veranistas. Será igualmente prevista a criação de quartos um pouco isolados para os caminhantes de passagem que, tendo de sair de manhã muito cedo, perturbariam o sono dos veranistas - quartos para guias, carregadores, etc.

Será também estudado um sistema de aquecimento adequado para poder abrir o hotel no inverno para a prática de esportes de inverno; o sistema terá de ser concebido de modo a poder funcionar também aquecendo apenas uma parte do hotel.

Por último, está prevista a criação de um grande e adequado parque de estacionamento com alojamento adjacente para os mecânicos e a adaptação dos terrenos que rodeiam o hotel para formar um parque rústico, com adequados locais de encontros.[18]

18 *Sezione Architettura - IV° Anno – Il Tema. Piccolo albergo di montagna. Questo albergo di montagna è destinato ad ospitare circa 40 persone oltre al proprietario ed al personale di servizio – L'ubicazione acelta è ad un'altezza di 1200 metri sul livello del mare – Si ha a disposizione un largo terreno abbastanza pianeggiante riparato al nord da un monte coperto da una folte pineta – d'innanzi si stende una larga prateria con leggero declivio verso la strada carrozzabile che sale dal fondo valle. Verso mezzogiorno e ponente si hanno i migliori punti di vista sul panorama alpino circostante. L'albergo è destinato ad ospitare una clientela scelta e ricca che si reca in villeggiatura l'estate per un soggiorno, l' inverno per escursioni sulle alte vette circostanti.*
Costruzioni quindi fatte senza sfarzo, ma comoda ed informata ad una signorile semplicità – Si eviteranno i fabbricati troppo alti e si cercherà di adattare l'edificio al paesaggio montano.
Non si impiegheranno materiali troppo difficili aversi, o poco adatti al clima, usando di preferenza la pietra vista ed il legno che si trovano abbondanti dal sito. – Si esiteranno pure le costruzioni di tetti troppo complicati, non adatti all'alta montagna.
Il fabbricato a piano terreno avrà una sala di ritrovo – una sala di lettura e di scrittura – una sala con bigliardo - con grandi camini che si possa accendere in caso di maltempo – un locale per la Direzione – servizio di gabinetti di toeletta – W.C. ecc.
Una o più gallerie aperte – ma che si possa chiudere con vetrate scorrevoli per il caso di maltempo. Particolare cura si avrà nel disporre la sala da pranzo ed un'altra saletta da pranzo, le cucine in modo da evitare il propagarsi degli odori delle vivande in tutto l'albergo – Si cercherà quindi di appartare alquanto questi ambienti.
L'albergo dovrà costituirsi camere da letto con gabinetto da bagno come è richiesto dalla clientela, con le camere disposte in modo da poter formare anche qualche piccolo appartamento alquanto isolati per famiglie di villeggianti. Si provvederà ancora di stabilire camere alquanto appartate per quegli escursionisti di passaggio che dovendo partire ad ora assai mattutine disturberebbero il sonno dei villeggianti – locali per le guida, portatori, ecc.
Si provvederà pure allo studio di un adatto sistema di riscaldamento per poter aprire l'albergo l'inverno per gli sport invernali; e l'impianto dovrà farsi in modo che possa funzionare anche riscaldando solo una parte dell'albergo.

Hotel de montanha.
FONTE: Acervo pessoal de Carla Capello.

Outros desenhos arquitetônicos de edificações presentes no acervo ou eram também produtos das disciplinas ou eram projetos para clientes reais, visto que os desenhos contêm indicações tanto de vias de localização (em italiano) como também a denominação tipológica. Se esta última hipótese for verdadeira, pode-se afirmar que Capello atuou no mercado de projetos arquitetônicos em Turim antes de sua transferência para o Brasil.

Fachada frontal de uma edificação vertical em Turim.
FONTE: Acervo pessoal de Carla Capello.

Notam-se, nos dois desenhos de edificações residenciais, vários aspectos formais da arquitetura acadêmica clássica, como a rígida simetria compositiva, o uso de telhados, o tratamento da volumetria com aberturas ritmadas, como também, ao mesmo tempo, é perceptível a economia no uso de ornamentação nas

---

Infine dovrà stabilirsi un'ampia e adatta rimessa per le automobili con annesse abitazioni per i meccanici e l'adattamento del terreno circostante all'albergo formando un parco rustico, con adatti siti di ritrovo. (Memorial descritivo do projeto para um Hotel – datilografado - Acervo pessoal de Carla Capello).

fachadas. Já no desenho do Hotel de Montanha, é clara a utilização do emprego de linguagem baseada nos estilos de catálogos amplamente divulgados no século XIX, neste caso, de uma linguagem mais apropriada ao clima das regiões montanhosas do norte da Itália.

Perspectiva de uma residência em Turim. FONTE: Acervo pessoal de Carla Capello.

Finalizadas as disciplinas, Capello, em 1925, recebe o título de engenheiro civil. Com esta confirmação foi possível comprovar que sua transferência para o Brasil ocorreu certamente após este ano e a primeira visita ao país encontrada nos periódicos brasileiros data de agosto de 1929, no jornal *Correio da Manhã* do Rio de Janeiro, o que não anula a hipótese de que ele tenha deixado a sua terra natal antes desse ano. Segue o registro do jornal:

> Além do senador Irineu Machado, chegaram pelo "Giulio Cesare" os srs. deputados Mauricio de Medeiros, engenheiro Roberto Capello, Otto Goiny, Eduardo Isnardi, Oscar Visconti e Robert de Billy.
>
> O grande transatlantico da Navegazione Generale Italian procedeu de Genova, tendo realizado optima e rapidíssima viagem e conduz para mais de 1.200 passageiros, sendo a maioria, porém, com destino a Buenos Aires.[19]

Também não foi possível comprovar se essa foi a primeira visita de Capello ao Brasil ou se o seu estabelecimento de fato, mas sabe-se que, em 1931, ele

19 PRELADOS Illustres, um senador argentino e outros passageiros de destaque. *Correio da Manhã*, Rio de Janeiro, p. 6., 14 de agosto de 1929, ed. n. 10620. Disponível em: http://bndigital.bn.br/hemeroteca-digital. Acesso em: 28 fev. 2018.

retorna à Itália, provavelmente para visitar seu país de origem ou para concluir definitivamente sua mudança:

> Embarcaram no 'Giulio Cesare', que partiu para Genova e escalas, as seguintes pessoas:
>
> Tano Ugo, Dr. Roberto Capelo, D. Elisabeth Cerruti [...].[20]

Se de fato Capello migrou para o Brasil após 1929, é bem provável que os desenhos das casas residenciais tenham sido produzidos para clientes reais em Torino, comprovando a sua atuação como arquiteto na Itália em pelo menos quatro anos antes de sua transferência para o território brasileiro.

Seu nome volta a aparecer nos jornais no ano de 1933,[21] e, no ano de 1935, Capello já possuía a carteira profissional de engenheiro expedida pelo então Conselho Regional de Engenharia e Arquitetura da Quinta Região do Rio de Janeiro,[22] registro que o possibilitou dar início ao projeto de construção da sede Sul América de Curitiba, iniciada em 1935, primeira de tantas outras sedes que viriam a ser assinadas pelo arquiteto no Brasil.

Na década de 1930, o registro das carteiras profissionais dos engenheiros no Brasil era emitido pelo Ministério do Trabalho, Indústria e Comércio e publicadas no Diário Oficial da União (DOU). Na edição de junho de 1935, consta o nome de Roberto Capello com o registro de engenheiro civil nº 1.145. Naquela época, alguns profissionais recebiam o título de engenheiro-arquiteto, como pode ser comprovado na descrição de outras carteiras publicadas no DOU, entretanto, Roberto Capello possuía, no Brasil, até esta data, um único título, o de engenheiro civil. Já na edição do *Jornal do Brasil* de 17 de junho de 1936,[23] a Diretoria de Engenharia publicou o Boletim nº 129, com a relação dos "arquitetos-construtores, construtores e arquitetos, registrados nesta Diretoria como licenciados em 1936" e o nome de Roberto Capello aparece na lista dos "Arquitetos Diplomados". Como o trâmite aconteceu não cabe aqui a discussão. Fato é que, a partir daí, todas as notícias nos jornais da época, com raras exceções, tratavam Capello como arquiteto.

Posteriormente, seu nome aparece como membro do Instituto de Arquitetos do Brasil (IAB), compondo a lista de assinaturas do Movimento Renovador do IAB no "Manifesto aos Arquitetos",[24] junto com outros nomes como

20 VIAJANTES. *Jornal do Commercio*. Rio de Janeiro, p. 11, 15 de novembro de 1931, ed. n. 00237.

21 Conforme noticiário no *Jornal do Commercio*, 19 de janeiro de 1933, p.8, edição 00016, nas doações para a Ordem Internacional Theosofica de Serviço, Secção Brasileira, consta o nome de Roberto Capello.

22 DOU (Diário Oficial da União), de junho de 1935.

23 *Jornal do Brasil*, 17 jul. 1936. p. 31.

24 *Correio da Manhã*, 15 jul. 1949. p. 7.

o de Archimedes Memória (1893-1960). Tal carta era uma resposta à outra carta-manifesto,[25] assinada por um grupo contrário ao Movimento Renovador, do qual faziam parte Lucio Costa (1902-1998), Oscar Niemeyer (1907-2012), Carlos Leão (1906-1983) e outros arquitetos. O conteúdo revela que os dois grupos discutiam as alterações do estatuto do IAB - de orientação claramente moderna e identificada com a denominada 'escola carioca' - às vésperas das eleições dos seus conselhos diretores e fiscais, sinalizando os conflitos ideológicos já conhecidos entre as duas partes. É oportuno transcrever um fragmento da carta assinada pelo Movimento Renovador, o qual vinculou o grupo opositor a ideais políticos:

> É sabido, e de sua culposa indiferença se penitencia a grande maioria da classe, que após anos de fidelidade a seus elevados propósitos, um grupo mais ousado vem tentando afastar o I.A.B. das suas normas tradicionais, ingressando indevidamente no campo das atividades político-partidárias, de tal forma, que hoje é, infelizmente, a nossa sociedade de classe apontada com núcleo de extremistas. [...] Assim é que se projetou uma reforma de estatutos desconhecida da própria Assembléia. [...] O intêresse de que novos 'estatutos' rejam as eleições reside no fato de permitir interpretação sofística, que atribui, também aos sócios dos Departamentos Estaduais, o direito de votar para o Conselho Diretor do I.A.B. do Rio, o que é não se nos afigura razoável.[26] (*Correio da Manhã*, 15 jul. 1949. p. 7)

A composição de Capello no grupo do Archimedes Memória permitiu iluminar parte das suas relações profissionais no Rio de Janeiro. Archimedes foi personagem central de alguns episódios da disputa entre os arquitetos ditos acadêmicos e os modernos nos anos 1930, tais como a concorrência pela diretoria da Escola Nacional de Belas Artes (ENBA) e o concurso do Ministério de Educação e Saúde (MES). Suas inúmeras obras revelavam a preferência pela linguagem tradicionalista, amplamente atacada pelo grupo *mais ousado* que se identificava com os ideais corbusianos. Era o grupo tradicionalista que Capello apoiava. Ele e diversos arquitetos imigrantes, como Geza Heller (1902 - 1992); Robert Russell Prentice (1883 - 1960), Camillo Michalka (1921 - 2012); Adolfo Morales de los Rios Filho (1887 1973).

25 *Correio da Manhã*, 10 jul. 1949. p. 8.

26 MANIFESTO aos Arquitetos. *Correio da Manhã*, Rio de Janeiro, 15 de julho de 1949, ed. n. 17278. p.1. Disponível em: https://memoria.bn.gov.br. Acesso em: 28 fev. 2018.

1.3. CONTEXTO DE FORMAÇÃO

Por outro lado, no contexto da formação acadêmica de Roberto Capello na Itália, os debates entre a arquitetura tradicional e a racional também adentravam o discurso do campo arquitetônico, mas de maneira totalmente diferenciada do caso brasileiro em decorrência dos fatores internos de cada país.

A marcha fascista a Roma moldou o ambiente em que se instaurou novos olhares no campo das artes, registrados em manifestos, artigos e exposições. Especialmente em relação à arquitetura, o debate entre o racionalismo e a boa ordem da tradição tornou-se o mote no decorrer dos anos do estabelecimento do regime político. As ideologias futuristas anteriores a esta discussão não ficaram esquecidas e, de certa forma, contribuíram para a construção dos debates posteriores, cujas relações são demasiadamente complexas, conforme defende grande parte da historiografia.

Capello se graduou após a Primeira Guerra Mundial, período marcado pela busca por novas ocupações profissionais em diversos campos, intensificada pelo esvaziamento do serviço militar. Os anos que se seguiram foram de crise econômica e hesitação em relação ao futuro. No campo das artes, o cenário de incertezas promovia deslocamentos de ideais no sentido de que algo precisava ser feito, e, assim, a proposta de grande impacto era a de renovação.[27]

Contudo, as primeiras intenções de mudanças estavam inseridas, com raras exceções, no campo tradicionalista, influenciado, sobretudo, pelo arquiteto Gustavo Giovannoni (1873-1947), e se moveram lentamente até 1925. O movimento dos "900" na pintura aspirava este ideal, baseando-se na veia clássica para a recuperação da tradição, opondo-se, desse modo, ao vanguardismo europeu. Apoiado por Mussolini, o movimento buscava representar a identidade da cultura nacional, contida nos ideais de propaganda política do regime.[28] Essa tendência também era verificada na arquitetura, cujas influências decorreram, como a maioria da historiografia aponta, da experiência austríaca sob a figura de Adolf Loos.

Entre os propagadores desse movimento estavam aqueles dissidentes das concepções dos arquitetos atuantes no final do século XIX, e, neste plano, destacaram-se Giovanni Muzio (1893-1982) - cuja obra mais emblemática desta influência é a residência da Via Moscova, em Milão, projetada no início da década de 1920; Giuseppe De Finetti (1892-1952), com sua casa Meridiana, também em Milão, de 1925; Gigiotti Zanini (1893-1962), autor do projeto do

27 GREGOTTI, Vittorio. *Nuevos Caminos de La Arquitectura Italiana.* Barcelona: Editorial Blume, 1969. 128 p.

28 *Ibid.*

Palazzo Civita, também na capital da Lombardia. Sobre essa renovação, discorreu Vittorio Gregotti:

> Tanto o movimento dos 900, como o neobarroco romano, se apresentam, então, como vanguarda moderada e por alguns anos disputaram com o racionalismo nascente o título da renovação da cultura arquitetônica da Itália.[29]

Na esfera racionalista, destacou-se o Gruppo 7, criado em 1926 pelos arquitetos Sebastiano Larco (1901...), Guido Frette (1901-1984), Carlo Rava (1903-1986), Luigi Figini (1903-1984), Gino Pollini (1903-1991), Giuseppe Terragni (1904-1943) e Adalberto Libera (1903-1963), ambos da Politécnica de Milão. A partir daí, os debates em torno dos dois polos se tornaram mais acirrados, mas não duraram muito em função dos acontecimentos seguintes. No ano de 1928, com o apoio do Sindicato Nacional Fascista dos Arquitetos, foi inaugurada em Roma a primeira exposição do MIAR (Movimento Italiano para a Arquitetura Racional),[30] que contou com a participação do Gruppo 7, entabulando uma onda de polêmicas e de opiniões opostas entre os dois eixos.[31]

Como expressão desses ideais, no ano de 1929, Giuseppe Terragni (1904-1943) projetou o edifício de apartamentos Novocomun, uma das mais emblemáticas obras do racionalismo italiano.[32] No ano seguinte, em 1930, Marcello Piacentini (1881-1960)[33] publicou *Architettura d'oggi*, que, apesar do culto ao antigo, à beleza e à chamada boa ordem da tradição, expôs e diagnosticou o cenário no período, classificando-o como um momento de transformação, de transição entre o clássico e a arquitetura "de planos nus, ritmos inventados, perfis fantasiosos [...]".[34] O arquiteto, formado em um ambiente notadamente tradicional, foi frequentemente taxado como o defensor oficial da boa arquitetura clássica, não obstante a historiografia qualificá-lo como o mediador oficial entre as tendências arquitetônicas do período.[35]

É provável que este julgamento a Piacentini tenha raízes nos efeitos da conturbada exposição de 1931, a segunda mostra do MIAR, organizada na

29 *Ibid*, p. 13. Tradução minha:"*Tanto el movimento del '900', como el neobarroco, romano se presentan entonces como vanguardia moderada y por algunos años disputarán con el racionalismo naciente el título de la renovación de la cultura arquitectónica en Italia.*"

30 A mostra aconteceu na Galleria d'Arte di Roma, auspiciada pelo fascismo e de organização confiada a Pietro Maria Bardi. (TENTORI, 2000, p. 50)

31 TOGNON, M. *Arquitetura Italiana no Brasil*: a obra de Marcello Piacentini. 1. ed. Campinas: Editora da Unicamp, 2000. v. 01. 276 p.

32 Gregotti identifica Pietro Lingeri como coautor do projeto (1969, p. 14).

33 Para um panorama da obra de Piacentini, ver Marcos Tognon (2000).

34 Piacentini, *apud* Tognon, 2000, p. 26.

35 TAFURI, Manfredo; Dal Co, Francesco. *Arquitectura contemporânea*. 1978, Madrid.

Galleria d'Arte di Roma, dirigida então por Pietro Maria Bardi, cujo excesso de provocação aos acadêmicos[36] gerou uma espécie de censura prévia por parte do Sindicato dos Arquitetos, que até então apoiava a busca de uma arquitetura racional e fascista.[37] A mostra não era homogênea em relação às propostas racionalistas, e, depois dela, o grupo dos defensores dos ideais ortodoxos, do qual fazia parte Piacentini, tornou-se mais forte. Marcos Tognon resumiu o ambiente em curso:

> Encontraremos ao lado dos muitos jovens racionalistas, neste movimento nem sempre equilibrado nas propostas, na assimilação de princípios e na capacidade projetual, tantos outros jovens, no papel de críticos e jornalistas, detentores de bom e otimista caráter fascista, compondo, por fim, um somatório, um feixe de forças para a renovação da arquitetura italiana. Giuseppe Pagano, Edoardo Persico, Pietro Maria Bardi, Carlo Belli, Virgilio Marchi, Lionello Venturi, Giulio Carlo Argan, Carlo Ludovico Ragghianti, Raffaello Giolli, Plinio Marconi, Roberto Papini serão algumas das novas assinaturas.[38]

Não se trata aqui de posicionar os ideais de Roberto Capello frente a estes movimentos, e sim iluminar o ambiente do período da sua formação, que inegavelmente influenciou o arquiteto. Até porque o contexto conturbado e discrepante que caracterizou o período - como revelado acima por Marcos Tognon e também por Vitorio Gregotti - dificulta tal posicionamento. Aqueles que lutavam por uma arquitetura inovadora ora produziam resultados arquitetônicos carregados da tradição, ora desprovido dela, tal como Edoardo Persico (1900-1936) demonstrou em seu vestíbulo da Trienal de 1936.

Gregotti não nega também a existência de uma zona intermediária entre os dois ideais, assim como levanta a posição ambígua da relação entre os racionalistas com o fascismo. Este cenário, do mesmo modo, é revelado por Manfredo Tafuri e Francesco Dal Col:

> [...] durante os anos vinte, as buscas arquitetônicas foram um tanto contraditórias, pelas quais, mais além de sua poética, é muito difícil isolar os dados estruturais, captar o complexo e sutil vínculo que há entre o pluralismo formal e a política cultural oficial. Enquanto o fascismo – mediante

36 A exibição da *Tavolo degli Orrori* foi exposta no espaço de recepção da mostra no dia da sua inauguração e foi temporariamente retirada após sua exibição em decorrência da polêmica gerada. A colagem reproduzia alguns exemplares da arquitetura acadêmica, numa espécie de ato provocativo. A atribuição da obra foi dada a Pietro Maria Bardi e também a Giuseppe Pagano. Francesco Tentori (2000) suspeita também de Carlo Belli como terceiro autor.

37 TENTORI, Francesco. *PM. Bardi*. São Paulo: Instituto Lina Bo e P.M. Bardi/IMESP, 2000.

38 TOGNON, M. *Arquitetura Italiana no Brasil*: a obra de Marcello Piacentini. 1. ed. Campinas: Editora da Unicamp, 2000. v. 01. p. 27.

um reforçado aparato estatal – se encarrega das transformações sociais e econômicas produzidas pelo desenvolvimento industrial e a reconversão pós-bélica, a mediação intelectual na cidade não transpõe as colunas de Hércules de adesões ou rechaços, puramente formais, a tais processos [...] a polêmica arquitetônica vive no interior de um espaço próprio e autônomo.[39]

Porém, Gregotti registrou uma onda europeia em oposição à arquitetura racional após 1936, que se estendeu até a Itália, simbolizada pela VII Trienal, quando o regime se estabeleceu abertamente contra os grupos mais reacionários, ou seja, contra aqueles que defendiam a nova arquitetura. Com a morte súbita de Edoardo Persico nesse ano, somada ao posicionamento mais agressivo do regime, intensificaram-se as críticas em relação ao racionalismo. Para Gregotti, a derrota do racionalismo na Itália foi simbolizada pela Exposição Universal de Roma (EUR) em 1942, com um resultado "desastrosamente monumental no desenho artístico e muito corrupto no plano da arquitetura".[40] Os momentos posteriores foram de perseguição por parte do regime aos principais defensores do racionalismo, resultando, inclusive, na prisão de muitos deles em campos alemães, de onde alguns nunca saíram.[41] Sobre esse assunto, discorreu Francesco Tentori:

> Certamente a derrota geral da arquitetura racionalista na Itália tem suas causas mais profundas na involução cultural e política do fascismo (e também, como se dirá mais adiante, no fato de que, a partir da guerra da Etiópia, o fascismo descobre outros instrumentos de "propaganda", como o cinema e o rádio). Mas isso não diminui o fato de que a unidade das artes que faltava nos anos Trinta italianos deva-se a contradições intrínsecas entre as várias disciplinas artísticas, mas também, de modo especial, ao posicionamento hermético dos arquitetos racionalistas.[42]

39 TAFURI, Manfredo; Dal Co, Francesco. *Arquitectura contemporânea*. Madrid, 1978. p. 281. Tradução minha: "*[...] durante los años veinte, las búsquedas arquitectónicas fueron un tanto contradictorias; por lo cual, más allá de su poética, es muy difícil aislar los datos estructurales, captar el complejo e sutil vínculo que hay entre el 'pluralismo formal' y la politica cultural oficial. Mientras el fascismo – mediante un reforzado aparato estatal – se encarga de las trasnformaciones sociales y económicas producidas por el desarrollo industrial y la reconversión posbélica, la mediatización intelectual en la ciudad no transpone las columnas de Hércules de adhesiones o rechazos, puramente formales, a tales procesos. [...] la polémica arquitectónica vive en el interior de um espacio proprio y autónomo.*"

40 GREGOTTI, Vittorio. *Nuevos Caminos de La Arquitectura Italiana*. Barcelona: Editorial Blume, 1969. p.36. Tradução minha: "*[...] El resultado fue desastrosamente monumental en el dibujo artístico y muy corruptor en el plano de la arquitectura.*"

41 Como aconteceu com Raffaele Giolli, Gianluigi Banfi e Giuseppe Pagano. (GREGOTTI, 1969).

42 TENTORI, Francesco. *PM. Bardi*. São Paulo: Instituto Lina Bo e P.M. Bardi/IMESP, 2000, p. 48.

Com o afastamento de tempo ideal para a formulação da crítica, Vitorio Gregotti resumiu, ao final da década de 1960,[43] o ambiente arquitetônico do período:

> Creio que a experiência da arquitetura italiana tem algumas características específicas que podem ser úteis para a cultura internacional: a primeira é a dialética sobre as noções de história e tradição que alimentou toda a arquitetura italiana [...]. A segunda característica é o debate constante entre ideologia e linguagem [...]. A terceira característica nasce como uma consequência das duas primeiras e consiste no estado de constante ambiguidade, seja como complexidade de significado, seja como ineficácia para resolver os problemas. Esta ambiguidade constitui a base da linguagem expressiva da arquitetura italiana mais interessante.[44]

Embora não seja possível determinar a posição de Capello dentro dos debates arquitetônicos enquanto estudante na Itália, sua aversão ao regime fascista, revelada por sua filha Carla, foi um fator significativo para sua migração para o Brasil. Além desse fator, deve-se considerar o conturbado ambiente entre guerras, marcado por crise econômica e falta de oportunidades profissionais, bem como a oferta de um emprego garantido na Sul América, uma empresa em plena ascensão no Brasil. Seu repúdio ao governo de Mussolini pôde ser confirmado por meio da publicação no jornal paranaense *O Dia*, em 1943, que registra a sua participação no Comitê dos Italianos Livres do Brasil, de caráter antifascista:

> Rio, 28, (A.N.) – Os Italianos livres do Brasil, pelo comité que lidera no Rio, constituído pelos senhores Guili Perreno, Roberto Cápello (sic), Serigi Bagliolo, [...] enviaram hoje ao Conde Sforza, que é o autêntico líder de todos os italianos anti-fascistas na América e no mundo, o seguinte telegrama: "Conde Sforza, como representante da nova Italia democrática a qual ressurgirá livre e respeitada. Reiteramos a necessidade de independencia da Italia e da eliminação de todos os cumplices do fascismo. Confiamos em sua ação para a consecução dos ideais comuns.[45] (LIDER..., 1943, p. 1)

43 Publicação original em inglês pela editora George Braziller, 1968. A edição em espanhol foi publicada em 1969 pela editora Blume, em Barcelona.

44 GREGOTTI, Vittorio. *Nuevos Caminos de La Arquitectura Italiana.* Editorial Blume. Barcelona, 1969, p. 7. Tradução minha: "*Yo creo que la experiência de la arquitectura italiana tiene algunas características específicas que pueden ser provechosas a la cultura internacional: la primera es la dialéctica sobre las nociones de historia y de tradición que ha alimentado toda la arquitectura italiana [...]. La segunda característica es el debate constante entre ideologia y lenguaje [...]. La terceira característica nace como una consecuencia de las dos primeras y consiste en el estado de constante ambigüedad, sea como complejidad de significado, sea como ineficácia para resolver los problemas. Esta ambigüedad constituye la base del lenguaje expresivo de la arquitectura italiana más interessante.*"

45 Líder dos anti-fascistas. *O Dia*, Curitiba, 30 de julho de 1943. ed. 06126, p. 2.

No Brasil, Roberto Capello também era convidado a discorrer sobre o ambiente fascista na Itália e seus desdobramentos, como a queda de Mussolini:

> DIÁRIO DA NOITE ouviu três líderes italianos anti-fascistas sobre os acontecimentos politicos que atualmente veem se sucedendo em sua patria e os futuros que possam surgir, segundo os fatos do momento ou em evidencia. Sobre os ideais que animaram todos os italianos dignos da hora presente, foram categoricos: expulsar os invasores alemães e restaurar o regime democratico.
>
> São eles o professor Luigi Bogliolo e os engenheiros *Roberto Capello* e Luigi Ferrero.[46]

Sabe-se que as ideologias da cultura de vanguarda italiana estabeleceram certa dialética com os ideais do regime fascista e, com demasiada frequência, a autonomia cultural reivindicada pelos intelectuais coincidiu com o apoio da política que, apesar da defesa da nova arquitetura racionalista, abominavam totalmente a sua relação com as propostas de Mussolini.[47] Porém, não se pode afirmar que todos aqueles tradicionalistas apoiavam também o regime.

Da mesma forma, sabe-se que nos primórdios da instalação do regime, muitos dos que viriam a ser antifascistas com a queda de Mussolini ou com a aproximação dela eram filiados ao Partido Nacional Fascista (PNF) e acreditavam naqueles ideais que prometiam um país melhor para todos. É nesta posição que os historiadores colocam Pietro Maria Bardi, crítico atuante nos primeiros anos do regime, principalmente no campo da arquitetura, e que assumiu um papel fundamental na divulgação e defesa da renovação da disciplina. Bardi se inscrevera em 1926 no PNF;[48] leitor assíduo de artes e arquitetura, interessava-se, do mesmo modo, por política, contribuindo para inúmeros periódicos italianos[49] antes de sua migração para o Brasil, após o declínio do regime. Não se atesta, com estes escritos, que Bardi defendia piamente o regime, e há passagens no livro de Tentori que transparece o seu desejo de independência nas opiniões. Entretanto, é fato que dirigiu uma galeria pública, a Galleria d'Arte di Roma, patrocinada pelo Sindicato Nacional Fascista de Belas Artes.[50] Nos atos

46 QUAL É o rumo da Itália? 20 Anos de Tirania e Traição. Jornal *Diário da Noite*. Rio de Janeiro, 28 de outubro de 1943. ed. 03915, Rio de Janeiro, p. 4. Disponível em: http://bndigital.bn.br/hemeroteca-digital. Acesso em: 28 fev. 2018.

47 TAFURI, Manfredo; Dal Co, Francesco. *Arquitectura contemporânea*. Madrid, 1978.

48 TENTORI, Francesco. *PM. Bardi*. São Paulo: Instituto Lina Bo e P.M. Bardi/IMESP, 2000.

49 *Revista de Bergamo* (*Gionarle di Bergamo*), *Popolo di Bergamo, Secolo, Indipendente, Quadrante, Corriere dela Sera, Belvedere, Meridiano di Roma, Il Vetro, Lo Stile*. (TENTORI, 2000)

50 TENTORI, *op. cit.* Bardi, em uma carta a Mussolini para prestar contas dos gastos da galeria, também informa as intenções de modernizá-la: "Há na Itália, hoje em dia, uma arte moderna em ascensão, valores de primeiro plano, uma ordem artística sindical notável; com esta Galeria nós poderemos

de promoção da arte italiana, em novembro de 1929, organizou a mostra em sua galeria dos seis pintores de Turim, sendo um deles Edoardo Persico, judeu e perseguido pela posição antifascista. É, portanto, por volta de 1930 que Bardi intensifica a defesa em favor da arquitetura racionalista, em confrontos com os acadêmicos, dentre eles Marcello Piacentini,[51] talvez pela censura aplicada em *Tavolo degli Orrori*. Ao mesmo tempo em que apoiava os Novecentistas, favorecidos pelo regime, Bardi era ríspido, no campo da arquitetura, a qualquer linguagem não racional. Tornou-se, por assim dizer, perturbador da ordem pública artística.

Percebe-se, com essas passagens, a ambiguidade ideológica do período. Como, desse modo, avaliar as influências de Roberto Capello? Seu artigo, já citado, sobre o Hotel Copacabana, demonstrou o seu favoritismo em relação à boa arquitetura, independente de estilos ou causas. Para ele, toda boa arquitetura era moderna para a época.

No entanto, é possível adiantar que os arquitetos de Turim — cidade para a qual Capello decidiu transferir seu curso de graduação — adotavam uma postura mais firme em relação às ideologias predominantes na época, conforme discorreu Vittorio Gregotti:

> Turim ocupava uma posição especial na geografia cultural da Itália: é a cidade do crítico como menos prejuízos da arte moderna daqueles tempos, Lionello Venturi; é a cidade da resistência ideológica ao fascismo nas personalidades de Antonio Gramsci e Piero Gobetti. Da cultura turinesa provêm os críticos mais agudos e mais polêmicos defensores da arquitetura moderna italiana, o napolitano Edoardo Persico e Giuseppe Pagano, de Trieste. Turim, ademais, é a cidade italiana que tem uma tradição cultural mais ligada ao nível europeu. Em Turim se formou, em 1929, o grupo dos 6: são pintores que sob a influência de Persico propõem uma posição abertamente europeia em oposição radical com os princípios do grupo dos 900 de Milão. Entre seus membros está Enrico Paulucci, Carlo Levi, Francesco Mesuno, Giorgio Chessa, Nicola Galante e Jessie Boswell. Por este caminho, os 6 chegaram ao racionalismo.[52]

---

colocar à vista tudo aquilo que existe vivo, tentar uma exportação de massa da nossa arte, [...] nós poderemos fazer alguma coisa de original, de fascista e de frutífero para a arte italiana." E despede-se: "Com devoção fascista, P. M. Bardi". (BARDI, *apud* TENTORI, 2000, p. 49). O que demonstra que, pelo menos nesse período, mostras de arte e arquitetura racional foram expostas na galeria patrocinada pelo fascismo.

51 TENTORI, *op. cit.*

52 GREGOTTI, Vittorio. *Nuevos Caminos de La Arquitectura Italiana*. Barcelona: Editorial Blume, 1969. p. 16. Tradução minha: "*Turín ocupa una posición especial en la geografía cultural de Italia: es la ciudad del crítico con menos prejuicios del arte moderno de aquellos tempos, Lionelo Venturi; es la ciudad de la resistencia ideológica al fascismo en las personalidades de Antonio Gramsci y Piero Gobetti. De la cultura turinesa provienen el crítico más agudo y el más polémico defensor de la arquitectura moderna italiana, el napolitano Edoardo Persico y Giuseppe Pagano, de Trieste. Turín,*

Não há como negar que Roberto Capello formou-se nesse contexto e absorveu as concepções que se propagavam com as posições dos profissionais recém-formados. O Politecnico di Torino formava profissionais atuantes no campo da arquitetura racionalista, como Ettore Sottssas (1917-2007), austríaco de nascimento e turinense de formação, Umberto Cuzzi (1891-1973) e Giuseppe Pagano (1896-1945). Lionello Venturi ocupava a cadeira da disciplina história da arte no Politécnico e junto com Piero Gobetti e Antonio Gramsci, também residentes em Turim, formava a expressiva resistência ideológica ao fascismo. Em 1928, foi inaugurada a exposição de Turim em comemoração ao Decênio da Vitória, abrindo espaço para essa nova geração de arquitetos e pintores. Mesmo com a formação em engenharia, é possível que Capello não tenha deixado de absorver os pensamentos desses críticos.

Embora Capello tenha se estabelecido no Brasil após sua formação acadêmica, seu vínculo com o país natal nunca foi totalmente rompido. Pelo contrário, ele manteve uma conexão constante, integrando comitês e tornando-se acionista de empresas italianas.[53] Em 1944, há registros de sua participação no Comitê Italiano de Socorro às Vítimas da Guerra, com a função de secretário. Em 1949, tornou-se membro da diretoria do Centro Cultural Brasil Itália, assumindo o cargo de primeiro tesoureiro.[54]

Após o período necessário para o seu estabelecimento definitivo no Rio de Janeiro, Capello passou a residir na edificação projetada por ele, na Rua Adolfo Luiz, nº 880, na Gávea, que ainda remanesce no espaço urbano carioca. Sobre a residência, Carla Capello mencionou que o projeto paisagístico foi elaborado por Burle Marx, com quem Capello mantinha relações profissionais e de amizade. Infelizmente, o projeto arquitetônico dessa residência não foi encontrado no acervo do arquiteto.

A análise dos aspectos formais das perspectivas das sedes da Sul América e dos demais edifícios constantes no acervo do arquiteto revelam uma aproximação, no que diz respeito ao modo de tratamento das fachadas, tanto dos

---

además, es la ciudad italiana que tiene una tradición cultural más ligada al nivel europeo. En Turín se formó en 1928 el grupo de los "6": son pintores que bajo la influencia de Persico proponen una posición abiertamente europea en oposición radical con los principios del grupo del "900" de Milán. Entre sus membros se cuenta Enrico Paulucci, Carlo Levi, Francesco Mesuno, Giorgio Chessa, Nicola Galante y Jessie Boswell. Por este camino los "6" llegaron al racionalismo."

53 No Diário Oficial de agosto de 1959, consta a informação de que Capello era acionista da empresa SIDEMA S.A. Comercial Importadora, sendo eleito, nesta sessão registrada, ao cargo de diretor gerente.

54 *Jornal do Commercio* de 19 de janeiro de 1933, p. 8, edição 00016, Rio de Janeiro. "A Ordem Teosófica de Serviço, fundada por Annie Besant em 1908, ainda mantém o objetivo delineado na ocasião de sua instituição: [...] organizar-se ao longo de várias linhas de serviço, para promoverem ativamente o primeiro objetivo da Sociedade: Formar um núcleo da fraternidade universal sem distinção de raça, credo, sexo, casta ou cor." (Fonte: http://international.theoservice.org/members/running/TOS%20Principles%20of%20Organisation-Portuguese.pdf. Acesso em: 3 de ago. 2018).

ideais propagados pelos arquitetos racionalistas italianos, representados pela simplicidade dos volumes, linhas retas, economia de ornamentação, quanto dos defendidos pelos arquitetos ditos tradicionais, cuja monumentalidade e simetria clássica eram as características mais marcantes. Talvez Capello fosse um dos profissionais com posição na zona intermediária, porém é inegável que seu trabalho refletia um desejo de renovação presente em todos os debates da época.

1.4. A AUTORIA DOS PROJETOS PARA A SUL AMÉRICA

Os dados pesquisados revelaram que a sede de Curitiba, no Paraná, foi o primeiro projeto arquitetônico assinado pelo arquiteto Roberto Capello para a Sul América, já que os edifícios projetados anteriormente ao de Curitiba foram construídos antes da primeira vinda do arquiteto ao Brasil, como por exemplo, o de São Paulo, inaugurado em 1928, e a sede do Rio de Janeiro, em 1925. Ademais, Tiago Franco[55] discorreu sobre o edifício da capital paulista e atribuiu-lhe autoria a Robert Prentice, com a participação de Pilon, além de Jorge Czajkowski atribuir o projeto da sede do Rio de Janeiro aos arquitetos Robert Prentice (1883-1960) e Joseph Gire (1872-1933).[56]

A partir da construção da sede do Paraná, o nome do arquiteto aparece como responsável técnico por todos os projetos subsequentes, até o ano de 1948, com exceção do projeto para o SULACAP de Niterói (1948), de autoria de Robert Prentice, como será exposto adiante.

As viagens para Curitiba foram registradas nos principais jornais do Rio de Janeiro e do Sul do país. Em uma época em que a aviação comercial estava em seus primórdios, era comum a notícia de passageiros que viajavam pelo ar. Conforme já indicado, esses registros, como o relatado a seguir, possibilitaram relacionar Roberto Capello à empresa Sul América e também levantar outras edificações projetadas por ele, as quais inicialmente não faziam parte desta pesquisa, como a própria sede de Curitiba:

> Procedente do Rio da Prata, com as escalas de costume pelos portos do Sul, deu entrada ontem, às 15:30 horas no aeroporto da Ponta do Calabouço, o

55 FRANCO, Tiago Seneme. *A Trajetória de Jacques Pilon no Centro de São Paulo*: análise das obras de 1940 a 1947. Dissertação (Mestrado em Arquitetura e Urbanismo) – Faculdade de Arquitetura de Urbanismo, Universidade Presbiteriana Mackenzie, São Paulo, 2009.

56 CZAJKOWSKI, Jorge Paul (Org.). *Guia da arquitetura art déco no Rio de Janeiro*. Rio de Janeiro: Casa da Palavra: Prefeitura da Cidade do Rio de Janeiro, 2000.

> hidro-avião de carreira da Panair, trazendo os seguintes passageiros para esta Capital: [...] de Paranaguá, Dr. Roberto Capello [...].[57]

Com relação às sedes de Porto Alegre, Anna Paula Canez[58] registrou que ambos os edifícios "foram projetados por Arnaldo Gladosch no escritório técnico de Roberto Capello" (Canez, 2006, p. 27). Essa informação preliminar levantou dúvidas sobre a autoria de Capello em relação às duas sedes e, portanto, se cabia ou não a análise dos edifícios. A própria autora, ao consultar o projeto arquitetônico do Sul América, informou que no carimbo das pranchas constava apenas o nome de Roberto Capello, porém concluiu sobre a autoria de Gladosch em decorrência de uma citação na tese de doutorado de Nara Helena Naumann Machado, de 1998:

> Notícia em jornal da época associa ao nome de Gladosch aquele do arquiteto Roberto Capello do Rio de Janeiro. Efetivamente, tal como no Ed. SUL AMÉRICA, o projeto dessa edificação (SULACAP) ocorre sob a responsabilidade de Gladosch e através daquele escritório.[59]

Segue a passagem de Canez sobre sua conclusão:

> Essa observação [a citada por Machado] parece solucionar a dúvida surgida quanto à autoria do edifício Sul América, embora, nas pranchas do projeto arquitetônico arquivadas na Prefeitura de Porto Alegre, consultadas, digitalizadas e redesenhadas para servir aos propósitos do trabalho aqui apresentado, conste apenas o carimbo do escritório referido e a assinatura do engenheiro Roberto Capello. As dúvidas relativas à autoria do edifício foram dirimidas por Nara Machado, que apontou os caminhos que ela já havia trilhado em sua tese de doutorado referida anteriormente.[60]

Considerando que a autora obteve acesso ao projeto original, cabe aqui questionar: o que confirmaria oficialmente, no caso de dúvidas, a autoria de um projeto arquitetônico, senão a assinatura do profissional em uma prancha técnica?

57 OS QUE VIAJAM pelo ar. *Jornal do Brasil*, Rio de Janeiro, 7 de novembro de 1937, ed. n. 05645, p. 12. Disponível em: http://bndigital.bn.br/hemeroteca-digital. Acesso em: 28 fev. 2018. Paranaguá era a cidade mais próxima de Curitiba para o pouso de hidro-avião. Pelo que se pode apurar, o arquiteto viajou para este destino nos anos 1935, 1936 e 1938.

58 CANEZ, Anna Paula Moura. *Arnaldo Gladosch*: o edifício e a metrópole. Tese (Doutorado em Teoria, História e Crítica da Arquitetura) – Faculdade de Arquitetura, Universidade Federal do Rio Grande do Sul, Porto Alegre, 2006.

59 Machado, 1998, p. 327, *apud* Canez, 2006.

60 CANEZ, *op. cit.*, p. 52.

O mesmo acontece com o edifício SULACAP, porém, sobre sua autoria, Canez sequer levantou dúvidas. Para afirmar tão seguramente a autoria de Gladosch, a autora, em seu texto introdutório, elencou uma ampla bibliografia consultada que confirmou tal fato. Dentre elas, destaca-se a obra de Alberto Xavier e Ivan Mizoguchi, intitulada *Arquitetura Moderna de Porto Alegre* e publicada em 1987, indicada por Canez como uma importante contribuição para o registro da produção da arquitetura moderna de Porto Alegre, conforme segue abaixo:

> Outra obra importante é "Arquitetura Moderna em Porto Alegre", em que Xavier e Mizoguchi registram os exemplares mais representativos da produção edificada de Porto Alegre. [...] Os projetos estão dispostos cronologicamente, de acordo com o ano de sua realização. Cada uma das obras apresentadas, um total de 160, vem acompanhada por fotografias, um breve relato, pequenas descrições referindo-se principalmente ao contexto, programa, sítio e implantação, seguida ainda de material gráfico, normalmente plantas e algum corte. De autoria de Arnaldo Gladosch, encontram-se relacionadas duas obras: o Edifício Sulacap (1938) e o Edifício Mesbla (1944).[61]

Ao consultar a obra de Mizoguchi e Xavier, percebe-se que os autores, além de atribuírem autoria do SULACAP a Gladosch, também o fizeram em relação ao Sul América, a despeito de Canez não mencionar esse fato em sua conclusão. Mizoguchi e Xavier também registraram a existência do escritório técnico de Roberto Capello, informação invalidada, visto que o arquiteto estava vinculado ao departamento da empresa:

> Propriedade da Sul América Capitalização, este edifício [SULACAP] foi projetado no Rio de Janeiro pelo Escritório Técnico Roberto Capello, através do arquiteto Arnaldo Gladosch, responsável, nesse mesmo ano de 1938, por estudo para o Plano Diretor de Porto Alegre. Sua construção foi iniciada em 1943 pela firma Azevedo Moura, Gertum e ocupa parte do quarteirão da área mais central da cidade. Compreendia originalmente escritórios e apartamentos, ocupando estes o trecho de esquina com a avenida Salgado Filho, marcado por sacadas, e hoje destina-se exclusivamente por escritórios. [...] Fronteiro ao Sulacap, está o Sulamérica, edificação de menor porte e tratamento menos requintado, autoria também de Arnaldo Gladosch.[62]

61 CANEZ, *op. cit.*, p. 51.

62 MIZOGUCHI, Ivan; Xavier, Alberto. *Arquitetura moderna em Porto Alegre*. Porto Alegre: Pini, 1987.

Canez também utilizou Günter Weimer como referência, em especial o livro intitulado *Arquitetura Modernista em Porto Alegre entre 1930 e 1945* (1998). Sobre a obra, a autora discorreu:

> Vale citar, do mesmo autor [Günter Weimer], a minuciosa pesquisa realizada, na sua maior parte, nos negativos dos microfilmes, cedidos pela Prefeitura Municipal de Porto Alegre, dos projetos submetidos à aprovação, em que comparece o edifício Sulacap, acompanhado de descrição e histórico.[63]

Além de todas essas referências, também serviu como base para a sua pesquisa o livro de Hugo Segawa, destacando a parte do texto em que autor conferiu a Gladosch autoria do projeto arquitetônico do SULACAP, abaixo transcrita:

> [...] Gladosch, nesse sentido, foi um arquiteto que projetou edifícios que bem representam um conceito de implantação de grandes obras na paisagem urbana das cidades ordenadas nos moldes à Agache: o edifício Sulacap em Porto Alegre (projetado em 1938, concluído em 1949) é um paradigma de boa qualidade da arquitetura para fins comerciais e residenciais desse período.[64]

Paulo Cesa Filho também contribuiu para a pesquisa de Canez com sua dissertação intitulada *Arquitetura da Verticalidade na recém-aberta avenida Borges de Medeiros*, defendida em 2003 na Faculdade de Arquitetura da UFRGS. Sobre o estudo, a autora destacou:

> [...] Vale também acrescentar que, na primeira parte do trabalho, Cesa traça um panorama das transformações sofridas pela arquitetura de Porto Alegre, inserida na ânsia modernizadora que acometeu a cidade, principalmente no período compreendido entre as décadas de 20 e 40, amparado, principalmente, nos estudos precedentes de Nara Machado. A contribuição do autor que interessa à presente tese, entretanto, está, principalmente, no apurado reconhecimento da técnica, da materialidade do edifício Sulacap.[65]

Infelizmente, a dissertação de Cesa não está disponível para consulta no repositório digital da UFRGS, tampouco em outra mídia digital, de forma que não

63 CANEZ, *op. cit.*, p. 53.

64 Segawa, 2014, p. 76, *apud* Canez, 2006, p. 55.

65 CANEZ, *op. cit.*, p. 59.

foi possível verificar as fontes consultadas por ele. Entretanto, Canez indicou como uma das referências principais do autor a tese de Nara Machado, a qual, conforme visto, conduziu a sua conclusão de Gladosch como autor do projeto para o Sul América, gerando uma circularidade nas informações incompletas relativas à autoria dos projetos, que poderia ter sido interrompida por Canez na ocasião da consulta ao projeto original, quando confirmou o nome de Capello nos carimbos das pranchas técnicas.

Por fim, a autora também fez uso da tese de Silvio Belmonte de Abreu Filho, desenvolvida concomitantemente com a sua, porém defendida antes,[66] autor que também indicou a autoria de Gladosch para as sedes de Porto Alegre:

> Nascido em São Paulo, Arnaldo Gladosch (1903-1954) estudou na Alemanha, na Escola Superior Técnica da Saxônia em Dresden, onde se diplomou como engenheiro-arquiteto em 1926 e depois se especializou em urbanismo. Em 1927, recém formado e de volta ao Brasil, escreve para *O Jornal*, do Rio de Janeiro, uma série de cinco artigos sobre questões urbanísticas da cidade, a necessidade de um Plano Diretor, e sobre a contratação de Agache. Dessa forma, credencia-se para trabalhar como colaborador na equipe que Agache monta no Rio de Janeiro, encarregando-se das áreas industriais. Na década de 30, encontra-se estabelecido com o Escritório Técnico Arnaldo Gladosch no Rio de Janeiro, na Av. Rio Branco, de onde vai desenvolver os Planos para Porto Alegre. Enquanto trabalhava nestes, contratou uma série significativa de projetos arquitetônicos em Porto Alegre, como os Edifícios SULACAP (1938-49), Sul América (1938-40).[67]

Abreu Filho, ao utilizar a palavra "contratou", dá margens a interpretações diversas. Entretanto, em outras tantas passagens no seu texto, afirma a responsabilidade projetual de Gladosch para os dois edifícios.

Não é de se estranhar que, com tantas fontes afirmando a autoria de Gladosch para ambas as sedes, Canez sequer duvidou da informação. Entretanto, a reunião de alguns episódios, tais como as notícias de viagens de Capello para Porto Alegre nos anos 1936,[68] 1940[69] e 1949;[70] a existência do Departamento de Propriedades e Hypotecas no ano de 1935 registrada no periódico da empresa; a informação sobre a assinatura de Capello no projeto do Sul América (citado por Canez); a autoria dos projetos das sedes em outras capitais, juntamente com

66 A tese de Abreu Filho foi publicada em julho de 2006 e a de Canez em dezembro de 2006.

67 ABREU FILHO, Silvio Belmonte de. *Porto Alegre como cidade ideal*: planos e projetos urbanos para Porto Alegre. Tese (Doutorado em Arquitetura) – Faculdade de Arquitetura, Universidade Federal do Rio Grande do Sul, Porto Alegre, 2006.

68 *Jornal do Brasil*, 5 de junho de 1936, edição 05204, p. 2.

69 *O Imparcial* de março de 1940, Rio de Janeiro, edição 01470, p. 11.

70 *Jornal do Dia*, Porto Alegre, 20 de setembro de 1949, edição 00799, p. 3.

a notícia da inauguração do edifício SULACAP publicada no *Jornal do Dia* de Porto Alegre, permitiram inferir a participação direta de Roberto Capello nos projetos. No entanto, isso não impede que novas pesquisas questionem essa conclusão. Segue abaixo o trecho deste noticiário que aponta Capello como coautor do projeto do SULACAP:

> Nossa reportagem pôude apurar que viajaram no 'Constallation', além do vice-presidente do Sulacap, Sr. Antônio S. de Larragoiti Junior e exma esposa, mais as seguintes pessoas: [...] drs. Arnaldo Gladosch e Roberto Capello, arquitetos do edifício Sulacap de Pôrto Alegre, e muitos outros diretores, gerentes de sucursais [...].[71]

Uma passagem do texto de Abreu Filho me chamou particularmente a atenção. O autor, ao detalhar o Plano Diretor de Arnaldo Gladosch, a partir da análise da publicação intitulada "Um Plano de Urbanização" (1943), de autoria do prefeito José Loureiro da Silva, descreveu sobre o plano do Quarteirão Masson, área em que as sedes foram construídas:

> Os estudos são denominados alternativamente como Quadra 1, denotando sua intenção de exemplaridade no tratamento de áreas similares no Centro. Junto com os estudos, é apresentada uma perspectiva do projeto para o Edifício Sulacap, em execução à época na cabeça do quarteirão em questão (Fig. Nº 92 do documento), sem crédito do autor, no caso o mesmo Arnaldo Gladosch.[72]

Posteriormente, Abreu Filho detalhou o plano a partir das atas do Conselho – consideradas por ele como fonte mais confiável para seu estudo –, e repetiu a informação supra:

> Na Parte V [da 9ª reunião de 17 de abril de 1941] – O Plano Definitivo (dentro do item Reloteamento), o estudo é apresentado juntamente com outros projetos de reloteamento referentes à abertura da Avenida Farrapos, à urbanização da Azenha-Menino Deus-Praia de Belas, e a outros quarteirões do centro, como o mais importante e detalhado, ali informado como em plena execução: o chamado "quarteirão Masson". O projeto de reloteamento é apresentado na Fig. Nº 91, objeto do Decreto n 294, e uma perspectiva do Edifício Sulacap na Fig. Nº 92 do documento, como *"Fachada*

71 *Jornal do Dia*, Porto Alegre, edição 00799, 20 de setembro de 1949, p. 3.

72 ABREU FILHO, Silvio Belmonte de. *Porto Alegre como cidade ideal*: planos e projetos urbanos para Porto Alegre. Tese (Doutorado em Arquitetura) – Faculdade de Arquitetura, Universidade Federal do Rio Grande do Sul, Porto Alegre, 2006.

da construção do lote com face para a av. Borges (Edifício Sulacap)", sem informação de autoria de Arnaldo Gladosch ou data de projeto. (Abreu Filho, 2006, p. 152).

Daí se extrai que é possível que o documento publicado por Loureiro Silva, intitulado "Um Plano de Urbanização", seja a origem das conclusões sobre a autoria de Gladosch mencionadas pelos autores citados. Se não havia crédito ao autor, mas se tratando de um documento que discutia o Plano Diretor de Arnaldo Gladosch, o qual apresentava a perspectiva do projeto, como não atribuir-lhe a autoria?

Percebe-se, com as passagens das diversas fontes, como o nome de Capello foi obliterado da historiografia da arquitetura da primeira metade do século XX no Brasil, principalmente no que diz respeito à autoria dos edifícios da empresa em Porto Alegre.

No final da década de 1930, os jornais passaram a registrar as viagens de Capello para Belo Horizonte, provavelmente para dar início aos projetos das sedes nessa cidade:

> Pela Panair viajaram: [...] de Bello Horizonte, Joseph Arcelus, Roberto Capello [...]. (OS QUE VIAJAM...1937, p.12)
>
> Pelo avião 'Electra', da linha mineira da Panair do Brasil, viajaram hontem os seguintes passageiros: do Rio de Janeiro para Bello Horizonte: dr. Alcindo Vieira, Joaquim Tavares Coelho Filho, Roberto Capello e Julian Angel Villareal [...].[73]

Em Belo Horizonte, assim como em Recife e Salvador, as duas sedes foram construídas (SULACAP/Sul América), mas particularmente na capital mineira ambas foram erguidas em um único lote, formando um conjunto arquitetônico singular, já bastante referenciado na literatura.

73 VIAJANTES. *O imparcial*, Rio de Janeiro, 23 de julho de 1938, ed. n. 969, p. 12. Disponível em: http://bndigital.bn.br/hemeroteca-digital. Acesso em: 28 fev. 2018.

Maquete do conjunto arquitetônico SULACAP/ Sul América de Belo Horizonte. FONTE: Acervo pessoal de Carla Capello e Diana Guenzburger.

As viagens para Salvador, onde as duas sedes foram construídas, também foram registradas nos noticiários:

> Pelo hidro-avião da linha internacional da Pan American Airways, parte hoje, às 6 horas, do Aeroporto Santos Dumont: [...] para a cidade de Salvador, Alceu Reveilleau, dr. Roberto Capello e B. F. Weaver [...].[74]

A autoria de Capello para essas sedes foi confirmada pela ampla bibliografia referente – Andrade Junior (2019), Dossiê de Tombamento Municipal do SULACAP e revistas *Sul América* – além da existência de perspectivas dos projetos da capital baiana no acervo do arquiteto.

Vários foram os registros de viagem para a capital pernambucana, onde também as duas sedes foram construídas (SULACAP/Sul América), em lotes diferentes, ambos localizados no entorno da Praça da Independência.

> Procedente do Norte, chegou hontem, às 15 horas, ao aeroporto da Ponta do Calabouço, um hydroavião 'Commodore' da Panair, trazendo os seguintes passageiros para esta capital: [...] de Recife, Dr. Roberto Capello [...].[75]

74 VIAJANTES. *Diário de Notícias*. Rio de Janeiro, 17 de outubro de 1939. ed. n. 05207, p. 9. Disponível em: http://bndigital.bn.br/hemeroteca-digital. Acesso em: 28 fev. 2018, p. 9. Outras notas mostram que Capello visitou Salvador em 1944 (jornal *A Manhã*, Rio de Janeiro, 23 de julho de 1944, edição 00906, p. 6.) e 1948 (*Diário de Notícias*, 23 de outubro de 1948, segunda seção, p. 3).

75 VIAJANTES. *Diário de Notícias*. Rio de Janeiro, 11 de abril de 1936. ed. n. 02857, p. 9. Disponível em: http://bndigital.bn.br/hemeroteca-digital . Acesso em: 28 fev. 2018. Há registros de viagens para Recife nos anos de 1935, 1936, 1937.

As datas de elaboração de alguns projetos das sedes, registradas tanto em jornais como no periódico da empresa e em bibliografia referenciada, indicam que o arquiteto desenvolveu concomitantemente dois ou mais projetos, como os das sedes Sul América de Curitiba e de Recife, ambos projetados ao longo de 1935 e 1936. Já nos anos de 1937, 1938 e 1939, há registros da elaboração do projeto da sede Sul América de Porto Alegre e, provavelmente, das sedes de Santos e Juiz de Fora. Os demais projetos foram todos elaborados na década de 1940, com maior espaçamento de tempo do que verificado na década de 1930.

O projeto da sede SULACAP de Santos/SP – cidade em que a empresa já atuava desde o início da década de 1930 – foi elaborado provavelmente entre 1937 e 1939, uma vez que a revista *Sul América*/nº 68, de 1936, informou que nesse ano a empresa ainda não possuía sede própria na cidade e, em 26 de janeiro de 1939, o jornal *A Tribuna* publicou a perspectiva do projeto. A autoria de Capello foi confirmada pela presença de sua assinatura nos projetos arquitetônicos originais arquivados na Prefeitura Municipal de Santos.

Assim como em Santos, a empresa também já atuava na cidade de Juiz de Fora desde a década de 1930.[76] Já a perspectiva do projeto foi publicada na edição de 12 de setembro de 1938 do jornal *Diário Mercantil*, em anúncio sobre o lançamento da pedra fundamental da construção do edifício SULACAP na cidade. A despeito da ausência do projeto arquitetônico original nos arquivos da Prefeitura Municipal, o nome de Capello apareceu como autor do projeto no Dossiê de Tombamento municipal do edifício e na dissertação de mestrado de Carina Cardoso.[77]

O projeto arquitetônico do edifício Sul América de Fortaleza encontrava-se em execução no ano de 1946, conforme publicação na revista *Sul América* nº 104/105, de junho no mesmo ano. Já a obra foi concluída apenas na década seguinte, de acordo com a notícia publicada no jornal *O Povo*, em janeiro de 1953.[78] A despeito de sua representatividade no espaço urbano da área central de Fortaleza, o edifício é pouco referenciado na literatura e, quando citado, não há qualquer informação sobre a autoria do projeto, como ocorre na dissertação de mestrado de Maria Santana Borges.[79] O edifício é estudado por Borges em seus aspectos históricos, formais e funcionais, assim como são apresentadas as plantas dos pavimentos, mas a autora sequer levanta uma hipótese de autoria

76 Revista *Sul América*, nº 68, 1936.

77 CARDOSO, Carina Folena. *100 anos de verticalização em Juiz de Fora*: edifícios de apartamentos na avenida Barão do Rio Branco. Dissertação (Mestrado em Ambiente Construído) – Faculdade de Engenharia, Universidade Federal de Juiz de Fora, Minas Gerais, 2015.

78 BORGES, Marília Santana. *Quarteirão de sucesso da cidade*: o Art Déco e as transformações arquitetônicas na Fortaleza de 1930 e 1940. Dissertação (Mestrado em Arquitetura e Urbanismo)– Faculdade de Arquitetura e Urbanismo, Universidade de São Paulo, 2007.

79 *Ibid.*

do projeto. Para verificar se o projeto desse edifício foi também executado por Capello, consultei os arquivos da Prefeitura Municipal de Fortaleza, porém nenhum registro sobre ele foi encontrado.[80] Também são ausentes os registros de viagens de Capello para Fortaleza no período de 1930 a 1950, fato que contribuiu para aumentar a dúvida sobre sua autoria. Entretanto, se na década de 1940 Roberto Capello ainda atuava na empresa elaborando os projetos para as sedes de Porto Alegre e Salvador, não há, até o momento, motivo claro que impeça de atribuir-lhe a autoria dessa sede, até que novas pesquisas venham indicar o contrário.

A mesma dúvida foi levantada com relação às sedes de Florianópolis e Manaus. Reportagem na revista *Sul América* nº 104/105, de junho de 1946, noticiou o andamento do projeto arquitetônico da sede de Fortaleza, além da de Florianópolis e a aquisição de um terreno nas proximidades da Praça 15 de Novembro, em Manaus, para a construção da sede do estado do Amazonas:

> Estão sendo concluidos os planos dos edifícios para as Sucursais do Ceará e Santa Catarina, em Fortaleza e Florianópolis, cujas obras pretendemos iniciar no corrente ano.
>
> [...]
>
> Foi ainda adquirido o prédio da Avenida Sete de Setembro, esquina da Praça 15 de Novembro, em Manáus, destinado à Sucursal do Amazonas.[81]

Já no ano de 1952, o periódico da empresa[82] noticiou o andamento da obra da sede de Florianópolis, como também as de Fortaleza, Belém e Manaus, e a sede no Peru, em Chiclayo.

Sobre a sede de Florianópolis, pesquisas posteriores confirmaram a existência do edifício no atual espaço urbano da cidade, exatamente na Rua dos Ilhéus com Praça XV de novembro. A confirmação foi realizada pelo professor Reinaldo Lindolfo Lohn, integrante do Departamento de História da Universidade do Estado de Santa Catarina. Segundo informações de Lohn, o edifício foi inaugurado no final de 1955, mas não há referências sobre a autoria do projeto. Na década de 1960, sediou a agência do Banco do Estado de Santa Catarina (BESC), situação que perdurou até o ano de 2004, quando a agência foi incorporada pelo Banco do Brasil.

80 Segundo a correspondência oficial enviada pela coordenadoria de Licenciamento (COL/SEUMA) em resposta ao pedido de consulta aos arquivos do projeto arquitetônico – ver anexo inserido na análise do edifício.

81 Revista *Sul América*, nº 104/105, jun. 1946, p. 27.

82 Revista *Sul América*, nº 131, Ano 34, jan. a mar. 1953, p. 26.

Pela análise das imagens fornecidas por Lohn, nota-se que o edifício, ao contrário das demais sedes, é uma obra tímida no contexto urbano, apresentando baixa altimetria, mas com os mesmos recursos formais adotados nas demais sedes. Considerando que na década de 1950, quando o edifício foi construído, a empresa já estava caminhando com o processo de redução dos seus investimentos no setor imobiliário, pode-se levantar a hipótese de uma possível adaptação no projeto arquitetônico original. O edifício é pouco referenciado na literatura, e, apesar das tentativas realizadas, o projeto arquitetônico original não foi encontrado, tampouco qualquer imagem relativa ao edifício.

A mesma busca foi realizada no sentido de comprovar a existência dos edifícios em Manaus e Belém, já que a aquisição de terrenos e a construção das sedes nessas cidades foram noticiadas na revista da empresa. Para a sede de Manaus, a empresa adquiriu, em 1945, um edifício localizado na Av. Sete de Setembro, esquina com Praça 15 de novembro.[83] Já a de Belém seria construída em terreno localizado na Rua 15 de novembro esquina com Travessa Frutuoso Guimarães. No ano de 1953, a revista informou que ambas as sedes estavam em vias de conclusão,[84] porém, nenhum desses projetos teve a perspectiva estampada nos noticiários, como aconteceu com os demais. Fato é que no ano de 1954 a revista informou que ambas as sedes haviam sido concluídas.[85]

Com base nos endereços informados nos periódicos da empresa e utilizando o Google Street View, identifiquei as supostas sedes de Manaus e Belém. Assim como a de Florianópolis, esses edifícios apresentam algumas semelhanças formais com as demais sedes, apesar de consideravelmente menores em altura. Curiosamente, a análise das imagens das sedes de Belém e Manaus possibilitou levantar a hipótese de que a empresa utilizou o mesmo projeto arquitetônico para a construção dos dois edifícios, com as devidas alterações da quantidade de vãos em função das dimensões diferenciadas do terreno.

No mesmo ano em que a empresa adquiriu os terrenos em Florianópolis para a construção de sua sede, em 1943, houve também a aquisição de um terreno em Niterói, no estado do Rio de Janeiro, na Avenida Ernani do Amaral Peixoto, esquina com Rua Visconde do Rio Branco, para a construção da sede SULACAP nesta cidade. O projeto arquitetônico desse edifício, gentilmente cedido pelo então síndico, Sr. Milton, contém a assinatura do arquiteto Robert Prentice e selo de aprovação da prefeitura municipal datado de 1948. Infelizmente, o carimbo não apresenta a data de execução dos desenhos, o que poderia revelar se Prentice elaborou o projeto quando ainda atuava para a empresa, nas primeiras décadas do século XX, ou se voltou a ser contratado após o período

83 Revista *Sul América*, nº 104/105, Ano 35, jan. a jun. 1946.

84 Revista *Sul América*, nº 135, Ano 35, jan. a mar. 1954, p. ?

85 Revista *Sul América*, nº 135, Ano 35, jan. a mar. 1954, contracapa.

de atuação de Capello. Informações na revista *Sul América* referente a janeiro e junho de 1946 indicaram que a aprovação do projeto foi realizada após o término da obra ou durante a sua execução:

> Continuam em andamento e já bem adiantadas as obras do edifício da Sucursal da Bahia, na Rua Chile, esquina de Tomé de Souza, na cidade de Salvador e do edifício de Niterói na Avenida Ernani do Amaral Peixoto, esquina da Rua Visconde do Rio Branco.[86]

A possibilidade desse projeto ter sido desenvolvido por Prentice antes da contratação de Capello, ou seja, antes de 1935, foi anulada com a informação de que o terreno foi adquirido pela empresa no ano de 1943.[87] Diante disso, a hipótese mais provável que justifique a autoria de Prentice neste projeto seria a de que Capello estaria sobrecarregado com a elaboração de tantos projetos no início da década de 1940, quando estavam em andamento as concepções e/ou obras das sedes de Salvador, Fortaleza, Porto Alegre e Belo Horizonte. Assim, apesar da vasta documentação sobre esse edifício, a confirmação da autoria de Prentice e a falta de registros que comprovem a participação de Capello nesse projeto levaram à exclusão da análise da sede de Niterói.

A partir da década de 1940, os registros de viagens do arquiteto foram se tornando cada vez menos frequentes[88] até que, de 1950 em diante, não há mais informações nos periódicos sobre seus deslocamentos pelo país, tampouco registros de novas construções, com exceção das sedes de Manaus e Belém. Como já informado, a partir dessa década, a empresa interrompeu seus investimentos imobiliários em decorrência da crise econômica do país, o que iria resultar, num futuro bem próximo, na liquidação da maioria dos seus edifícios construídos para sediar suas sucursais.

É importante ressaltar que, além das sedes, o arquiteto também desenvolveu outros projetos para a empresa no período em que a companhia decidiu expandir seus investimentos no setor imobiliário. Tanto o acervo do arquiteto quanto o da empresa possibilitou o levantamento de alguns desses projetos. Um deles, identificado no seu acervo pessoal, refere-se ao residencial Edifício Zamudio, localizado na Av. Rui Barbosa, 394, Flamengo, Rio de Janeiro. Em visita ao local, constatou-se que o edifício existente no terreno é o mesmo representado no projeto. Mesmo de forma sutil, é possível perceber no Zamudio a mesma solução tripartida adotada em todas as sedes da empresa.

86 Revista *Sul América*, nº 104 e 105, Ano 27, jan. a jun. 1946, p. 27.

87 Revista *Sul América*, nº 92, Ano 24, jun. 1943, p. 19.

88 Os únicos registros de viagens publicados e encontrados nos jornais foram para Porto Alegre (1940) e para Salvador (1944, 1946 e 1949).

Perspectiva do Edifício Zamudio, RJ. FONTE: Acervo pessoal de Carla Capello.

O edifício Zamudio foi ilustrado no *Guia da Arquitetura Moderna do Rio de Janeiro* (2000), organizado por Jorge Czajkowski. Na ficha técnica estão registrados o ano de construção (1954), o nome de Roberto Capello como autor de projeto e o da empresa Sul América como proprietária, seguida da seguinte descrição do edifício:

> O mais luxuoso edifício do período abordado por este guia caracteriza-se pela sobriedade de sua arquitetura e pelo excelente acabamento de construção. A disposição em planta dos apartamentos, no que pese a grande frente de rua do terreno, pouco varia em relação aos outros edifícios do mesmo gênero aqui apresentados.[89]

No acervo pessoal do arquiteto consta, ainda, a perspectiva de um outro edifício, de tipologia provavelmente residencial, acompanhada da fotografia da obra construída.

89 CZAJKOWSKI, Jorge Paul (Org.). *Guia da arquitetura art déco no Rio de Janeiro*. Rio de Janeiro: Casa da Palavra: Prefeitura da Cidade do Rio de Janeiro, 2000, p. 58.

Edifício vertical/não identificado. FONTE: Acervo pessoal de Carla Capello.

Há ainda a perspectiva do projeto do edifício Itamaracá, localizado na Rua Senador Vergueiro, nº 219, no Rio de Janeiro, com anotações sobre a identificação de Capello como autor do projeto e o registro de incorporação em nome da Sul América. O projeto refere-se ao mesmo edifício ainda existente no endereço informado no projeto. Nessa obra, nota-se uma proposta formal totalmente diversa das soluções adotadas nas sedes e uma aproximação clara dos ideais corbusianos. Não foi possível identificar a data do projeto, tampouco a data da construção, mas sabe-se que, na atualidade, o edifício tem uso residencial, com apartamentos entre 70 e 90 metros quadrados.

Perspectiva do edifício Itamaracá, Rua Senador Vergueiro, Rio de Janeiro. FONTE: Acervo pessoal de Carla Capello.

O projeto arquitetônico da sede da SATMA (Sul América Terrestre Marítima) no Rio de Janeiro também foi elaborado por Roberto Capello. A inauguração da obra, em dezembro de 1949,[90] foi acompanhada de uma exposição de arte moderna, noticiada nos principais jornais cariocas. No acervo do arquiteto consta apenas uma perspectiva identificando o projeto da sede SATMA, mas que não corresponde ao edifício construído no Rio de Janeiro.

Com base nessas investigações preliminares, foi possível identificar os edifícios projetados por Capello para a empresa e direcionar a pesquisa sobre cada sede, incluindo a busca de projetos arquitetônicos nos órgãos públicos, visitas *in loco*, pesquisas em hemerotecas locais e em outras fontes. No entanto, quando as sedes de Belém, Florianópolis e Manaus foram localizadas nos respectivos espaços urbanos, a pandemia se instaurou, interrompendo as pesquisas locais e o levantamento de dados mais detalhados que poderiam confirmar ou pelo menos levantar a hipótese sobre a autoria de Capello para essas sedes, assim como foi feito com a de Fortaleza. Logo, ainda há muito trabalho a ser feito.

90 Boletim *SATMA*, nº 24, Ano IX, dez. 1949, p. ?

2

A EMPRESA

2.1. A FUNDAÇÃO DA EMPRESA SUL AMERICA E A PRIMEIRA SEDE CONSTRUÍDA NO BRASIL

No período inicial da República brasileira, o setor de seguros no país era dominado por algumas empresas estrangeiras, como a americana New York Life Insurance, cuja representação no território sul-americano ficava a cargo do espanhol Joaquim Sanchez de Larragoiti.[1] Em 1895, Larragoiti, com a colaboração do seu genro Sr. Justus Wallerstein,[2] aproveitou-se da publicação da Lei brasileira nº 294/1895, que limitou o funcionamento de companhias seguradoras estrangeiras no Brasil, e fundou no Rio de Janeiro, no mesmo ano da aprovação da lei, uma seguradora totalmente brasileira: a Sul América Companhia Nacional de Seguros de Vida (SALIC).[3]

Em 1901, a Sul América ampliou sua atuação ao abrir sucursais na Argentina, Peru, Chile e Equador e ao encampar as companhias União Paraense, com sede em Belém do Pará, e a Educadora, localizada na cidade do Rio de Janeiro. No ano de 1913, com a perspectiva do crescimento urbano, industrial e portuário brasileiro, a família Larragoiti adquiriu a Anglo Americana Sociedade de Seguros e Resseguros Terrestres e Marítimos, a qual, em 1928, tornou-se a

1 O espanhol Joaquim Sanches de Larragoiti migrou para os Estados Unidos aos sete anos de idade, onde trabalhou, já na idade adulta, com o comércio de exportação nas Antilhas, Havana e São Domingos. Chegou a retornar à Europa, mas, ao saber que os negócios iniciados na América estavam em decadência, voltou e iniciou sua atuação na New York Life Ensurance. Chegou ao Brasil em 1882 representando essa empresa como diretor do departamento hispano-americano. Fonte: RIBAS, Ana Maria; CARDOSO, Maria Helena Cabral de Almeida. *A história da Sul América na memória de seus funcionários*. 1985. Não publicado. Este trabalho encontra-se indicado no currículo Lattes da pesquisadora Ana Maria Ribas como "Projeto de Pesquisa coordenado pelas Profas. Dra. Maria Eulália Lobo e Dra. Bárbara Levy e apresentado à Assessoria Cultural da Presidência, tendo em vista a comemoração dos 95 anos de fundação da Sul América Seguros". A versão impressa encontra-se no acervo da Sul América.

2 Também funcionário da New York Life Insurance na América do Sul, assumindo a direção da Sul América após o falecimento de Larragoitti, em 1907. "A Sul América Companhia Nacional de Seguros de Vida aos 40 annos." Rio de Janeiro, 1935. Não publicado. Disponível no Acervo Sul América.

3 Revista *Sul América*, 1994.

Sul América Terrestre Marítima (SATMA),[4] um dos braços da empresa mãe, lançando o tipo de seguro para acidentes pessoais no Brasil.[5]

No decorrer da primeira década do século XX, as sucursais SALIC do Peru e da Argentina já possuíam suas sedes próprias.[6] É digno de menção o edifício construído em Buenos Aires, na Calle 25 de Mayo, nº 267/73, região que se firmava como o centro financeiro daquela capital.

O crescimento da empresa verificado nas duas primeiras décadas do século XX foi interrompido pelas graves consequências das crises geradas pela Primeira Guerra Mundial e pela epidemia da gripe espanhola. Superada a turbulência, Larragoiti fundou em 1922 a sucursal espanhola[7] e em 1929 a Sul América Capitalização (SULACAP), o segundo braço da empresa brasileira.

Com a consolidação das três empresas – SALIC, SULACAP e SATMA –, as quais futuramente iriam se fundir para a formação de um grupo único, o ramo dos seguros no Brasil estava, portanto, nas mãos da família Larragoiti.

A partir de 1920, todos os feitos da SALIC passaram a ser informados aos seus segurados pela revista *Sul América*. O periódico, de tiragem trimestral, também era requisitado por outros públicos em função da diversidade do seu conteúdo, alcançando uma produção significativa ao longo dos anos e atingindo, em 1929, cerca de cinquenta mil exemplares, sendo considerada uma das revistas de maior circulação do país.[8] Suas capas eram constantemente ilustradas por artistas consagrados na cena brasileira, como Carlos Oswald (1882-1971), J. Carlos, Francis Pelicheck (1896- 1935) e Orozio Belem (1903-1985)[9]. Além da revista *Sul América*, a empresa publicava também o *Boletim SATMA* e o periódico intitulado *Notícias de SULACAP*, esses exclusivamente destinados à comunicação interna.

4 Boletim *SATMA*, nº 24, Ano IX, dez. 1949, p.?

5 A empresa também foi a pioneira no lançamento dos seguros "Fidelidade", "Chefe de Família" e "Hospitalar Operatório no Brasil". Boletim *SATMA*, nº 54, Ano XVI, jul. e set. 1956, p. 20.

6 Revista *Sul América*, nº 28, Ano 7, out. 1926, p. 4.

7 Fonte: publicação interna comemorativa dos 75 anos da empresa: A Sul América aos 75 anos (1895-1970). Acervo Sul América.

8 Revista *Sul América*, nº 100 e 101, Ano 29, jan. a jun. 1945, p. 5.

9 Revista *Sul América*, nº 48, Ano 12, out. 1931, p. 31.

Capas da revista *Sul América*. FONTE: Acervo Sul América.

No ano de 1923, a SALIC já possuía sucursais em São Paulo, Rio Grande do Sul, Minas Gerais, Bahia, Pernambuco, Ceará e também no território europeu (Espanha,[10] França e Inglaterra).[11] No ano seguinte, a empresa conseguiu expandir mais ainda os seus negócios com a aquisição das carteiras de clientes brasileiros, chilenos e argentinos da New York Life Ensurance para a SALIC,

10 Na Espanha, país natal do fundador, a Sul América possuía outras três empresas: a Fundation Larragoiti, América e a Sul América Vida. RIBAS e CARDOSO, 1985. p. 50.

11 Revista *Sul América*, nº 13, Ano 4, p. 8.

uma vez que essa empresa limitou a sua atuação nos territórios dos Estados Unidos e Canadá.

Com a fundação da SALIC em 1895, trataram os responsáveis de definirem o melhor local para suas primeiras instalações na então capital brasileira, Rio de Janeiro. Naquela época, a área central da cidade era a região mais dinâmica e com maior visibilidade financeira, principalmente nas imediações da antiga Rua do Hospício (atual Rua Buenos Aires), onde o edifício de nº 31, considerado na época uma das construções mais altas da capital, foi alugado para o funcionamento da sede da empresa. Após cinco anos de funcionamento nessa edificação, suas instalações foram transferidas para um edifício próprio, de quatro pavimentos, na Rua do Ouvidor,[12] dividindo o protagonismo com os principais hotéis, cafés e sedes de jornais da cidade.

Desenho em perspectiva da primeira sede (1897 a 1902) - antiga Rua do Hospício, nº 31. FONTE: Revista *Sul América*, nº 13, Ano 4, 1923 - Acervo Sul América.

Desenho em perspectiva da sede ampliada da Rua do Ouvidor - Rio de Janeiro. FONTE: Revista *Sul América*, nº 58, Ano XV, contracapa/ abr. 1934 - Acervo Sul América.

12 Revista *Sul América*, nº 12, dez. 1978, p. 19.

A empresa permaneceu nessa edificação por mais de vinte anos, quando se transferiu, provisoriamente, para o Lyceu de Artes e Officios, então localizado na Rua Bethencourt da Silva, nº 13,[13] visto que a sede da Rua Ouvidor e mais outras três edificações vizinhas adquiridas pela empresa seriam demolidas para a construção de um novo edifício, maior e mais adequado para o porte que a empresa havia alcançado. A notícia da construção da nova sede foi publicada em 1922 na revista *Sul América*:

> CONCLUIDA a demolição do predio velho, e dos contíguos que foram adquiridos, começou a construção da nova sede da 'SUL AMERICA'. O projecto foi muito estudado pela Diretcoria sob os pontos de vista da distribuição dos serviços [...]. A esquina, como se sabe, é formada pelas ruas da Quitanda e Ouvidor, coração da Cidade comercial.[14]

Projetada por Robert Prentice (1883-1960) e Joseph Gire (1872-1933), a nova sede foi inaugurada em 12 de agosto de 1925[15] em celebração ao trigésimo aniversário da empresa. Ao longo dos anos, a edificação sofreu várias reformas para a adaptação das novas demandas da empresa, como a de 1934, que ampliou as fachadas da Rua do Ouvidor,[16] porém ainda segue remanescente no espaço urbano atual, onde a empresa funcionou até a sua transferência para a atual sede, localizada na Rua Beatriz Larragoiti Lucas, 121, Bairro Cidade Nova.

Neste ponto, é relevante destacar a relação do arquiteto Robert Prentice com a Sul América. São poucas as informações confiáveis sobre sua trajetória profissional, e as que existem frequentemente são contraditórias; por exemplo, Clévio Rabelo[17] registrou em sua tese de doutorado que Prentice era de família escocesa, nascera no Peru, diplomara-se na Royal Institute of British Architects e migrara para o Brasil no ano de 1924 para trabalhar no escritório de Joseph Gire, onde desenvolveu o projeto do edifício Sul América do Rio de Janeiro.[18] Já Tiago Seneme Franco, baseando-se no texto intitulado *Reencuentro con la arquitectura del siglo XX*, de Patrícia Méndez (2006), registrou:

13 Revista *Sul América*, nº 10, Ano 3, abril de 1922, p. 5.

14 Revista *Sul América*, nº 10, Ano 3, abril de 1922, p. 5.

15 CZAJKOWSKI, Jorge Paul (Org.). *Guia da arquitetura art déco no Rio de Janeiro*. Rio de Janeiro: Casa da Palavra: Prefeitura da Cidade do Rio de Janeiro, 2000.

16 Revista *Sul América*, nº 57, Ano XV, jan. 1934, p.?

17 RABELO, Clévio. *Arquitetos na cidade*: espaços profissionais em expansão (Rio de Janeiro, 1925-35). Tese (Doutorado em Arquitetura e Urbanismo) – Faculdade de Arquitetura e Urbanismo da Universidade de São Paulo, Brasil, 2011.

18 Para essas informações, Rabelo baseou-se em um artigo de Priscila L. Farias (2008).

> Robert Prentice, que também possuía formação na Escola de Belas Artes de Paris, após rápida passagem pelo escritório de Mewes & Davis em Londres no ano de 1907, inicia sua carreira em Buenos Aires em 1913, associado ao arquiteto francês Louis Faure-Dujarric, de mesma formação. Por volta de 1924, Prentice inicia sua aproximação com o Brasil, fixando escritório no Rio de Janeiro em 1930, associado ao arquiteto austríaco Anton Floderer.[19]

Fato é que Robert Russell Prentice, no Brasil, integrou a sociedade de alguns escritórios com ampla atuação na cidade do Rio de Janeiro. Segundo Rabelo, depois da parceria com Joseph Gire, associou-se com o arquiteto austríaco Anton Benjamin Floderer (1884-1972) e, junto com esse profissional, assinou diversas obras que se tornaram referências no campo arquitetônico brasileiro, tais como o Banco de Londres (1925) em Santos/SP, a Estação Ferroviária Leopoldina (1926) e o Edifício Itaoca (1928), na capital carioca, o projeto resultante de concurso da Biblioteca do Itamaraty (1927), a Usina do Gasômetro de Porto Alegre (1928).[20] Ainda durante a sociedade com Floderer, empregou o arquiteto francês Jacques Pilon (1905 - 1962), incumbindo-o de coordenar as obras do edifício SULACAP em São Paulo, na década de 1930.[21] Também há referências de que a sede da Sul América na capital da Argentina[22] e a sede SULACAP do Rio de Janeiro[23] são de sua autoria, assim como a Estação Ferroviária Central de Córdoba, cujo projeto assinou conjuntamente com o arquiteto francês Faure-Dujarric.[24] Dujarric diplomou-se na École des Beaux-Arts em 1899[25] e em 1905 desembarcou na Argentina,[26] onde assinou alguns projetos exemplares na

19 FRANCO, Tiago Seneme. *A trajetória de Jacques Pilon no centro de São Paulo*: análise das obras de 1940 a 1947. Dissertação (Mestrado em Arquitetura e Urbanismo) – Faculdade de Arquitetura de Urbanismo, Universidade Presbiteriana Mackenzie, São Paulo, 2009, p. 25.

20 RABELO, Clévio. *Arquitetos na cidade*: espaços profissionais em expansão (Rio de Janeiro, 1925-35). Tese (Doutorado em Arquitetura e Urbanismo) - Faculdade de Arquitetura e Urbanismo da Universidade de São Paulo, Brasil, 2011.

21 Para conhecimento da trajetória profissional do arquiteto francês Jacques Pilon, ver o livro de Joana Mello de Carvalho e Silva, intitulado *O arquiteto e a produção da cidade: a experiência de Jacques Pilon, 1930-1960*, publicado em 2012.

22 Fontes: https://www.lanacion.com.ar/213441-estaciones-de-trenes-br-patrimonio-nacional e https://archiseek.com/2013/1919-houlder-building-buenos-aires-argentina/. Acesso em: 15 nov. 2020.

23 Conforme decreto municipal de tombamento provisório da edificação, nº 23686, de 19 de novembro de 2023. A inauguração deste edifício aconteceu em 9 de agosto de 1937, conforme noticiada na edição nº 13113 do jornal *Correio da Manhã* do Rio de Janeiro, de 9 de agosto de 1937.

24 Fonte: http://wikimapia.org/17299696/es/Edificio-La-Sud-Am%C3%A9rica. Acesso em: jul. 2018.

25 D'ELBOUX, R. M. M. Joseph Bouvard na América do Sul: Argentina e Brasil. *Revista Brasileira de História da Ciência*, Rio de Janeiro, v. 11, n. 1, jan. | jun. 2018, p. 37-53.

26 FONSECA, José Ignacio; GALCERÁN, Virginia. Manifestaciones compositivas de la formación Beaux Arts en la diversidad programática materializada por los arquitectos de la Elite en la Provincia de Buenos Aires. 1880-1930. *In*: CONGRESO INTERNACIONAL BEAUX-ARTS, 2019.

capital.[27] Se é exata a informação de que Robert Prentice iniciou sua carreira em Buenos Aires associando-se com Dujarric, conforme registrou Franco,[28] onde desenvolveu o projeto da sede da Sul América argentina, pode-se extrair a hipótese de que o início da parceria com a empresa aconteceu nesse período e que, provavelmente, foi esse o motivo de sua transferência para o Brasil, para onde levou consigo, inclusive, a encomenda do projeto da primeira sede da empresa no Rio de Janeiro, desenvolvendo-o em parceria com Joseph Gire. Certo é que a primeira sede da Sul América em São Paulo também foi assinada por Prentice, em parceria com Dujarric e Pilon,[29] antes de 1928. A trajetória profissional de Robert Prentice é sem dúvida uma das que carece de estudos sistemáticos entre os arquitetos imigrantes. Até o momento não existe uma publicação específica sobre o arquiteto, fato que, somado às informações contraditórias nos textos que o referenciam, dificulta o entendimento de sua vida profissional e obra.

Nota-se, portanto, a estreita relação de Prentice com a Sul América nas suas primeiras décadas de atuação no Brasil, relação que se perdeu, possivelmente, em função da contratação do italiano Roberto Capello para coordenar o setor de projetos e obras do "Departamento de Propriedades e Hypothecas" da empresa, cuja existência foi registrada no ano 1935 no livro comemorativo de quarenta anos da SALIC:

> Este Departamento, para desempenho dos trabalhos a seu cargo, conta, além do Chefe, com 5 funccionarios, um avaliador effectivo e um substituto, estando a parte thecnica de elaboração de projectos de construcção, fiscalização de obras, etc, a cargo de um engenheiro civil e architecto, o Dr, Roberto Capello, auxiliado por um desenhista.[30]

27 O artigo intitulado "Manifestaciones compositivas de la formación Beaux Arts en la diversidad programática materializada por los arquitectos de la Elite en la Provincia de Buenos Aires. 1880-1930", publicado no Congreso Internacional Beaux-Arts em 2019 por José Ignacio Fonseca e Virginia Galcerán, fornece mais informações sobre Dujarric. Segundo os autores: "*Se sumó en la producción arquitectónica como profesional independiente el arquitecto Paul Louis Faure Dujarric, quien nació en París en 1875. Estudió en el Atelier de Jules Godefroy y Eugene Freynet. Siendo estudiante obtuvo numerosos premios y menciones. También fue su maestro, Jean Louis Pascal. Cursó estudios en la EBA hasta su egresso en 1899. En 1905 se trasladó a la Argentina, respondiendo a los requerimientos de una elite que por entonces encontraba en la arquitectura francesa el modelo principal de referencia. En 1909 se contactó con la familia Unzué y posteriormente, a pedido de las hermanas Unzué proyectó un Asilo de Huérfanas en Mar del Plata. Diseño además San Jacinto en Dolores para María de los Remedios Unzué. En 1910, la Comisión Directiva del Hipódromo Argentino lo convocó para diseñar la Tribuna Principal del centro hípico. Por otra parte, junto al arquitecto inglés Robert Prentice, elaboró la ampliación de la Terminal ferroviaria en Retiro del Ferrocarril Central Córdoba.*" Os autores referem-se a Prentice como "arquiteto inglês", porém sua origem é peruana e com descendência escocesa (Rabelo, 2011).

28 FRANCO, Tiago Seneme. *A trajetória de Jacques Pilon no centro de São Paulo*: análise das obras de 1940 a 1947. Dissertação (Mestrado em Arquitetura e Urbanismo) – Faculdade de Arquitetura de Urbanismo, Universidade Presbiteriana Mackenzie, São Paulo, 2009, p. 25.

29 *Ibid.*

30 "A Sul América Companhia Nacional de Seguros de Vida aos 40 annos." Acervo Sul América.

Desse modo, tudo indica que o arquiteto Roberto Capello, a partir daí e até o final da década de 1940, passou a elaborar e coordenar todos os projetos arquitetônicos das sedes da empresa Sul América e de suas ramificações - como a SULACAP - nas principais cidades brasileiras, com exceção do projeto do SULACAP de Niterói/RJ, como mencionado.

Retomando o tema da primeira sede no Rio de Janeiro, o edifício, mesmo após a sua ampliação, não comportava todas as instalações da empresa, que seguia expandindo seus negócios. Para resolver temporariamente o problema, alguns setores foram transferidos para outros imóveis. O serviço de tipografia se instalou em um edifício da Praça da República, nº 17, enquanto outras áreas operavam na Agência Metropolitana, localizada na Avenida Rio Branco, nº 157.

Como era de costume, no ano de 1928, a SALIC noticiou em seu balanço anual o patrimônio imobiliário constituído pela empresa. Dentre outros itens, constava, além de quatro edifícios no Rio de Janeiro, a construção do edifício para a sucursal de São Paulo; a notícia sobre a reforma do edifício da sucursal de Porto Alegre (Rua General Câmara, nº 352) e a intenção de construção do edifício de apartamentos Jardim Sul América na Rua Laranjeiras, na cidade do Rio de Janeiro.[31]

Neste ponto, vale destacar que a empresa passou a diversificar seus negócios quando decidiu investir no mercado imobiliário, incorporando seus próprios edifícios, como se verá adiante.

2.2. AS DEMAIS SEDES

Na cidade de São Paulo, a sede Sul América foi inaugurada em 29 de outubro de 1928, em terreno de esquina conformado pelas ruas João Brícola e Boa Vista, na área central da cidade. Até a sua inauguração, a sucursal da capital paulista funcionava em um modesto prédio da Rua São Bento.[32] A intenção de se construir um novo edifício nessa capital foi noticiada pelo periódico da empresa em 1926:

> Foi adquirido o prédio nº 41 da rua da Boa Vista [...]. O predio comprado vae ser demolido para construção de outro de cimento armado, architectonicamente belo, e com a largueza necessaria para o funccionamento de todas as secções de uma verdadeira Succursal. A rua da Boa Vista é

31 Revista *Sul América*, nº 35, Ano 9, jul. 1928, p. 11.

32 Revista *Sul América*, nº 14, set. a nov. 1979, p. 5.

no coração da cidade: começa no Largo de São Bento. A Capital de São Paulo contará mais um bom prédio, e esse terá na sua fachada o nome da 'Sul America'.[33]

Para a construção da nova sede foi necessária a demolição dos prédios de nos 23 e 25 da Rua João Brícola e os números 41 e 43 da Rua Boa Vista. O projeto arquitetônico do edifício foi assinado pelo arquiteto francês Louis Faure-Dujarric, o mesmo que possivelmente projetou, junto com Prentice, a Estação Central de Córdoba e a sede da Sul América em Buenos Aires, conforme mencionado. Em função da aquisição posterior de novos terrenos, o projeto sofreu algumas alterações realizadas pelo escritório de arquitetura Monteiro & Aranha, que também conduziu a obra. Notícia publicada no periódico da empresa, em novembro de 1928 (edição extraordinária), detalhou a construção, acabamentos e disposições internas do edifício, além de ilustrar a sede recém-inaugurada, enfatizando a cúpula em aço, revestida em ardósia. A edificação ainda compõe o espaço urbano da área central de São Paulo, ainda que desprovida da cúpula.

Até 1930, as únicas sucursais brasileiras com sedes próprias eram as do Rio de Janeiro, São Paulo e Porto Alegre,[34] apesar da atuação da empresa por meio de agências nos estados do Ceará, Maranhão, Pará, Paraíba e Alagoas.

Em 1936, já estavam em construção as sedes Sul América de Recife, capital de Pernambuco, e de Curitiba, no Paraná. Para a construção do edifício de sete pavimentos na capital pernambucana foram adquiridos e logo em seguida demolidos os antigos prédios de nº 87 e 95 da Rua Segismundo Gonçalves e o nº 21 da Rua Laranjeiras.[35] O projeto, de autoria do arquiteto Roberto Capello, foi publicado no periódico da empresa em julho de 1936:

> Vae assim ficar a capital de Pernambuco enriquecida com um importante imóvel e a Sul America terá retribuido de algum modo a confiança que aquelle povo em todos momentos testemunhou à Companhia. [...] reproduzimos a perspectiva do futuro edificio, como o concebeu o architecto Roberto Capello, a quem se deve também o projecto do edificio da Succursal da Sul America, que acaba de ser construido em Curityba.[36]

33 Revista *Sul América*, nº 28, Ano 7, out. 1926, p. 24.

34 Todas elas sedes Sul América.

35 Estes endereços não coincidem com a atual localização da edificação.

36 Revista *Sul América*, nº 67, Ano 17, jul. 1936, p. 30.

Desenho em perspectiva da sede da Sul América de Recife. FONTE: Revista *Sul América*, nº 67, Ano 17, jul. 1936, p. 31. Acervo Sul América.

Desenho em perspectiva da sede da Sul América de Curitiba. FONTE: Revista *Sul América*, nº 68, Ano 17, out. 1936, p. 32. Acervo Sul América.

A edição de outubro de 1936 do mesmo periódico descreveu a sede de Curitiba, conferindo autoria do projeto ao mesmo arquiteto:

> [...] o edificio apresenta nos seis pavimentos um aspecto muito agradavel pela sua architectura moderna, pela simplicidade de linhas e pelas proporções do conjunto. Projecto e execução ficaram a cargo do jovem mas já notavel architecto Dr. Roberto Capello.[37]

Na década de 1940, em consonância com o aquecimento do mercado imobiliário, a empresa seguiu com seu objetivo de construir sedes nas principais capitais brasileiras e também em cidades da América Latina. No ano de 1940, por exemplo, foi inaugurada a sede Sul América de Porto Alegre[38] e lançada a pedra fundamental para a construção da sede da SULACAP em Salvador.[39] Já em 1941, foi inaugurada a sede da SALIC em Lima, no Peru, na Praça San Martin, área central da capital. Nesta cidade, o edifício seguiu uma linguagem arquitetônica totalmente distinta dos edifícios que estavam sendo construídos no Brasil. O projeto foi assinado pelo arquiteto José Alvarez Calderón e a construção ficou a cargo da empresa Fred T. Ley Cia. Ltda.[40]

37 Revista *Sul América*, nº 68, Ano 17, out. 1936, p. 31.

38 Revista *Sul América*, nº 12, dez. 1978, p. 24.

39 Na ocasião, viajaram para Salvador os diretores da empresa e o sr. Edoardo Humitzch, representante do arquiteto autor do projeto, Roberto Capello. Revista *Notícias de Sulacap*, nº 47, Ano 4, jul. 1940, p.? A empresa já possuía sede própria na capital em um edifício adquirido para tal fim, no entanto, a nova sede foi projetada e construída pela empresa, como será descrito adiante.

40 http://livingaroundart.com/portfolio-item/edificiosudamericana/. Acesso em: jul. 2017.

Em 1942 estavam em andamento as obras em Belo Horizonte. Para essa capital, Roberto Capello projetou um conjunto formado por dois edifícios para sediar tanto a Sul América quanto a SULACAP.

No Rio de Janeiro, nesse mesmo ano, a empresa adquiriu o imóvel contiguo à edificação que sediava a Agência Metropolitana, na Av. Rio Branco, nº 138. Os dois edifícios foram demolidos para a construção de único prédio para servir de sede da Agência, inaugurada em 1946. Na capital também foi construída a sede SULACAP, na Rua da Alfândega, número 41, de autoria de Robert Prentice e inaugurada em agosto de 1937.[41]

Ainda em 1942, a empresa adquiriu um edifício em Guayaquil, Equador, que também seria demolido para a construção da nova sede Sul América nesse país (Calle Malecón Simon Bolivar, esquina com General Juan Illingworth),[42] além de dois prédios em Fortaleza, contíguos na Rua Floriano Peixoto, esquina com a Rua Pará, para a construção da sede na capital cearense.[43]

Já no ano de 1943, houve a aquisição de dois edifícios em Florianópolis, na Avenida 15 de Novembro, esquina com Rua Padre Miguelino, para a construção da sede SULACAP. Como não foi possível confirmar a autoria de Capello para esse edifício, sua análise foi descartada. No mesmo ano a empresa também adquiriu um terreno em Niterói, na Avenida Ernani do Amaral Peixoto, esquina com Rua Visconde do Rio Branco, para a construção da SULACAP a partir do projeto arquitetônico elaborado pelo arquiteto Robert Prentice, como mencionado.

Em 1944, é noticiada a inauguração da sede da SULACAP em Recife, na Avenida Guararapes, nº 111, para onde também foram transferidos os escritórios da SATMA nessa capital.[44]

No ano de 1945, a empresa comprou outro edifício, desta vez em Manaus, na Av. Sete de Setembro, esquina com Praça 15 de novembro, para instalar sua sede própria. Conforme mencionado, a busca pela existência dessa sede e a de Belém, cuja construção foi informada na revista *Sul América* nº 135, de 1954, não encontrou dados suficientes que justificassem suas análises. Apesar disso, o andamento da obra da sede de Manaus foi noticiado no periódico nº 131, de janeiro de 1953.

Em 1946, o edifício-sede da Agência Metropolitana no Rio de Janeiro, assim como o conjunto arquitetônico de Belo Horizonte, já estavam concluídos. Em andamento estavam as obras da sede da Sul América de Salvador (Rua

41 Autoria descrita no Decreto Municipal nº 23686/2003, que fez o tombamento isolado provisório da edificação. A inauguração deste edifício aconteceu em 9 de agosto de 1937, conforme noticiada na edição nº 13113 do jornal *Correio da Manhã* do Rio de Janeiro, de 9 de agosto de 1937.

42 Revista *Sul América*, nº 90, Ano 23, abril, maio, jun. 1942, p.?

43 Revista *Sul América*, nº 92, Ano 24, jun. 1943, p. 19.

44 Boletim *SATMA*, nºs 21 e 22, Ano IX, mar. 1949, p. 7.

Chile, esquina com Rua Tomé de Souza, inaugurado em 1951),[45] e da sede da SULACAP de Niterói. Em fase de elaboração estavam os projetos para as sedes de Fortaleza (Sul América) e o de Florianópolis (Sul América).[46]

No final da década de 1940, o edifício sede da Sul América Terrestre Marítima (SATMA) no Rio de Janeiro foi inaugurado.[47] O evento foi acompanhado de uma exposição sobre arte moderna, noticiada pelos jornais como a maior mostra até então produzida no país. A ideia da exposição foi apoiada pelos Museu de Arte e pelo Museu de Arte Moderna, considerados na época as instituições culturais mais importantes do país. A mostra, que recebeu a consultoria de Rodrigo Melo Franco de Andrade, então diretor do SPHAN (Serviço do Patrimônio Histórico e Artístico Nacional), expôs obras de artistas como Picasso, Renoir, Matisse, Miró, Portinari, Anita Malfatti e de outros expoentes da arte moderna.[48]

Conjunto SULACAP e Sul América de Belo Horizonte. FONTE: Acervo do condomínio SULACAP/ Belo Horizonte.

A empresa apoiava constantemente a produção artística brasileira, financiando exposições, publicações de livros e adquirindo obras de arte dos artistas de destaque no cenário nacional. Foram financiados pela empresa os livros *Artes*

45 Revista *Sul América*, nº 127, Ano 33, fev. e mar. 1952, p. 30.

46 Revista *Sul América*, nº 104 e 105, Ano 27, jan. a jun. 1946, p. 27.

47 Boletim *SATMA*, nº 24, Ano IX, dez. 1949, p. ?

48 A exposição foi noticiada em vários jornais, dentre eles, o *Correio da Manhã* (RJ), ano 1949, edição 17219. Disponível em: http://memoria.bn.br/DocReader/Hotpage/HotpageBN.aspx?bib=089842_05&pagfis=47111&url=http://memoria.bn.br/docreader#. Acesso em: set. 2017.

plásticas no Brasil, de 1952, *Roberto Burle Marx: um retrato*, de Laurence Fleming (1996), *Arte brasileira: do modernismo à contemporaneidade vista através do acervo da Sul América*, de Frederico Morais (1995) e *Acervo do Grupo Sul América de Seguros: artistas brasileiros*, de Walmir Ayala (1975).[49]

Mesmo com a inflação em crescimento na década de 1950, que se agravaria nos anos seguintes, a Sul América continuou diversificando os seus investimentos. Como exemplo, no ano de 1951 são iniciadas as obras do Hospital Sul América,– atual Hospital da Lagoa –, projeto do arquiteto Oscar Niemeyer e Hélio Uchôa[50] (Costeira, 2018),[51] e a construção de mais um pavimento na sede de São Paulo.[52] Além disso, estavam em andamento as obras das sedes de Guayaquil, no Equador,[53] e da expansão (mais uma) da sede na capital carioca. No mesmo ano, a empresa inaugurou a sede da Sul América em Salvador, já mencionada, e contratou o projeto arquitetônico para a sede de Quito.[54]

Já em 1952, estavam em andamento as obras da sede de Fortaleza – inaugurada no ano seguinte –,[55] de Florianópolis, Belém e Manaus, além da sede no Peru, em Chiclayo. Nesse mesmo ano, a empresa, em condomínio com a Sul América Capitalização S.A, a Sul América Terrestres, Marítimos e Acidentes e o Banco Hipotecário Lar Brasileiro S.A.[56] adquiriram um terreno na área central de Goiânia para a construção da sede dos seus escritórios, edificação não identificada no espaço atual da cidade. Em Campinas, estado de São Paulo, outro edifício foi adquirido pela Sul América para adaptação de sua sede, também não identificado.[57]

As sedes de Quito, no Equador, e de Chiclayo, no Peru, foram inauguradas em 1953. Nesse mesmo ano estavam em vias de conclusão as de Florianópolis, Belém e Manaus.[58]

A empresa adentra o ano de 1954 com sede própria nas seguintes cidades: Rio de Janeiro (Rua Ouvidor, nº 64); Manaus (Praça 15 de novembro, esquina com Av. Sete de Setembro); Belém (Rua 15 de novembro, esquina com Travessa Frutuoso Guimarães); Fortaleza (Praça do Ferreira); Recife (Praça da Independência, esquina com Av. Dantas Barreto); Salvador (Rua Chile, nº 18); Belo

49 Ambas as publicações integram o Acervo Sul América.

50 COSTEIRA, Elza Maria Alves. *Olhar o passado para construir o futuro*: desafios da preservação da moderna arquitetura hospitalar. Tese (Doutorado em Arquitetura) – Faculdade de Arquitetura e Urbanismo, da Universidade Federal do Rio de Janeiro, Rio de Janeiro, 2018.

51 Elza Costeira indica o início das obras em 1952, as quais ficaram sob a responsabilidade da Companhia Pederneiras (COSTEIRA, 2018).

52 http://www.niemeyer.org.br/obras?page=8. Acesso em: set. 2017.

53 Inaugurado em 27 de outubro de 1951. Revista *Sul América*, nº 127, Ano 33, fev. e mar. 1952, p. 30.

54 Revista *Sul América*, nº 124, Ano 32, abril. a jun. 1951, p. 26.

55 Revista *Sul América*, nº 131, Ano 34, jan. a mar. 1953, p. 26.

56 Fundado com a participação das três empresas do grupo, conforme será relatado.

57 Revista *Sul América*, nº 131, Ano 34, jan. a mar. 1953, p. 26.

58 Revista *Sul América*, nº 135, Ano 35, jan. a mar. 1954, p. ?

Horizonte (Av. Afonso Pena, nº 941); São Paulo (Rua Boa Vista, nº 293); Curitiba (Rua 15 de novembro, nº 608); Porto Alegre (Rua dos Andradas; nº 1351, esquina com Borges de Medeiros); Niterói (Av. Visconde do Rio Branco, nº 429); Juiz de Fora (Rua Halfeld, nº 692); Campos dos Goytacazes (Boulevard Francisco de Paula Carneiro, nº28),[59] além das sedes no exterior (Madri, Barcelona, Sevilha, Lima, Chiclayo, Arequipa, Piura, Guayaquil, Quito).[60]

Tais expansões refletiam, na época, a representatividade da empresa no mercado de seguros no Brasil, cenário que seria alterado na década seguinte com o conturbado contexto econômico decorrente da alta da inflação.

2.3. A REESTRUTURAÇÃO DA EMPRESA

Em decorrência da crise brasileira gerada pela alta inflacionária na década de 1960, o então presidente da SALIC, Sr. Antônio Larragoiti Júnior, neto do fundador, reorganizou drasticamente a estrutura da empresa com a finalidade de reduzir as despesas fixas que aumentavam vertiginosamente, centralizando os serviços na matriz do Rio de Janeiro. Criou-se, desse modo, a SULAMEC, empresa de processamento de dados que acelerou os processos administrativos, permitindo, paulatinamente, que algumas sucursais distribuídas pelo país fossem fechadas e os respectivos edifícios vendidos, o que garantiu a estabilidade da empresa até o Golpe Militar de 1964, quando medidas econômicas baixaram a inflação, repercutindo, favoravelmente, no ramo dos seguros de vida. No ano de 1970, a empresa se resumiu a sete circunscrições que cobriam os estados brasileiros, além das sucursais no Peru, Equador, República Dominicana, Cuba e Espanha. No Chile e na Argentina a empresa associou-se à Sud America.

A nova estruturação gerou a fusão das três empresas (SULACAP, SALIC e SATMA) em apenas uma, a Sul América Seguros. Posteriormente, foram iniciadas relações de associações com outros grupos empresariais, como o Bradesco (década de 1970) e o Unibanco (década de 1980), o que permitiu a adaptação da empresa às demandas econômicas vigentes, mas que também acarretou a perda de identidade da reconhecida empresa familiar.

Vencida a crise, as décadas seguintes marcaram um novo período de atuação do grupo. Em São Paulo, por exemplo, as novas instalações da Sul América foram transferidas para o edifício Raul Telles Rudge,[61] na Avenida Paulista nº 2000. A inauguração da nova sede, no dia 19 de julho de 1979, foi celebrada

59 Edificação não identificada no espaço urbano atual.

60 Revista *Sul América*, nº 135, Ano 35, jan. a mar. 1954, contracapa.

61 Autoria do projeto não identificada.

com uma exposição de arte de trinta e quatro quadros do acervo da empresa, mostra que percorreu, posteriormente, as sedes de Florianópolis, Porto Alegre, Fortaleza e Brasília.[62]

A inauguração da nova sede na Avenida Paulista, que na década de 1970 já se distinguia como um dos principais centros de negócios da cidade, indicava que a empresa, apesar de toda a reestruturação e fechamento de sucursais, não havia perdido a tradição em se destacar nas principais áreas urbanas das cidades e de apoiar e divulgar a arte brasileira. Tampouco a empresa deixou de se estabelecer em edifícios cuja arquitetura se destacava no cenário das grandes metrópoles.

Mesmo com as constantes alterações na sociedade, a Sul América não deixou de ampliar os seus negócios e, em 1987, iniciou as operações de previdência privada, constituindo, para tanto, a Sul América Previdência Privada S.A. A empresa, inicialmente uma sociedade exclusivamente familiar, transformou-se, portanto, em sociedade de capital aberto, com mais de 600 acionistas.

A empresa adentrou o século XXI com a decisão de construir uma nova sede no Complexo Rio Cidade Nova, estrategicamente na Rua Beatriz Larragoiti Lucas, nome atribuído à bisneta do fundador e nomeada diretora da empresa após o afastamento do pai. Portanto, até a incorporação desse edifício, a Sul América funcionou, no Rio de Janeiro, na primeira sede construída pela empresa, na Rua do Ouvidor.

Em 2013, mudanças relevantes ocorreram na composição societária, com aumento significativo da participação, por parte da família Larragoiti, na *holding* Sulasapar, que se tornou a controladora do grupo.

No ano de 2015, as instalações da Sul América de São Paulo são transferidas para um novo edifício no Bairro Pinheiros, o TEOEMP, projeto do escritório Aflalo e Gasperini.[63] Independente da falta de confirmação de que este edifício foi construído pelo grupo,[64] percebe-se, analisando os aspectos formais da obra, a mesma tendência observada em épocas anteriores de se instalar em edifícios que se destacam no contexto da arquitetura vertical vigente.

Na década de 1930 e 1940, as sedes da empresa eram aquelas mais altas e de maior evidência no espaço urbano ainda marcado pela horizontalidade volumétrica e pelos resquícios arquitetônicos do passado colonial. Eram também

62 Revista *Sul América*, nº 14, set. a nov. 1979, p. 5.

63 Fonte: https://www.revistaapolice.com.br/2015/12/sulamerica-inaugura-nova-sede-em-sao-paulo/. Acesso em: ago. 2018.

64 Alguns noticiários apontam que o edifício foi construído pela empresa em comemoração aos 120 anos de sua existência. Ver: https://www.revistaapolice.com.br/2015/12/sulamerica-inaugura-nova-sede-em-sao-paulo/. Acesso em: ago. 2018. Outros apontam que a empresa ocupa apenas o nono andar deste edifício (http://jrscomunicacao.com/2018/02/07/sulamerica-reforca-atuacao-em-sao-paulo-com-novo-endereco/. Acesso em: ago. 2018), sem dados complementares. O site do escritório de arquitetura responsável pelo projeto não informa dados do cliente.

as que possuíam as tecnologias mais avançadas do mercado, tanto em relação aos sistemas prediais quanto aos materiais e técnicas construtivas. Seus aspectos formais iam de encontro à tradição arquitetônica, que ainda se impunha nas pranchetas dos arquitetos, e, ao mesmo tempo, caminhavam para a racionalidade formal. Já na década de 1970, percebe-se, pela rápida análise do edifício Raul Telles da Av. Paulista, desprovido da solução tripartida e com a estrutura preenchida pelos vidros espelhados, que a transição da tradição para a modernidade arquitetônica, aparentemente, havia sido concluída. Na atualidade, o destaque no espaço urbano das principais capitais brasileiras são as torres totalmente revestidas em panos de vidro, sem nenhum tipo de estrutura aparente e sem qualquer diálogo com o contexto urbano, como é o edifício TEOEMP. Aqui não se questiona se essa arquitetura é boa ou ruim, mas o que importa é que algumas considerações sobre este invólucro de vidro já despontam na historiografia. Vale a anotação sobre o tema do arquiteto Flávio de Lemos Carsalade:

> Estamos acostumados, nas últimas décadas, a assistir ao peso do que nada significa, à despersonalização de uma Arquitetura, aos edifícios-caixotes que, embora muitas vezes de vidro, continuam pesados por não terem nada a dizer. A leveza da Arquitetura está na harmonia com que se insere na paisagem e com a suavidade que toca os nossos olhos, a leveza da Arquitetura está na sua forma de alçar vôo, mas com raízes profundas no solo em que se instala.[65]

E do arquiteto Felipe Rodrigues:

> Mas, faz algum tempo que os edifícios comerciais haviam deixado de ser objeto de interesse coletivo, do cidadão comum e até do especialista. Desde que as vidraçarias assumiram o papel do embelezamento – de embrulhar em celofane multicolorido a maior metragem quadrada que a legislação permitisse – o papel do arquiteto nestes empreendimentos foi minimizado a validar as plantas e pôr o laço no embrulho; um chanfro ali, uma curvinha aqui, e de raio curto, para que não se perca a rentabilidade da laje. Nem mesmo escritórios de arquitetura tradicionais neste programa, como Botti Rubin ou Aflalo e Gaperini – com arquitetos, filhos de arquiteto, netos de arquiteto – com décadas acumuladas de experiência, parecem ter tido algum crédito com seus velhos clientes investidores para algo novo, que não seja um esqueleto otimizado, revestido - como suavizaria Paulo Mendes da Rocha - em "cristal".[66]

65 CARSALADE, Flávio de Lemos. *Arquitetura*: Interfaces. Belo Horizonte: AP Cultural, 2001, p. 94.

66 RODRIGUES, Felipe S.S. São Paulo, de volta às alturas. Edifício Santos Augusta de Isay Weinfeld.

Retomando o tema da diversidade de negócios da empresa, faz-se oportuno registrar que o grupo Sul América incorporou uma importante instituição que promoveu a construção de diversas edificações emblemáticas no território brasileiro, contribuindo sobremaneira para o processo de verticalização das principais cidades. Trata-se do Banco Hipotecário Lar Brasileiro S.A. (BHLB), fundado em 19 de agosto de 1925, com a participação das três empresas do grupo, com o objetivo de financiar a construção habitacional no Brasil em um tempo de aumento populacional nas grandes cidades, sobretudo na capital paulista. O foco central do novo banco convergia para os empréstimos hipotecários, o que era raro naquele período,[67] permitindo aos seus clientes a aquisição da tão desejada casa própria. A liquidez dos depósitos dos correntistas possibilitou, ademais, que o banco investisse na construção de diversos conjuntos habitacionais e residências familiares que, apesar de destinados às classes mais baixas, eram dotados de qualidade formal e construtiva considerável (Bedolini, 2014). A alta da inflação instalada na década de 1960 gerou sérios problemas relativos à liquidez de capital do banco e pôs fim à experiência das instituições hipotecárias brasileiras. Desse modo, o BHLB foi comprado pelo banco norte-americano Chase Manhattan, com a transferência de grande parte do capital da família Larragoiti para essa instituição que, aos poucos, deixou de ser um banco hipotecário para se tornar um banco comercial, embora continuasse a financiar moradias até a reforma bancária de 1964 que excluiu este tipo de investimento privado do setor imobiliário[68] (Bedolini, 2014).

Em suma, por meio do exposto, percebe-se que o potencial empresarial da Sul América a partir do seu campo de atuação, tanto no Brasil como no exterior, representado pelos seus três braços empresariais, SATMA, SULACAP e SALIC, contribuiu consideravelmente para o progresso da urbanização nessas cidades, para o incentivo à verticalização da arquitetura brasileira, para a geração de empregos e para o desenvolvimento cultural e artístico do país.

Drops, São Paulo, ano 18, n. 127.08, Vitruvius, abr. 2018, p. ?

67 Segundo Alessandra Bedolini (2014, p. 15), "Atuavam neste setor algumas Caixas Estaduais, como as Caixas Econômicas de São Paulo e do Rio de Janeiro, mas a BHLB [Banco Hipotecário Lar Brasileiro] era a instituição que detinha o maior poder de ação."

68 BEDOLINI, Alessandra Castelo Branco. *Banco Hipotecário Lar Brasileiro, S. A.*: análise das realizações no Estado de São Paulo 1941-1965. Dissertação (Mestrado em Arquitetura e Urbanismo) – Faculdade de Arquitetura e Urbanismo, Universidade de São Paulo, 2014.

3

OS EDIFÍCIOS

> [...] pois o edifício criado pelo homem, assim como tudo o que é criado por ele, prevalece no conjunto do ambiente com a linguagem do autor, mas como a expressão de todo o conhecimento artístico da época em que ele foi feito. E esse projeto quando se cristaliza no edifício, fala para os séculos, ele não pode jamais parar de falar. Separa-se como um livro de seu autor, vira-se de costas para o próprio autor, passa a ter vida própria.
>
> VILANOVA ARTIGAS, 1961.[1]

> [...] porque compreender a obra de arquitetura não se trata de apanhar um edifício e dizer como ele funciona, mas sim juntar uma meia dúzia deles e sentir o que um grupo de edifícios dessa ordem, na paisagem, com sua linguagem, diz sobre a situação da cultura naquela condição.
>
> VILANOVA ARTIGAS, 1961.[2]

Conforme revelado pela pesquisa, a empresa Sul América não apenas construiu edifícios de tipologias comerciais e mistas para sediarem suas sucursais, como também investiu no setor habitacional do Rio de Janeiro, com a construção de edificações de tipologia exclusivamente residencial, cujos projetos foram desenvolvidos por diversos arquitetos. No entanto, como o objetivo deste livro é analisar apenas as sedes projetadas pelo arquiteto Roberto Capello, os demais edifícios foram excluídos deste capítulo.

A partir de agora serão apresentadas as edificações que se inserem neste recorte, cujas construções datam de 1930 e 1950, período que coincide com a provável chegada de Capello ao Brasil até o seu desligamento da empresa, quando passou a atuar de forma autônoma. Os edifícios serão lidos sob seus aspectos formais e funcionais e também em relação aos demais elementos que os delinearam, tais como entorno, técnicas construtivas, legislações urbanas; procedimento de análise que possibilita transcender o conceito superficial e rígido do objeto por si, conforme defende Marina Waisman (1995). Antes de

1 Vilanova Artigas, 1961, p. 202.
2 Vilanova Artigas, 1961, p. 212.

cada análise será apresentada a ficha técnica das obras, com o objetivo de resumir os dados do objeto estudado, possibilitando sua identificação preliminar.

O estudo histórico do edifício teve como objetivo sistematizar as informações obtidas por meio das pesquisas arquivísticas e bibliográficas, situando-o no tempo e identificando sua origem e trajetória ao longo de sua existência. Essa etapa é acompanhada de prospecções arquitetônicas e urbanísticas, as quais objetivam fornecer informações complementares à pesquisa histórica e ao levantamento cadastral, identificando as alterações da edificação e do entorno imediato ao longo dos anos. O resultado da prospecção decorreu de análises comparativas entre os projetos originais da edificação, quando existentes, dos registros fotográficos antigos e dos seus aspectos atuais, bem como dos estudos sobre as alterações da morfologia urbana imediata.

O estudo da relação do edifício com o seu entorno teve como finalidade avaliar até que ponto as propostas projetuais do arquiteto levou em conta o espaço imediato à construção ou como o meio ambiente influenciou a concepção dos projetos arquitetônicos. Segundo Amora, esse tipo de investigação é fundamental para o conhecimento do edifício, "tendo-se em conta a incompletude do estudo da arquitetura divorciada de seu ambiente e o seu entendimento como iniciativa que visa a resolução de necessidades humanas".[3]

Sobre a análise formal, antes de apresentar o procedimento de estudo, vale destacar algumas considerações sobre o tema, de forma a justificar o seu uso para o entendimento dos edifícios. Para a arquiteta Marina Waisman,[4] o tema relativo à forma é polêmico e enfrenta posições contraditórias, a ponto de uns negarem sua existência e outros considerarem o elemento essencial da arquitetura. Ao mesmo tempo "[...] é o elemento da arquitetura mais obviamente expressivo da ideologia por isso se torna o objeto obrigatório de especulações e manipulações ideológicas".[5] A forma é também o aspecto linguístico utilizado pelo arquiteto na sua concepção do objeto e que muitas vezes serviu como pauta para a periodização da história da arquitetura, visto que ao se pensar em um período histórico há uma apreensão direta de alguns edifícios que reúnem aspectos formais similares. Waisman, porém, destacou que, se a análise baseada em formas pode ser pauta (e muitas vezes é pauta preferencial) para a periodização histórica ou como objeto de estudo, não significa que seja a única,

3 AMORA, Ana Albano. *O nacional e o moderno*: arquitetura e saúde no Estado Novo nas cidades catarinenses. Tese (Doutorado em Arquitetura) – Faculdade de Arquitetura, Universidade Federal do Rio de Janeiro. 2006, p ?

4 WAISMAN, Marina. *La estructura historica del entorno*. 3. ed. Buenos Aires: Ediciones Nueva Visión SAIC, 1985. 286 p.

5 *Ibid.*, p. 81. Tradução minha: "*la forma es el elemento da la arquitectura más obviamente expressivo de la ideologia, por lo que se convierte en el objeto obligado de especulaciones y manipulaciones ideológicas.*"

sendo necessárias análises de outros elementos que se articulam para entender a história da arquitetura.

Apesar da forma não se constituir o único elemento no processo compositivo do objeto, é uma etapa crítica no processo de composição, que se constitui a partir de relações entre forma, ideologia, função, estrutura (sustentação), história[6] (Argan, 2000). Portanto, para compreender o processo arquitetônico, é essencial analisar a forma em conjunto com outros aspectos, como foi feito na avaliação dos edifícios-sede da Sul América, apresentada em sequência.

Por fim, a análise funcional dos edifícios serviu também para entender as soluções projetuais do arquiteto, as quais indicaram os usos sociais do período em que foram construídos. Essa análise também foi associada com as transformações urbanas verificadas na relação do edifício com o entorno.

Seriam incompletos os estudos caso não fossem realizadas as análises dos projetos arquitetônicos dos edifícios, ou seja, sem a leitura das peças gráficas que resultaram no objeto arquitetônico. Essas peças, apresentadas no último item da análise de cada sede, foram redesenhadas a partir do projeto original, quando disponível, ou do projeto ilustrado em outras publicações. Ressalta-se que para todos os edifícios foi realizada a tentativa de levantamento do projeto original nos arquivos dos órgãos municipais de aprovação de cada cidade, tentativa que nem sempre resultou em êxito, conforme será relatado oportunamente.

Em relação à ordem de apresentação das análises, busquei, primeiramente, expor a sequência cronológica de elaboração dos projetos em detrimento da inauguração das construções, com o objetivo de levantar as possíveis mudanças do processo de projeto do arquiteto em um período de vinte anos. Entretanto, como em algumas cidades foram construídas duas sedes (SULACAP e Sul América), tais como Salvador, Porto Alegre, Belo Horizonte e Recife, considerei mais viável apresentar as análises por cidade, porém sempre priorizando a ordem cronológica da elaboração dos projetos.

6 ARGAN, Giulio Carlo. Projeto e destino. *In*: *Coleção Temas*, v. 71. São Paulo: Ática, 2000.

Sul América
Curitiba
1935

Sul América
Porto Alegre
Entre 1938/
1940

SULACAP
Santos
Anterior a 1939

SULACAP e
Sul América
Belo Horizonte
1942

Sul América
Fortaleza
Entre 1942/46

1935

Sul América
Recife
1935

1938

SULACAP
Juiz de Fora
Anterior a 1939

1942

SULACAP
Porto Alegre
1942

SULACAP
Salvador
Anterior a 1946

1946

SUL América
Salvador
Anterior a 1950

1950

3.1 CURITIBA/PR - SUL AMÉRICA

Ficha Técnica

Nome original	Edifício Sul América
Nome atual	Edifício Sul América
Endereço	Rua XV de Novembro, nº 606, Centro, Curitiba, Paraná
Autoria	Roberto Capello
Ano do projeto	1935
Ano de conclusão da obra/inauguração	1936 (revista *Sul América*, nº 65, Ano 17, 1936)
Construtora	Companhia Construtora Nacional – engenheiro responsável Odilon Mader
Uso atual	Arquivo da 9ª Região Fiscal da Receita Federal do Brasil
Propriedade	Pública, Governo Federal/ Superintendência da Receita Federal do Brasil na 9ª Região Fiscal
Proteção/nível	Inserido na Paisagem Urbana da Rua XV de Novembro, protegida estadualmente pelo processo nº 45/74, inscrito no Livro de Tombo 05-I, em 11 de março de 1974

Sede da Sul América de Curitiba. FONTE: Acervo da autora, 2019.

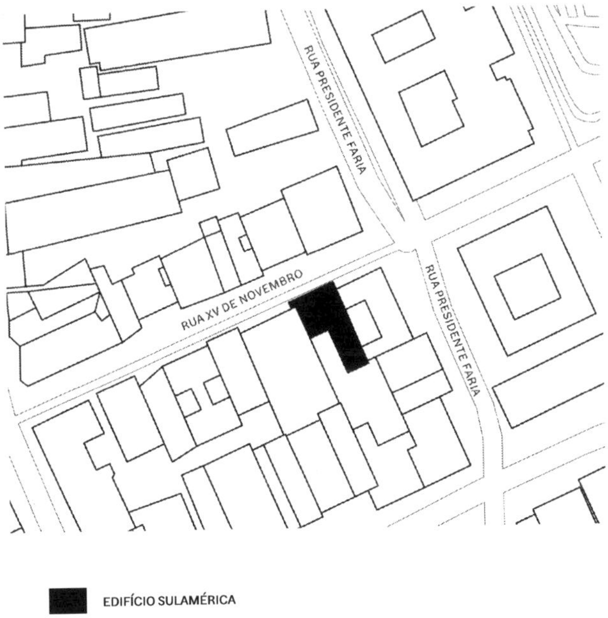

Planta de situação do Sul América de Curitiba. FONTE: Acervo da autora, 2018. Desenho: Michele Teodoro.

Análise histórica[7]

A empresa Sul América iniciou sua atuação na cidade de Curitiba em meados da década de 1930, na Rua Marechal Floriano, nº 113,[8] até a construção de sua sede própria, em 1936, na Rua XV de Novembro (antiga Rua das Flores), um dos pontos mais movimentados da área central da cidade.

A dinâmica dessa área remonta ao século XIX, quando o aumento da atividade de extração da erva-mate e do processo imigratório diversificou o uso do entorno, que passou a concentrar as principais lojas comerciais, instituições públicas, clubes e residências de comerciantes locais.[9] Tal dinamismo, que se intensificou nas décadas seguintes, fez com que as gestões municipais implementassem planos urbanísticos para a melhoria dos problemas que a região passou a enfrentar, alterando pouco a pouco o traçado urbano do núcleo original.

Na década de 1930, a paisagem urbana é modificada com a construção pontual de alguns edifícios verticais de uso misto, como o Palácio Avenida, com cinco pavimentos, e o edifício Moreira Garcez, com oito pavimentos.

A sede Sul América foi construída nesse contexto, em um terreno típico das ocupações iniciais, de área reduzida (465m^2)[10] e testada menor voltada para a rua. O alvará de obra, emitido no dia 21 de fevereiro de 1935, registrou um total de 2.527m^2 de área construída e 361m^2 por pavimento.[11] O Croqui Foreiro, datado de 1891, indicou que a propriedade do lote pertencia, na ocasião, ao Sr. Augusto Loureiro, que, provavelmente, negociou a venda com a empresa Sul América.

7 Os dados coletados para esta análise foram obtidos na ocasião da pesquisa *in loco*, quando constatei que a responsabilidade do edifício estava a cargo da Receita Federal. Procurei então o responsável pelo departamento de obras deste órgão, sr. Ivan Olivete, que gentilmente me forneceu o alvará e as plantas da edificação.

8 Revista *Sul América*, nº 19, Ano 15, jul. 1934, contracapa.

9 PILOTTO, Angela Seixas. *Área metropolitana de Curitiba*: um estudo a partir do espaço intra-urbano. Dissertação (Mestrado em Planejamento Urbano e Regional) – Faculdade de Arquitetura e Urbanismo, Universidade de São Paulo, São Paulo, 2010.

10 Lote com Indicação Fiscal nº 12043007 e Inscrição Imobiliária nº 0110470404. Fonte: Instituto de Pesquisa e Planejamento Urbano de Curitiba (IPPUC).

11 Dados fornecidos pela Seção de Obras e Serviços de Engenharia/Divisão de Programação e Logística da Superintendência da Receita Federal do Brasil na 9ª Região Fiscal.

Vista da fachada frontal do Sul América e edifícios adjacentes. FONTE: Acervo da autora, abr. 2018

Sua inauguração, em maio de 1936, foi noticiada pelo jornal local *O Dia*, apresentando a entrevista realizada com o arquiteto Roberto Capello, autor do projeto, que abordou aspectos relativos ao seu método de projetação:

> Por princípio e mesmo em harmonia com as tradições da Companhia, em qualquer parte onde erguemos uma construção, como aqui, são meticulosamente estudados os recursos regionais que permitissem na obra o maximo aproveitamento das reservas naturaes do Estado. Infelizmente, no tocante por exemplo ao serviço de marmoraria, tivemos que sacrificar a nossa intenção. De facto, não se ignora que no Brasil existem talvez as jazidas do marmore mais formoso do mundo, assim outras riquezas incomparaveis, como no Paraná o marmore de Castro. Todavia o evento de inauguração em maio de 1936 foi noticiado com destaque no jornal local O Dia, incluindo a entrevista com Capello, cuja transcrição parcial é oportuna, já que nela o arquiteto discorreu sobre a definição dos materiais e seu modo de projetação: a applicação desse material praticamente ainda não está na altura de satisfazer as necessidades de uma construcção de vulto, por isso que os processos de industrialização não offerecem a facilidade requerida, isto é, o marmore está lá na serra e para aproveita-lo não constamos ainda com meios que nos façam chegar até aqui como desejamos [...]. A pedra da fachada, denominada Travertino (SIC) Romano é conhecida pelos architectos como recurso de embellezamento original pelo contraste que oferece: na sua caprichosa irregularidade ve-se ainda vivo o trabalho da propria natureza [...]. Na fachada onde procuramos obedecer o estylo

> da época, foi empregado areia natural de Caxambu, Estado de Minas, pela razão de termos concluido que a areia desta zona contem certos saes que dão em resultado manchas que compromentem a côr como foi observado pela própria Cia. Constructora Nacional [...]. Se por um lado, no tocante a marmoraia, a fachada e a areia não conseguimos aproveitar o recurso local, isso não impediu que deixassemos de empregar material paranaense. E, foi na madeira que encontramos os meios mais surprehendentes para corporificar nossos objectivos.[12]

Nessa mesma entrevista, Capello deixou registrado que em função da boa qualidade da madeira local, utilizada nas esquadrias e mobiliários do edifício, passaria a especificá-la nas construções das demais sedes da empresa.

A inauguração também foi noticiada na revista *Sul América*:

> Recentemente, inaugurou-se em Curityba, capital do Paraná, o soberbo edifício que a SUL AMÉRICA alli mandou construir para a Sucursal da Companhia. Situado na rua 15 de Novembro, que é a principal via pública da cidade, o edifício apresenta nos seis pavimentos um aspecto muito agradável pela sua architectura moderna, pela simplicidade de linhas e pelas proporções do conjunto.
>
> Projecto e execução ficaram a cargo do jovem mas já notavel architecto Dr. Roberto Capello.[13]

Na década de 1960, quando a empresa começou a se desfazer do seu patrimônio imobiliário, a edificação foi adquirida pelo Governo Federal para o funcionamento do Tribunal de Justiça na cidade. Posteriormente, a edificação sediou o Ministério Público Federal e, em sequência, a Delegacia da Receita Federal de Curitiba, que passou a utilizá-la como almoxarifado.[14] No final de 2019, a Delegacia contratou via licitação pública um projeto de arquitetura para adaptá-lo às demandas do Serviço de Controle e Acompanhamento Tributário (SECAT).

12 Jornal *O Dia*, 16 de maio de 1936. edição 03592, Curitiba, PR, p. 8.

13 Revista *Sul América*, nº 68, Ano 17, out. 1936, p. 30-32.

14 Dados fornecidos pelo setor de engenharia da Superintendência da Receita Federal do Brasil/9ª Região Fiscal, atual responsável pelo imóvel.

Prospecções arquitetônicas e urbanísticas do entorno

Desenho em perspectiva da sede Sul América de Curitiba/projeto original. FONTE: Acervo pessoal de Carla Capello.

As análises realizadas por meio da comparação entre o projeto arquitetônico da edificação e o seu estado atual verificado *in loco* concluíram que, em relação à volumetria, ao partido arquitetônico e à composição formal do edifício, não ocorreram alterações significativas que descaracterizassem a proposta inicial do arquiteto Roberto Capello.

Já o estudo sobre as alterações do entorno imediato à edificação revelou diversas modificações decorrentes dos planos de urbanização implementados ao longo do tempo, que deixaram seus registros na paisagem urbana e arquitetônica imediata. No entanto, como o objetivo desta análise é descrever as mudanças ocorridas na área após a construção da sede Sul América, as modificações no entorno anteriores a 1936, apesar de significativas, foram descartadas.

O incipiente comércio da Rua das Flores nos primórdios da ocupação do núcleo urbano intensificou-se progressivamente ao longo dos séculos ao ponto que, no período da construção da sede, grande parte das edificações vizinhas já possuía uso misto. Por volta de 1920, já se iniciava, pontualmente, o processo de verticalização do entorno, com a construção do Palácio Avenida (cinco pavimentos) e do edifício Moreira Garcez (oito pavimentos). Portanto, ao ser construído, o Sul América não representava uma novidade em termos de altura ou de tipologia funcional, mas sua linguagem formal inovadora, de orientação claramente moderna, destacava-se do conjunto arquitetônico de características ecléticas.

Vista da Rua XV de Novembro em 1917, área central de Curitiba. FONTE: http://bndigital.bn.br/.

Na década de 1940, a área central e entorno foram tratadas no plano de urbanização de autoria do arquiteto Alfred Agache (1875-1959). A incompletude da execução do projeto fez com que, na década de 1960, um novo plano fosse implementado, dessa vez destinando a Rua XV de Novembro exclusivamente aos pedestres, cuja obra foi executada na década seguinte, na gestão do prefeito Jaime Lerner. A proibição do tráfego de veículos foi acompanhada pela substituição do asfalto da via por calçamento em pedras portuguesas e a introdução de novos mobiliários urbanos, fatores que intensificaram o seu uso cultural.

Nesse período, as instituições públicas foram transferidas para a nova região do Centro Cívico, construído em uma área contígua à área central, em sua direção norte. Entretanto, tal fenômeno não impediu que a região continuasse a se verticalizar, conforme informa Angela Pilotto:

> Se, de um lado, houve a mudança do centro administrativo para uma nova localização, ampliando a área central em direção norte e valorizando os imóveis próximos ao Centro Cívico; de outro, o Centro se desenvolvia plenamente, com uma série de edifícios sendo construídos. [...] nas décadas de 1930, 40 e 50 o número de liberações para construção (equivalente ao alvará) no Centro cresceu muito, atingindo o auge de incremento por década entre 1950 e 1960. Com um incremento de 383%, o Centro passa de 2.109 liberações nos anos 1950 para 8.074 liberações nos anos 1960. Esse número começou a decair em termos relativos após 1960, apesar de o número absoluto ter continuado a crescer.[15]

15 PILLOTO, *op. cit.*, p. 51.

Em seus estudos, Pilotto demonstra, a partir de dados relativos ao número de alvarás para a construção de edificações em altura, que, apesar da construção pontual de alguns edifícios mais altos na região central por volta de 1930, o primeiro momento da verticalização ocorreu, de fato, na década de 1950. A forma de morar em edifícios verticais foi tardia em Curitiba e não se concentrou, inicialmente, na área central, ao contrário do verificado em outras cidades brasileiras. Os principais edifícios residenciais em altura foram erguidos nas imediações do centro, a partir da expansão de outros setores urbanos.

Após o primeiro estágio de verticalização, a paisagem da área central começou a se transformar com a construção de edifícios cada vez mais altos. Na década de 1960, a verticalização mudou de setor, deixando o espaço urbano central mais ou menos consolidado. De 1950 a 1960, portanto, a relação do edifício Sul América com o entorno se altera drasticamente em função da variação da altimetria e da inserção de uma linguagem arquitetônica mais próxima dos ideais corbusianos. Esse período foi seguido por uma fase de estagnação até que, na década de 1970, a Rua XV de Novembro foi transformada em uma via exclusiva para pedestres. Foi então que o edifício passou a ser apreciado sob uma nova perspectiva.

No ano de 1974, de forma a reforçar o valor cultural da antiga Rua das Flores, o Conselho Estadual do Patrimônio Histórico e Artístico do Paraná (CEPHA) delimitou o trecho compreendido entre a Praça Osório até a Praça Santos Andrade como Paisagem Urbana da Rua XV de Novembro e o protegeu por meio do processo nº 45/74.[16]

A proteção da paisagem urbana contribuiu, de certa forma, para que as substituições da arquitetura antiga pela nova fossem evitadas. No entanto, a área já estava praticamente verticalizada quando o tombamento foi efetivado, restando poucos edifícios da época da ocupação inicial.

Em contraposição, a Praça General Osório, um dos limites do trecho tombado, mantém preservados o seu desenho radial e parte do conjunto arquitetônico de características ecléticas do século XIX. Da mesma forma está a Praça Santos Andrade, na outra extremidade do trecho protegido, que se destaca pela presença da sede da Universidade Federal do Paraná, de linguagem neoclássica, e pelo Teatro Guaíra, projeto do engenheiro Rubens Meister, construído na década de 1970.

16 Processo estadual nº 45/74, com inscrição no livro de tombo de nº 05.

Relação do edifício com o entorno

> A obra de arquitetura [...] é inseparável de seu entorno,
> mais do que fisicamente – os castelos comprovam –,
> a relação é conceitual: pois a arquitetura se concebe
> obrigatoriamente a partir de uma localização
> de um terreno concreto e este terreno e suas circunstâncias
> constituem elementos básicos para a conformação
> do programa e para o desenvolvimento posterior da obra.
>
> MARINA WAISMAN, 1985.[17]

O trecho tutelado como Paisagem Urbana da Rua XV de Novembro, onde o edifício Sul América está inserido, é atualmente marcado por uma diversidade de serviços e comércios e por edificações e áreas públicas de extrema importância cultural, arquitetônica, paisagística e histórica para Curitiba, fatores que justificaram a sua proteção estadual.

Como analisado, a dinamicidade da área já era verificada na ocasião da construção da sede Sul América, que se destacou do contexto não por sua altimetria, mas por sua linguagem formal inovadora, desprovida de ornamentos, em contraposição com as edificações de linguagem eclética construídas durante o processo de desenvolvimento da Rua XV de Novembro.

Alguns autores defendem que o espaço urbano de Curitiba não sofreu grandes transformações na primeira metade do século XX[18] e, em relação ao centro, o que se verificou até esse período foi a intensificação do seu uso e sua expansão na direção sul e sudoeste, principalmente a partir da Rua XV de Novembro, com a construção de edificações de maior altura. Se isso é um consenso, pode-se dizer que a relação da sede da Sul América com seu entorno se manteve estável por algumas décadas até 1950, quando a área central passou por uma intensa verticalização devido à expansão do mercado imobiliário, fator responsável pela transformação do ambiente urbano nas maiores cidades brasileiras.

Na década de 1970, com a proibição do tráfego de veículos na Rua XV de novembro, o uso cultural da área intensifica-se, e o edifício passa a ser apreciado a partir de uma nova perspectiva.

17 Tradução minha: "La *obra de arquitectura [...] es inseparable de su entorno, más aún que físicamente – lo de los castillos lo prueba – conceptualmente: pues la arquitectura se concibe obligadamente a partir de una ubicación en un sitio concreto, y este sitio y sus circunstancias constituyen elementos básicos para la conformación del programa y para el desarollo posterior de la obra.*" (WAISMAN, 1985, p. 83).

18 *Ibid.*

Desenho da fachada frontal do edifício Sul América de Curitiba. FONTE: Acervo da autora. Desenho: Michele Teodoro.

Análise formal

> As aparências da Arquitetura – seus aspectos visuais, usualmente chamados de estéticos – não representam a sua complexa totalidade. Entretanto, são as aparências que marcam a presença do objeto arquitetônico no mundo e o tornam conhecido, apreciado, discutido, polêmico.
>
> MARIA LUCIA MALARD, 2006.[19]

O Sul América foi construído em um terreno de formato retangular e com testada menor voltada para a rua, características típicas dos lotes configuradores do núcleo urbano original. Sua implantação foi resolvida em "L", sem afastamentos laterais e frontal, e a área restante foi utilizada para ventilação e iluminação das unidades.

A solução tripartida clássica, adotada na maioria das sedes projetadas pelo arquiteto, também está presente neste edifício, mesmo que de maneira mais sutil. A base tem pé-direito duplo e abriga o hall de acesso principal, além das lojas e suas sobrelojas com acesso exclusivo pela rua. O corpo é resolvido por quatro pavimentos tipos e o coroamento pelo recuo do último pavimento em relação à fachada frontal. Sobressai-se da volumetria principal o volume composto pela caixa d'água e pela casa de máquinas. Em função da ausência de afastamentos laterais, apenas a fachada frontal recebeu tratamento plástico mais apurado, com as janelas ritmadas e emolduradas por frisos em baixo relevo, além do revestimento em pó de pedra.

19 MALARD, Maria Lucia. *As aparências em arquitetura*. Belo Horizonte: Editora UFMG, 2006. p. 55.

O edifício conforma-se por um prisma sólido, cuja solução em L é identificada apenas pela vista superior, em função da ausência de afastamentos entre as edificações vizinhas, que impede a leitura do todo.

Foto aproximada das janelas tipo basculantes, emolduradas, duas a duas, por frisos em baixo relevo e rasgo chanfrado. FONTE: Karine de Arimateia, abr. 2018.

O caráter regular cartesiano difundido pelo movimento moderno e, ao mesmo tempo, a presença do esquema tripartido de origem clássica (base, corpo e coroamento), além do fachadismo decorrente da ausência de afastamentos laterais e frontal, foram características também encontradas na sede da Sulacap de Juiz de Fora, como se verá adiante. Como mencionado, tal sistema compositivo era considerado uma novidade plástica para a cidade de Curitiba, cujas construções do período ainda adotavam a linguagem eclética difundida no final do século XIX.

Análise funcional

> Função é o uso social do produto arquitetônico e constitui uma característica intrínseca e diferencial da arquitetura, uma vez que é interna ao próprio produto, é a primeira causa de sua constituição como tal. Mas, contemporaneamente ao seu caráter interno e intrínseco, constitui o elo mais direto entre a arquitetura e o meio social a que serve.
>
> MARINA WAISMAN, 1985.[20]

20 Tradução minha: "*Función [...] es el uso social del producto arquitectónico y constituye una característica intrínseca y diferencial de la arquitectura, puesto que es interna al producto mismo, es la causa primera de su constitución como tal. Pero contemporáneamente a su carácter interno e intrínseco, constituye el lazo más directo entre la arquitectura y el medio social al que sirve.*" (WAISMAN, 1985, p. 83).

O edifício Sul América de Curitiba foi construído para uso exclusivamente comercial em uma das áreas mais dinâmicas da capital, com a concentração dos principais comércios, serviços, áreas de lazer e instituições públicas. Apesar da existência de outros núcleos similares em Curitiba, a área ainda preserva essas características de uso, fator que mantém o seu dinamismo até a atualidade.

Como se verá adiante, em função das semelhanças entre os terrenos, Roberto Capello adotou a mesma solução projetual deste edifício para a sede SULACAP de Juiz de Fora, elevando o nível do hall principal em relação ao do passeio, de forma a minimizar o movimento de terra para a proposição do subsolo.

Para o acesso ao hall, onde está o elevador, há uma escada de lance único que vence o primeiro desnível proposto. O acesso ao segundo desnível, onde está a escada de incêndio, é feito por uma outra escada de lance único, idêntica à primeira. Desse patamar também é feito o acesso à área descoberta, por meio de uma escada em L que vence os dois desníveis propostos, já que a área está nivelada ao passeio. Nesse mesmo pavimento, com acesso exclusivo pela rua e, portanto, nivelada a ela, estão duas lojas com sobrelojas, separadas simetricamente pela portada principal. O subsolo, ventilado por duas janelas dispostas nas laterais da portada principal, abriga dois depósitos e um reservatório de água. Nos andares superiores, cada pavimento abriga salas comerciais e dois banheiros compartilhados.[21]

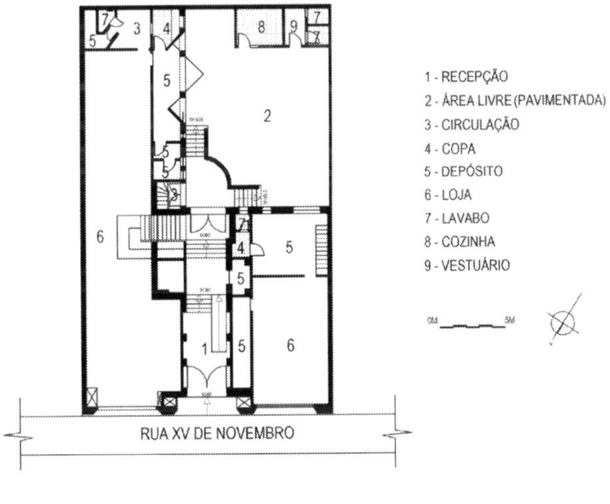

Planta pavimento térreo do Sul América de Curitiba. FONTE: Acervo da autora, 2018. Desenho: Michele Teodoro.

21 As peças gráficas apresentadas a seguir foram redesenhadas por Michele Teodoro com base no levantamento cadastral desenvolvido pela empresa Oliveira Araújo Engenharia, datado de dezembro de 2019, resultante da contratação pública administrada pela Superintendência da Receita Federal do Brasil na 9ª Região Fiscal para a elaboração do projeto arquitetônico de adequação das instalações do Serviço de Controle e Acompanhamento Tributário (SECAT).

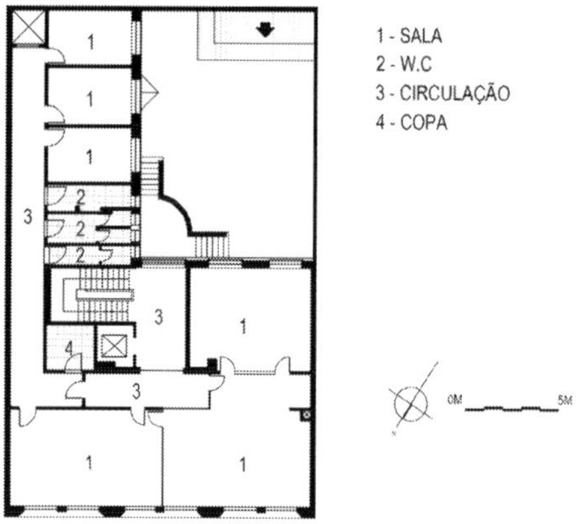

Plantas do primeiro e segundo pavimentos do Sul América de Curitiba. FONTE: Acervo da autora, 2018. Desenho: Michele Teodoro.

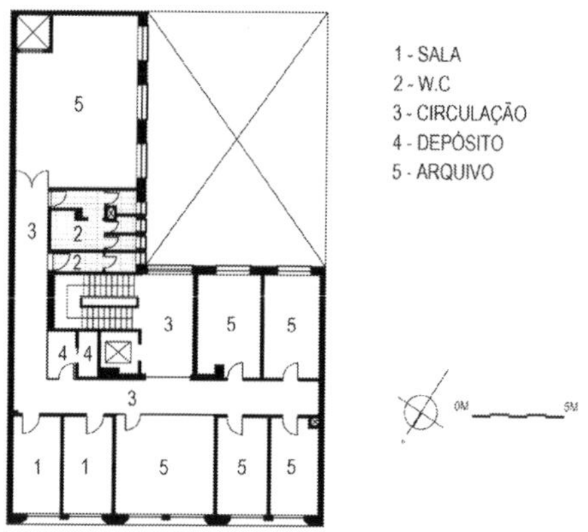

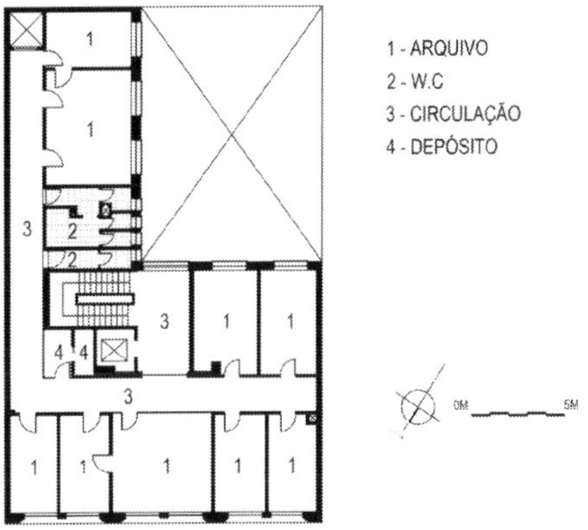

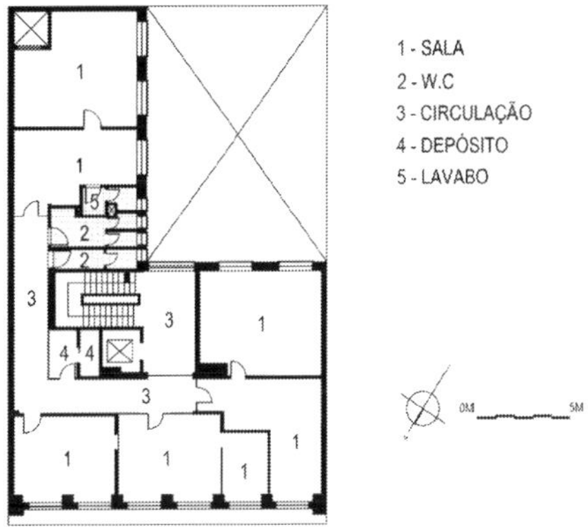

Plantas do terceiro, quarto e quinto pavimentos do Sul América de Curitiba. FONTE: Acervo da autora, 2018. Desenho: Michele Teodoro.

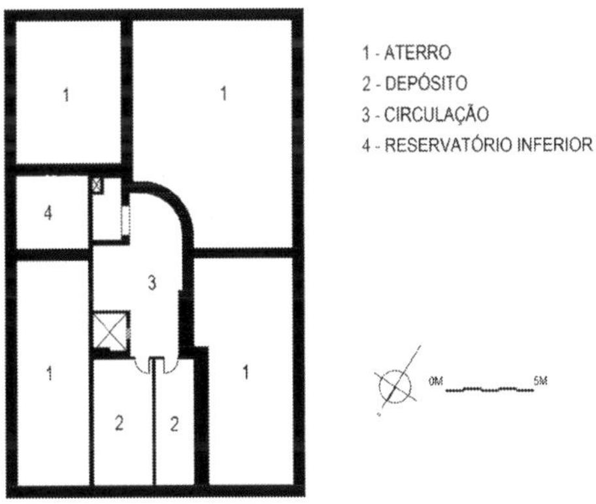

Planta do quinto pavimento e planta do subsolo do Sul América de Curitiba. FONTE: Acervo da autora, 2018. Desenho: Michele Teodoro.

3.2. JUIZ DE FORA/MG – SULACAP

Ficha técnica

Nome original	Edifício SULACAP
Nome atual	Edifício SULACAP
Endereço	Rua Halfeld, n°s 692 a 716, Centro, Juiz de Fora, Minas Gerais
Autoria	Roberto Capello
Ano do projeto	Anterior a 1939
Ano de conclusão da obra/inauguração	9 de dezembro de 1939 (Processo de Tombamento)
Construtora	Pantaleoni Arcuri (Dossiê de Tombamento)
Uso original	Misto (comercial e residencial)
Uso atual	Uso comercial
Propriedade	Privada
Proteção/nível	Municipal, Decreto nº 7623, de 20 de novembro de 2002 (Dossiê de Tombamento)

Edifício SULACAP em 2018. FONTE: Acervo da autora, out. 2018

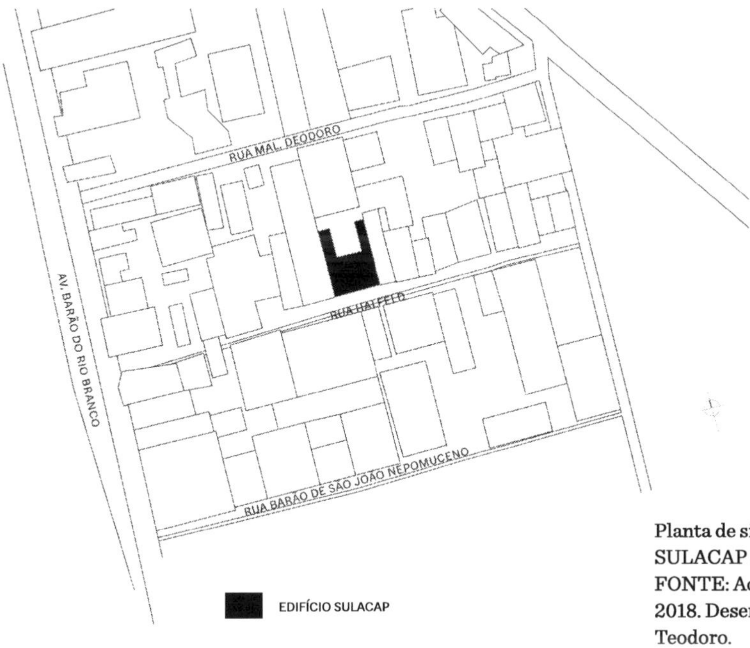

Planta de situação do SULACAP de Juiz de Fora. FONTE: Acervo da autora, 2018. Desenho: Michele Teodoro.

Análise histórica

A empresa SULACAP iniciou sua atuação na cidade de Juiz de Fora na década de 1930, na edificação de nº 2231 da Avenida Rio Branco,[22] até a inauguração de sua sede própria, no ano de 1939. Para início do projeto arquitetônico do novo edifício, a empresa adquiriu três imóveis localizados na Rua Halfeld, os quais abrigavam o Cine Theatro Paz, a Casa Tolma e a Casa Pestana, demolidos para dar lugar ao terreno.

A área escolhida para a construção da nova sede era considerada, à época, uma das mais dinâmicas da cidade, com a concentração dos principais comércios, serviços e instituições culturais, cujo desenvolvimento se deu a partir da expansão do núcleo urbano de ocupação inicial do território de Juiz de Fora, quando a região era conhecida por Santo Antônio do Paraibuna.

Os primeiros registros dessa ocupação datam do século XVIII e seu desenvolvimento inicial é comumente associado à abertura das estradas de ligação com a região aurífera. O crescimento do núcleo ao longo do século XIX foi documentado por algumas plantas cadastrais elaboradas pelas gestões municipais, como a desenhada pelo engenheiro Henrique Halfeld, que projetou a Rua Direita (atual Av. Rio Branco) como rota de deslocamento norte/sul e definiu outras vias nas demais direções,[23] e a elaborada pelo engenheiro Gustavo Dodt, que contabilizou o número de edificações construídas até o período.

A implantação da estrada de ferro D. Pedro II, por volta de 1875, intensificou mais ainda a economia local, promovendo o crescimento populacional e urbano da região, situação que foi documentada em 1881 pela planta de autoria do engenheiro José Barbalho Uchôa. Nesse período, registrou-se a primeira fase da industrialização de Juiz de Fora, com a instalação de uma variedade de fábricas de produtos não disponíveis na região. Aponta Domingos Girolett[24] que, em 1870, existiam em Juiz de Fora cento e noventa estabelecimentos, dentre eles cento e setenta indústrias.

Nos anos seguintes, as gestões municipais cuidaram de melhorar o aspecto urbano da cidade, implementando obras de iluminação pública, saneamento básico, planejando expansões urbanas, além de registrar a estrutura existente com novas plantas cadastrais e topográficas.[25] Até então, as ações instituídas

22 Revista *Sul América*, nº 68, Ano 17, out. 1936, contracapa.

23 COLCHETE FILHO, A. F., Ribeiro, T. G., & Nascimento, V. H. G. (2016). *Transformações urbanas em Juiz de Fora/MG*: a Avenida Barão do Rio Branco e a história da cidade. *Redes*, *22*(1), 162-183. https://doi.org/10.17058/redes.v22i1.6979.

24 GIROLETTI, Domingos. *Industrialização de Juiz de Fora*: 1850/1930. 1 ed. Juiz de Fora: UFJF, 1988.

25 Para este assunto, ver: TASCA, Luciane. *As contradições e complementaridades nas leis urbanas de Juiz de Fora*: dos planos aos projetos de Intervenção. Tese (Doutorado em Planejamento Urbano)

não interferiam nas novas construções, o que veio a acontecer apenas em 1896, com a aprovação da Resolução nº 374 de 20, que estabeleceu normativas para o uso e a ocupação do solo do município, determinou a abertura de ruas, praças, avenidas e, ainda, estabeleceu que as futuras edificações deveriam obter licença de obra com a apresentação do projeto a ser construído. A altura máxima da edificação ficou estabelecida em até uma vez e meia a largura da via, incentivando, de forma incipiente, a verticalização nas principais avenidas da cidade. Em 1923, a Resolução nº 902 substitui a norma anterior, dando sequência ao processo de planejamento de uso e ocupação do solo de Juiz de Fora.

Tais legislações urbanísticas foram responsáveis por uma série de demolições nas proximidades da Rua Direita, além de promoverem melhorias no espaço urbano, como a reforma da Praça Municipal, que posteriormente se transformaria no Parque Halfeld. Foi nesse contexto que a porção baixa da Rua Halfeld, onde futuramente o SULACAP seria construído, se tornou a área mais dinâmica da região, concentrando os principais comércios e estabelecimentos bancários, em contraposição com a porção oposta da via, nas proximidades do Parque.

A norma de 1923, que orientou Capello na elaboração do projeto arquitetônico para a nova sede da empresa, alterou algumas diretrizes estabelecidas anteriormente, como a flexibilização da altura mínima do pé direito exigido para os pavimentos, incentivando a verticalização das construções. Assim, em 1930, foi construído o primeiro edifício em altura da cidade, o Ciampi. Com cinco pavimentos, linguagem arquitetônica eclética e uso habitacional, sua construção ficou a cargo da empresa local Pantaleoni Arcuri, a mesma que viria a construir, poucos anos depois, o edifício SULACAP.

O Código de Obras de 1938, ao contrário do de 1936, que não inovou em relação aos parâmetros urbanísticos, definiu o zoneamento urbano e implementou novos regulamentos que abordavam, inclusive, questões relativas à estética dos edifícios, deixando de lado o planejamento da expansão urbana.[26] Esse código permaneceu ativo até 1986, quando foi elaborada a Legislação Urbana Básica, que passou a operar como instrumento planejador de expansão urbana de Juiz de Fora.[27]

Com a conclusão do projeto arquitetônico do SULACAP, a obra foi licitada e oito empresas se inscreveram como interessadas, sendo quatro delas com sede no Rio de Janeiro, três na capital mineira e uma de Juiz de Fora, a Companhia Industrial Pantaleoni Arcuri, vencedora do certame. Finalizada a construção, o SULACAP, com seus seis pavimentos e linguagem arquitetônica moderna,

– Universidade Federal do Rio de Janeiro. 2010.

26 *Ibid.*

27 *Ibid.*

inaugura, juntamente com o edifício Ciampi, o processo de verticalização da área, destacando-se em um contexto ainda marcado por edificações do início da ocupação do território, mas com uma trama urbana já consolidada pelas intervenções realizadas no século XIX.[28]

O evento de inauguração da nova sede, em 09 de dezembro de 1939, foi amplamente noticiado na imprensa local em razão da imponência da construção e dos seus aspectos formal e funcional, até então inéditos na cidade. De uso misto, o edifício abrigava apartamentos a partir do terceiro pavimento, lojas com acesso independente no andar térreo e salas nos pavimentos primeiro, segundo e no térreo.

Antes disso, em 12 de setembro de 1938, o jornal local *Diário Mercantil* publicou o lançamento da pedra fundamental da construção e estampou a perspectiva do projeto. A mesma notícia também foi publicada pelo jornal *Correio de Minas Gerais*, incluindo a entrevista realizada com o diretor da construtora e responsável técnico pelas obras, sr. Raphael Arcuri, que revelou detalhes construtivos do edifício:

> Sua feição será moderníssima, simples e de perfeito acabamento. Sua estrutura será feita de concreto armado sobre estaqueamento, systema Franki. Systema este ainda não conhecido em nossa cidade e que é o mais recomendado pelos technicos por sua absoluta solidez. Sua fachada principal é feita de linhas verticaes e horizontaes, dando-lhe um aspecto sombrio.
>
> [...]
>
> O serviço da eletricidade será o mais moderno no gênero, tendo os inquilinos força motora e de luz. A illuminação será technicamente distribuida, tendo serviço de telephone e radio. O serviço de luz apresentará uma novidade para Juiz de Fora: o de luz a minuta, que muito facilitará o transito dos senhores hospedes. As installações de água e esgoto foram cuidadosamente estudadas, sendo previstos encanamentos extras para gabinetes dentários e consultórios médicos.[29]

28 Consta no processo de tombamento do imóvel a informação de que o arquiteto Roberto Capello, ao executar o projeto arquitetônico da sede SULACAP, realizou mais de setenta estudos diferentes até chegar ao projeto final, com o qual foi possível a abertura do processo de concorrência para a contratação da construtora responsável pela condução da obra. Processo administrativo nº 4522/97. Os arquivos do processo de tombamento incluem um trabalho realizado em 2015 pelos alunos de graduação da Faculdade de Arquitetura e Urbanismo da Universidade Federal de Juiz de Fora, referente à disciplina de Projeto em Patrimônio Cultural (AUR 113), o qual apresenta as plantas do edifício, de autoria dos alunos. O trabalho apresentado pelas alunas Amanda de Abreu Carlos, Camilla Cristhina Muniz Américo, Helena Gouvêa da Rocha Alves, Laura Santos Granja e Lívea Rocha Pereira contém todas as etapas necessárias para um projeto de restauração, conforme recomenda o *Manual de Elaboração de Projetos de Preservação do Patrimônio Cultural*, Caderno Técnico 1, publicado pelo Programa Monumenta em 2005. A maioria dos dados coletados para a análise histórica foram retirados deste trabalho de graduação, cujas fontes, muitas vezes, não são citadas.

29 Jornal *Correio de Minas Gerais*, 17 set. 1938.

A importância da representatividade do edifício para o contexto urbano e arquitetônico de Juiz de Fora foi validada em 2002 com a conclusão do processo de tombamento municipal por meio do Decreto nº 7.623/02, conduzido pela Divisão de Patrimônio Cultural (DIPAC), órgão então vinculado à Fundação Cultural Alfredo Ferreira Lage (FUNALFA).

Prospecções arquitetônicas e urbanísticas do entorno

A análise aqui apresentada foi baseada, sobretudo, nos arquivos do DIPAC referentes ao processo de tombamento do SULACAP, nas legislações urbanísticas implementadas ao longo dos anos e que impactaram a área onde o edifício foi construído e nas avaliações realizadas durante a visita *in loco*. Tais observações concluíram que, em relação ao aspecto formal da edificação, não ocorreram alterações significativas que modificassem o aspecto formal proposto por Roberto Capello.[30]

Já o estudo sobre as alterações do entorno imediato à edificação revelou consideráveis modificações decorrentes dos planos de urbanização implementados pelas gestões municipais ao longo do tempo. No entanto, como o objetivo desta análise é descrever as mudanças ocorridas na área após a construção da sede Sul América, as modificações no entorno anteriores a 1936, apesar de significativas, foram descartadas.

Segundo o relato oral do professor Artur Arcuri, presente na descrição histórica do processo de tombamento, o terreno onde o SULACAP foi construído prolongava-se até a Rua Marechal Deodoro, indicando que a implantação ocupou apenas um quarto do lote, restando, desse modo, uma extensa área permeável nos fundos, para a qual, possivelmente, foi proposto o projeto paisagístico de Burle Marx constante do processo. Fato é que, atualmente, o terreno ocupa a metade da área entre a Rua Halfeld e a Rua Marechal Deodoro, encontrando-se a outra metade dividida em dois terrenos já edificados.

Foram as legislações urbanas de incentivo à verticalização que abriram caminho para as alterações morfológicas no entorno da Rua Halfeld, e, se não fossem as ações de proteção ao patrimônio cultural, provavelmente não restariam vestígios da época da ocupação da região.

30 O cruzamento da análise das plantas dos alunos com a informação sobre a ocupação parcial do terreno fornecida pelo sr. Artur Arcuri levantou a hipótese sobre a possível ampliação posterior das áreas das lojas do térreo em direção aos fundos do lote, mas que não atentou contra a volumetria original proposta pelo arquiteto.

O patrimônio cultural de Juiz de Fora é atualmente protegido pelas três esferas de governo. Em nível municipal está a Fundação Cultural Alfredo Ferreira Lage (FUNALFA), instituída em 14 de setembro de 1978 pela Lei nº 5.471. A gerência do patrimônio cultural fica sob a responsabilidade do Conselho Municipal de Preservação do Patrimônio Cultural (COMPPAC), vinculado à Fundação. O IEPHA/MG e o IPHAN também atuam no município, respondendo pelos bens de valor cultural em nível estadual e federal, respectivamente. A primeira ação do IPHAN em Juiz de Fora foi incipiente, em 1939, com o tombamento das Coleções do Museu Mariano Procópio. A partir daí, apenas em 1994 foi tombada uma nova edificação, o Cine Teatro Central, localizado na Praça João Pessoa. Em nível estadual, apenas três bens são protegidos, a saber: o Conjunto Arquitetônico, Paisagístico e o Acervo do Museu Mariano Procópio, o Conjunto Arquitetônico Paisagístico e o Espaço Cultural da Usina de Marmelos e o edifício do acervo do Museu do Banco de Crédito Real de Minas Gerais, tutelados no ano de 2005.

Apesar de estabelecidas apenas na década de 1970, as ações de proteção municipal serviram também para a valorização da região central como atrativo turístico e de lazer. Diante dessa nova visão, a Rua Halfeld, no trecho entre as avenidas Rio Branco e Getúlio Vargas, onde o SULACAP está inserido, foi fechada para o trânsito de veículos. Como é comum acontecer com essas ações urbanísticas sem a participação popular, a alteração foi criticada pelos comerciantes locais, que viam o uso exclusivo de pedestres como fator negativo para os seus negócios. No ano de 1987, a Rua Halfeld passou por uma nova revitalização, com aterramento da fiação elétrica, novos revestimentos e equipamentos públicos. Essas melhorias, apesar das opiniões contrárias dos lojistas locais, favoreceram a dinâmica econômica, transformando o entorno do SULACAP em uma área predominantemente comercial.

A despeito dessas mudanças de uso, ao contrário das demais áreas centrais das cidades onde as sedes da empresa foram construídas, a área imediata ao SULACAP de Juiz de Fora não sofreu alterações significativas em sua malha primitiva. O mesmo não pode ser afirmado em relação ao conjunto arquitetônico do entorno, que se modificou consideravelmente desde a construção da sede da empresa, com a substituição das estruturas arquitetônicas remanescentes do início da ocupação da área por edifícios cada vez mais altos e com linguagem arquitetônica diferenciada.

O edifício SULACAP se adaptou às transformações de uso e ocupação ocorridas ao longo do tempo na região central de Juiz de Fora, perdendo sua tipologia original de uso misto e tornando-se totalmente comercial com a saída do último morador no ano de 2007.[31] Para a adaptação do uso comer-

31 Processo arquivado na Divisão de Patrimônio Cultural (DIPAC).

cial, alguns apartamentos foram desmembrados e transformados em salas comerciais, restando ainda, no entanto, alguns andares com a configuração original das unidades habitacionais. Atualmente, os pavimentos superiores e o térreo abrigam uma variedade de estabelecimentos, como escritórios de advocacia, laboratórios, clínicas odontológicas, entre outros.

Relação do edifício com o entorno

Edifício SULACAP de Juiz de Fora – MG, após dez. 1939. FONTE: Acervo pessoal da autora/cedido.

> Em suma, a difusão da linguagem moderna, como na realidade se deu, piorou de um modo geral a qualidade do ambiente. As regras prospectivas tradicionais – os alinhamentos dos edifícios à beira das ruas, as simetrias, as relações entre alturas e larguras nos espaços públicos – foram abandonadas sem serem substituídas por uma ordem mais razoável.
>
> LEONARDO BENEVOLO, 2014.[32]

O trecho da Rua Halfeld onde o edifício SULACAP está inserido, entre a Avenida Barão do Rio Branco e Rua Batista de Oliveira, é atualmente marcado por uma diversidade de serviços e comércios e por edificações de tipologias diversificadas, com alturas e linguagens arquitetônicas variadas. A dinamicidade de usos já era uma característica do entorno no período de construção do

32 BENEVOLO, Leonardo. *A cidade e o Arquiteto*. 3. ed. Perspectiva, 2017.

edifício, apesar do conjunto arquitetônico ainda pouco verticalizado e composto pelas estruturas do início de sua ocupação urbana.

Os poucos edifícios verticais da região não passavam de seis andares quando, em 1948, foi inaugurado o edifício Baependy, primeira construção acima dessa altimetria e de uso exclusivamente comercial. Posteriormente, em 1950, foi erguido na Avenida Rio Branco o edifício Primus, o primeiro edifício em grande altura e totalmente residencial, projetado pelo engenheiro Deusdedit Salgado de Paula, que também assinou o projeto do Baependy.[33] Ambos os edifícios foram construídos com propósitos arquitetônicos racionalistas, destituídos de qualquer tipo de ornamentação em suas fachadas que lembrassem o passado eclético. Entre 1938 e 1955, foram construídos 21 edifícios de apartamentos no entorno da Rua Halfeld e da Avenida Rio Branco, marcando o início do processo de verticalização e alterando significativamente a paisagem urbana das imediações do SULACAP e impactando, de certa forma, a sua relação com o entorno.

Desse modo, o SULACAP, quando construído, destacou-se no contexto urbano tanto por sua altimetria quanto pela linguagem formal inovadora, sendo considerado, por muito tempo, um dos edifícios mais expressivos da Rua Halfeld. Essa situação modificou-se paulatinamente ao longo das décadas, com a substituição parcial das edificações antigas por outras de arquitetura similar ao do SULACAP, até a construção dos edifícios com uma linguagem moderna então inédita na cidade, mas já bastante difundida no Rio de Janeiro pelos arquitetos seguidores dos ideais corbusianos. O resultado do processo até a atualidade é um conjunto arquitetônico diversificado tanto em relação à altimetria quanto nos aspectos formais e de uso, de extrema importância cultural para a cidade de Juiz de Fora. O SULACAP ainda mantém o seu destaque, mas não como no período inicial de sua construção, quando simbolizava a novidade construtiva em altura, em técnicas construtivas e em solução plástica. Seu destaque hoje, além de sua importância na composição da paisagem urbana, está exatamente por sua capacidade de transmitir para as gerações futuras a inovação da época em termos de arquitetura e construção.

33 CARDOSO, Carina Folena. *100 anos de verticalização em Juiz de Fora*: edifícios de apartamentos na avenida Barão do Rio Branco. Dissertação (Mestrado em Ambiente Construído) – Faculdade de Engenharia, Universidade Federal de Juiz de Fora, Minas Gerais, 2015.

Análise formal

> Parece então que o significado das formas arquitecturais não pode ser explicado apenas pela obediência à regra e que a importância da regra é mal interpretada pela analogia linguística.
>
> ROGER SCRUTON, 1979.[34]

Construído em um terreno predominantemente retangular, com a testada menor voltada para a Rua Halfeld, o edifício SULACAP, ao contrário da proposta de implantação da maioria das demais sedes, não ocupou a totalidade do terreno em função da normativa vigente que exigia afastamentos posteriores de no mínimo três metros para as novas construções.

A implantação atual, em "U", decorre, possivelmente, do suposto acréscimo posterior das lojas em direção ao fundo do terreno uma vez que os demais pavimentos não seguem essa forma. Não obstante, a implantação sem afastamentos laterais gerou invariavelmente o volume que, aos olhos do espectador na Rua Halfeld, transmite a percepção de um prisma imponente de base retangular.

A solução tripartida desse edifício é resolvida unicamente com o jogo diferenciado das janelas do corpo e coroamento e com a presença da marquise delimitando a base de pé-direito duplo. O acesso principal é feito por uma portada em ferro e vidro, localizada no eixo da fachada, da altura do pé direito do térreo, que se estende pelo corpo compondo a esquadria de iluminação da circulação vertical.

O corpo é constituído por quatro pavimentos, com aberturas dispostas simetricamente em relação à esquadria central. O modelo das janelas é o mesmo encontrado na maioria dos edifícios estudados, do tipo "Copacabana", originalmente em madeira e vidro e persianas de enrolar em madeira. O coroamento é resolvido pela repetição alinhada das janelas do corpo e por mais quatro janelas sobre o vão da esquadria central, arrematadas por um friso horizontal, em alto relevo, que compõe a platibanda. A edificação possui também um subsolo, cujo pé-direito é constituído, em parte, pela elevação da laje de piso do hall principal em relação ao nível da calçada.

O revestimento da fachada frontal é feito em granito no pavimento térreo e pó de pedra no corpo e coroamento. A cobertura do volume predominante é resolvida em sete águas, com a cumeeira principal paralela à Rua Halfeld.

34 SCRUTON, Roger. *Estética da Arquitectura*. São Paulo: EDIÇÕES 70, Lda, 2010.

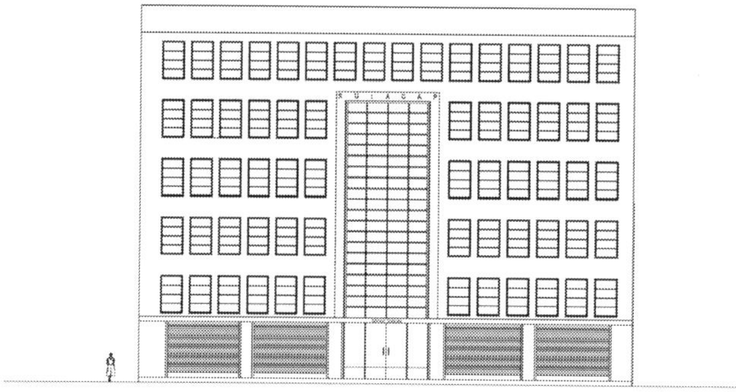

Desenho da fachada frontal do edifício SULACAP de Juiz de Fora. FONTE: Acervo da autora, maio 2018. Desenho: Michele Teodoro.

O sistema estrutural, em concreto armado sobre fundação do tipo Franki, foi detalhado na ocasião da entrevista com o sr. Raphael Arcuri, responsável pela obra, publicada pelo jornal *Correio de Minas* em 1938.

Tais características formais e aspectos construtivos revelam a renovação projetual que Roberto Capello adotaria nas principais cidades do país nas décadas seguintes, como se verá adiante.

Análise funcional

> Dizer que o espaço interno é a essência da arquitetura não significa de nenhuma maneira que o valor de uma obra arquitetônica se esgota no valor espacial. Todo edifício se caracteriza por uma pluralidade de valores: econômicos, sociais, técnicos, funcionais, artísticos, espaciais e decorativos [...]. Mas a realidade do edifício é consequência de todos estes fatores e sua história válida não pode esquecer nenhum deles.
>
> BRUNO ZEVI, 1955.[35]

Conforme mencionado, a área onde o SULACAP de Juiz de Fora foi construído ainda mantém os principais usos de comércio, serviços, instituições públicas e de lazer da cidade, atrelados à sua ocupação original e modificados ao longo dos anos com as novas demandas da sociedade, como o modo de morar em apartamentos.

35 ZEVI, Bruno. *Saber ver la Arquitectura*. 2. ed. Buenos Aires: Editorial Poseidon. 1955. p. 21. Tradução minha: "*Decir que el espacio interno es la esencia de la arquitectura, no significa de ninguna manera que el valor de una obra arquitectónica se agote en el valor espacial. Todo edificio se caracteriza por una pluralidad de valores: económicos, sociales, técnicos, funcionales, artísticos, espaciales y decorativos [...]. Pero la realidad del edificio es consecuencia de todos estos factores, y su historia válida no puede olvidar ninguno de ellos.*"

Originalmente, o edifício foi construído abrigando salas comerciais no primeiro e no segundo pavimentos,[36] três apartamentos por andar nos demais pavimentos, e quatro lojas e uma sala comercial no seu pavimento térreo, onde a sede da sucursal se instalou. Conforme apontado, com a alteração do uso do entorno, o edifício se tornou exclusivamente comercial, apesar de ainda manter em um dos pavimentos a configuração dos apartamentos.

Internamente, o hall de acesso é elevado aproximadamente dois metros em relação ao nível do passeio, solução que exigiu uma escadaria de lance único para acesso às dependências internas do edifício. No hall principal estão os elevadores sociais, as escadas de acesso aos pavimentos superior e inferior, além da sala ocupada originalmente pela empresa. Nesse mesmo pavimento, com acesso exclusivo para a rua e, portanto, niveladas a ela, estão quatro lojas, separadas simetricamente em dupla pelo acesso principal.

Aspectos internos da sucursal SULACAP em Juiz de Fora. FONTE: Acervo pessoal da autora/cedido por Diana Guenzburger.

36 Dados extraídos do trabalho dos alunos de graduação, já mencionado.

Os corredores de acesso às salas e aos apartamentos são amplos e possuem piso revestido em granilite. Destaca-se no tratamento interno das paredes o emolduramento dos elevadores com a mesma madeira utilizada nas portas de acesso às unidades.

O subsolo está abaixo três metros do nível térreo e abriga a infraestrutura do sistema predial, bem como salas de uso do condomínio. Do terreno vendido após o parcelamento da área não edificada restou uma pequena parcela, cujo piso atualmente encontra-se revestido em cimento.[37]

37 As peças gráficas apresentadas foram reelaboradas com base nos desenhos realizados pelos alunos de graduação da Faculdade de Arquitetura e Urbanismo da Universidade Federal de Juiz de Fora em 2015, referente à disciplina de Projeto em Patrimônio Cultural (AUR 113). Desenhos realizados por Michele Teodoro, sob a coordenação da autora.

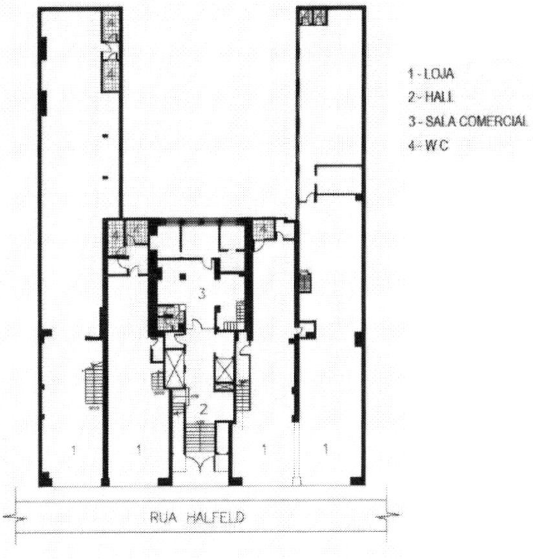

Desenho da planta térrea do edifício SULACAP de Juiz de Fora. FONTE: Acervo da autora, maio 2018. Desenho: Michele Teodoro.

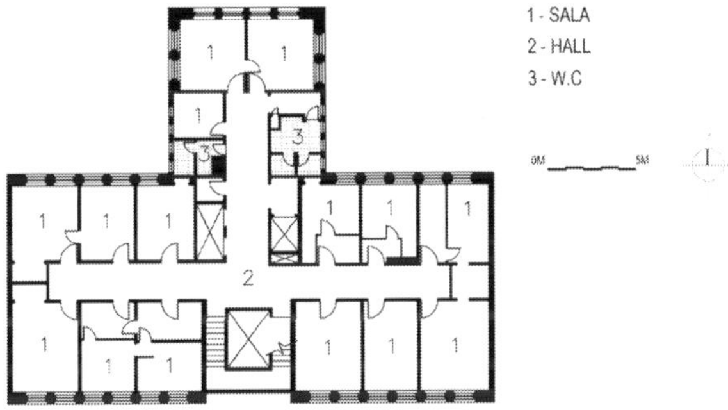

Desenho da planta do primeiro pavimento do edifício SULACAP de Juiz de Fora. FONTE: Acervo da autora, maio 2018. Desenho: Michele Teodoro.

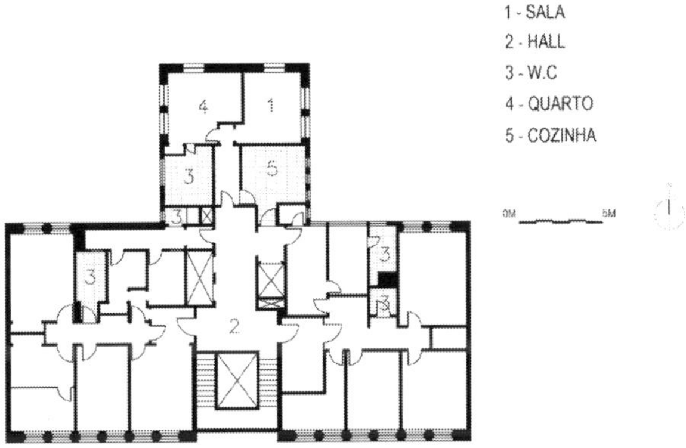

Desenho da planta do terceiro pavimento do edifício SULACAP de Juiz de Fora. FONTE: Acervo da autora, maio 2018. Desenho: Michele Teodoro.

3.3. RECIFE/PE – SUL AMÉRICA E SULACAP

Ficha técnica – Edifício Sul América

Nome original	Edifício Sul América
Nome atual	Edifício Sul América
Endereço	Praça da Independência, nº 91 (esquina com Avenida Dantas Barreto), Bairro Santo Antônio, Recife, Pernambuco
Autoria	Roberto Capello
Ano do projeto	1935
Ano de conclusão da obra/inauguração	1936 (revista *Sul América*, nº 67, Ano 17, p. 30/jul. 1936)
Construtora	–
Uso original	Comercial (lojas no térreo e salas nos pavimentos superiores)
Uso atual	Sem uso
Propriedade	Privada/ Nacional de Hotéis LTDA
Proteção/nível	1997. Imóvel Especial de Preservação (IEP) nº 58, Lei nº 16.284/1997 – municipal

Ficha técnica – Edifício SULACAP

Nome original	Edifício SULACAP
Nome atual	Edifício SULACAP
Endereço	Av. Guararapes, nº 111 (esquina com Avenida Dantas Barreto), Bairro Santo Antônio, Recife, Pernambuco
Autoria	Roberto Capello
Ano do projeto	Anterior a 1944
Ano de conclusão da obra/inauguração	1944 (Boletim *SATMA*, nºs 21 e 22, Ano IX, mar. 1949, p.7.)
Construtora	–
Uso original	Comercial (lojas no térreo e salas nos pavimentos superiores)
Uso atual	Uso comercial
Propriedade	Privada
Proteção/nível	Imóvel Especial de Preservação (IEP) nº 58, Lei nº 16.284/1997 – municipal

Edifício Sul América de Recife, 2019. FONTE: Acervo da autora, jan. 2019.

Edifício SULACAP de Recife, 2019. FONTE: Acervo da autora, jan. 2019.

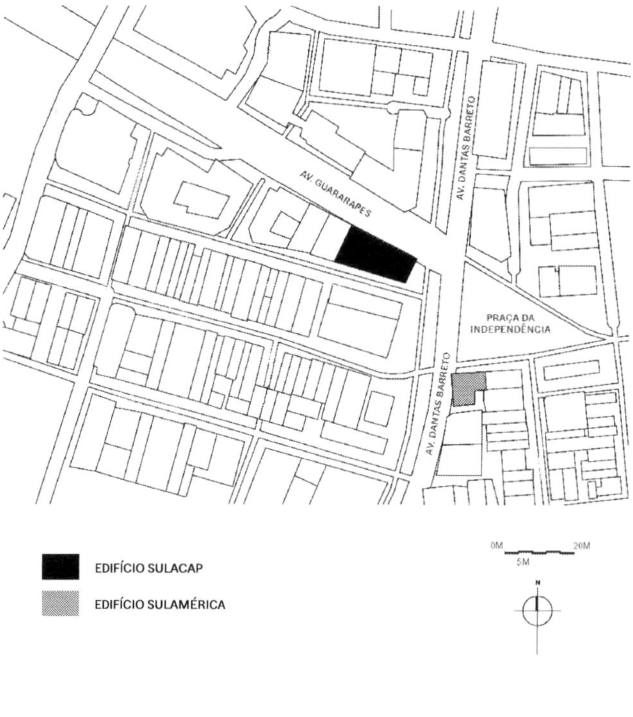

Planta de situação do Sul América e do SULACAP de Recife. FONTE: Acervo da autora, 2018. Desenho: Michele Teodoro.

A empresa Sul América iniciou suas atividades na capital pernambucana em 1916, ocupando imóveis alugados[38] até a construção da sede própria em um dos pontos mais dinâmicos da área central de Recife, na Praça da Independência, Bairro Santo Antônio.

A dinâmica do espaço remonta à antiga Maurícia do século XVII,[39] quando a região era conhecida como Ilha de Antônio Vaz. A localização estratégica da ilha em relação ao porto fez dela um importante território de expansão do incipiente núcleo urbano portuário, cujo desenvolvimento inicial se deu, principalmente, após a construção da ponte que interligou os dois núcleos principais e das obras de melhorias no espaço urbano, ações decorrentes do plano urbanístico elaborado por Pieter Post. No final da colonização holandesa, os dois núcleos já se configuravam por diversos sobrados e por uma população residente de cerca de oito mil habitantes.[40]

Como esperado, com o controle dos portugueses, as denominações das áreas foram, pouco a pouco, sendo alteradas. A Ilha de Antônio Vaz, já bastante adensada com a concentração dos principais comércios do Recife, foi dividida em Bairro Santo Antônio e Bairro São José. A Praça do Polé, que corresponde à atual Praça da Independência, foi renomeada como Praça da União, em referência à união entre portugueses e brasileiros.[41]

No final do século XIX, o entorno da Praça da Independência já estava bastante adensado, com a concentração de casas térreas e sobrados de alturas diferenciadas, testadas estreitas e sem afastamentos frontais e laterais, características que imprimiam ao lugar uma perspectiva diferenciada das demais regiões da cidade. Tal conformação arquitetônica e urbana do período resultou das ações conduzidas pela Repartição de Obras Públicas, que contava com a cooperação de diversos profissionais europeus, dentre os quais se destacou o engenheiro Louis Léger Vauthier (1815-1901).[42] As obras tinham como objetivo estruturar as áreas

38 Em 1931 a empresa estava sediada na Rua Barão de Victoria, 318. Revista *Sul América*, nº 48, Ano XII, out. 1931.

39 Maurícia foi a denominação da ilha de Antônio Vaz, que passou a ser a capital do império holandês em 1642.

40 REYNALDO, A. M. O.; ALVES, P. R. M. Origem da expansão urbana do Recife: divisão do solo e configuração da trama urbana. *In*: V SEMINARIO INTERNACIONAL EN URBANISMO, *V Seminario Internacional de investigación en Urbanismo*. Barcelona: DUOT> Universitat Politècnica de Catalunya, 2013. v. 1. p. 82.

41 A denominação atual foi alterada no século XIX em referência a esta, por sua vez alterada no século XIX para a denominação atual, na proclamação da Independência em 1822.

42 REYNALDO, A. M. O.; ALVES, P. R. M., *op. cit.*

ocupadas, instalar novos equipamentos urbanos e de serviços, além de reconfigurar as redes viárias.

Já no início do século XX, as reformas radiocêntricas do Bairro Recife refletiram diretamente na região do Santo Antônio e conduziram à elaboração de novos regulamentos para a área, o que foi levado a cabo em 1918. O novo plano, que se baseou na proposta de saneamento do engenheiro Francisco Saturnino Rodrigues de Brito (1864-1929), de 1909, alterou drasticamente a trama urbana do bairro ao abrir vias que atravessavam toda a ilha no sentido norte a sul e outras que convergiam para a Praça da Independência. Essas transformações urbanísticas foram graduais, porém a proposta da hierarquia espacial para a região confirmou a centralidade dos bairros Recife e Santo Antônio nas décadas seguintes.

No contexto das transformações urbanas, em 1919 foram atualizadas as normas de regulamentação para as futuras construções, as quais, dentre outros parâmetros, passaram a estipular uma altura mínima para as edificações construídas nas vias resultantes da nova hierarquia espacial, favorecendo a construção dos edifícios em altura. Apesar desse incentivo à verticalização, o conjunto arquitetônico da Praça da Independência pouco se alterou nas duas décadas seguintes, mantendo seus sobrados e casas térreas do início de sua ocupação.

Tudo indica que foi a normativa de 1919 que orientou o arquiteto Roberto Capello na concepção do projeto da sede Sul América. A edificação foi inaugurada em 1936, destacando-se no entorno da Praça da Independência tanto por sua altimetria quanto pela forma diferenciada do conjunto preexistente.

Desenho em perspectiva da sede Sul América de Recife/ projeto original. FONTE: Acervo Sul América.

No ano em que a sede Sul América foi inaugurada, o Clube de Engenharia de Pernambuco estruturou um novo código de obras aumentando a altimetria permitida para a área central e regulando altimetrias mais baixas para as áreas periféricas.[43] O documento também introduziu a taxa de ocupação do lote, até então inexistente, que seria variável de acordo com as quatro zonas pré-definidas.

Novas mudanças no código foram implementadas em 1937, as quais dirigiam-se especificamente aos aspectos arquitetônicos e estéticos da futura Avenida Guararapes, onde futuramente a outra sede do grupo empresarial seria construída, o edifício SULACAP. A legislação controlava o alinhamento das fachadas dos novos edifícios, a volumetria uniforme dos blocos e exigia uma altura mínima de oito pavimentos, com escalonamentos dos andares a partir desta altura, além de galerias cobertas com cinco metros de largura no nível da rua.[44]

Desenho em perspectiva do Edifício SULACAP de Recife/projeto original. FONTE: Acervo Sul América.

Nos anos seguintes da promulgação desse código, a região do Santo Antônio parecia um canteiro de obras. A nova administração instituída pelo Estado

43 MOREIRA, Fernando. A transformação do bairro de Santo Antônio no Recife (1938-1949). *In*: SEMINÁRIO DE HISTÓRIA DA CIDADE E DO URBANISMO, XIV, 2016, São Carlos. *Cidade, Arquitetura e Urbanismo*: visões e revisões do século XX. Anais eletrônicos. Disponível em: http://www.iau.usp.br/shcu2016/anais/wp-content/uploads/pdfs/31.pdf. Acesso em: 02 set. 2018.

44 MOREIRA, *op. cit.*

Novo empreitou a abertura da via 10 de novembro (atual Av. Guararapes),[45] já prevista nos planos anteriores, resultando na demolição de vários quarteirões do entorno. Apesar da abertura da grande avenida, nos anos seguintes a esperada verticalização não se efetivou, provavelmente devido à instabilidade econômica que se instaurou no período da Segunda Guerra.

No ano de 1944, o edifício SULACAP é inaugurado na então Avenida 10 de Novembro, no entorno da Praça da Independência. Seu aspecto arquitetônico, com escalamento dos últimos andares e galeria para pedestre coberta por marquise, indica que Capello baseou-se na norma de 1937, e não naquela que norteou o projeto da sede Sul América. Com a região ainda pouco verticalizada, as duas sedes passam a dividir o protagonismo na paisagem urbana.

A construção em altura na região da Praça da Independência somente teve impulso de fato após a liberação da altimetria nas principais vias do entorno pelo novo código de obras de 1946. Nesse contexto, a Av. Guararapes passa a ser ladeada por significativos edifícios em altura. Em 1950, foi erguida a sede do Banco Hipotecário Brasileiro, também do grupo Sul América, com vinte e dois pavimentos.

A despeito do incentivo à verticalização e das propostas da remodelação morfológica do entorno com a derrubada de quarteirões, os planos reguladores levavam em conta, com frequência, a manutenção dos edifícios excepcionais, como os de uso religioso e aqueles protegidos pelos órgãos de preservação. É oportuno mencionar que nos primeiros anos de atuação do IPHAN em Pernambuco, o patrimônio de Recife foi alvo de amplas discussões que resultaram em diversos tombamentos isolados.

Para a construção das sedes Sul América e SULACAP, o grupo empresarial adquiriu os antigos prédios de nºs 87 e 95 da antiga Rua Segismundo Gonçalves e o edifício nº 21 da então Rua Laranjeiras, respectivamente.

Em 1936, a inauguração da sede Sul América foi anunciada pelo periódico da empresa:

> Vae assim ficar a capital de Pernambuco enriquecida com um importante imóvel e a Sul America terá retribuido de algum modo a confiança que aquelle povo em todos momentos testemunhou à Companhia. [...] reproduzimos a perspectiva do futuro edificio, como o concebeu o architecto Roberto Capello[...]. (revista *Sul América*, nº 67, Ano 17, jul. 1936, p. 30.)

45 A abertura da Av. Dantas Barreto já estava prevista no plano de 1932, porém a empreitada iniciou-se apenas em 1943 e efetivou-se após transcorridas as três fases, cada uma em períodos distintos. Para tanto, novas demolições foram necessárias, arrasando uma quantidade significativa de casarios e sobrados coloniais. Fonte: PONTUAL, Virginia; PEREIRA, J. M. *As práticas do urbanismo modernista e da conservação urbana na cidade do Recife*: dilemas, confrontos e o plano de gabaritos de 1965. Oculum Ensaios (PUCCAMP), v. 13, 2011. p. 98-111.

Considerado um dos primeiros edifícios verticais de escritórios de Recife, o Sul América abrigou nas primeiras décadas de sua existência a sucursal da empresa e o consulado dos Estados Unidos. Com a venda das propriedades da empresa na década de 1960, o edifício foi adquirido pelas Casas José Araújo e, posteriormente, pela Empresa Nacional de Hotéis LTDA, atual proprietária.[46]

O edifício, que estava sem uso desde 1995, foi ocupado em 2018 por integrantes do Movimento dos Trabalhadores Sem Teto (MTST), que batizaram a ocupação com o nome da vereadora Marielle Franco, assassinada no Rio de Janeiro em março do mesmo ano. O Movimento deixou o edifício em 06 de abril de 2019 em função da precariedade de suas instalações prediais.[47] Durante o processo de ocupação, a administração municipal publicou o decreto nº 31.671/2018, prevendo a desapropriação de imóveis abandonados e não ocupados, que resultou no início de vistorias pela área central para o levantamento de edificações abandonadas e com dívidas com a prefeitura municipal.

Em 1944, foi a vez da inauguração da SULACAP. As instalações da empresa ocuparam o quinto andar do edifício, conforme informou o *Boletim SATMA*:

> Em 1944 inaugurava a SULACAP o seu majestoso edifício à Av. Guararapes, 111, para onde passou a Sucursal, que ocupa atualmente a ala norte do 5º andar.[48]

Em 1997 as duas sedes foram classificadas como Imóvel Especial de Preservação (IEP) por meio da Lei nº 16.284/1997,[49] que confere exemplaridade aos edifícios no contexto do patrimônio histórico e artístico da cidade do Recife. Essa tutela não é acompanhada dos estudos detalhados e apropriados para sua proteção, entretanto define algumas diretrizes para a sua salvaguarda, bem como benefícios fiscais aos proprietários, vinculados à sua preservação.

46 Segundo Rodrigo Cantarelli Rodrigues, em entrevista para o jornal *Diário de Pernambuco*. Disponível em: https://www.diariodepernambuco.com.br/noticia/vidaurbana/2018/03/ocupacao-marielle-franco-no-centro-do-recife-e-feita-em-imovel-de-pr.html. Acesso em: 15 jan. 2020.

47 Disponível em: http://marcozero.org/moradores-deixam-ocupacao-marielle-franco-no-centro-do-recife/. Acesso em: 15 jan. 2020.

48 Boletim *SATMA*, nºs 21 e 22, Ano IX, mar. 1949, p. 7.

49 https://leismunicipais.com.br/a1/pe/r/recife/lei-ordinaria/1997/1628/16284/lei-ordinaria-n-16284-1997-define-os-imoveis-especiais-de-preservacao-iep-situados-no-municipio-do-recife-estabelece-as-condicoes-de-preservacao-assegura-compensacoes-e-estimulos-e-da-outras-providencias. Acesso em: 15 jan. 2020.

Prospecções arquitetônicas e urbanísticas do entorno

As análises realizadas por meio da comparação entre o projeto arquitetônico original e o estado atual das edificações concluíram que em relação a suas volumetrias, partido arquitetônico e fachadas não ocorreram alterações significativas e que descaracterizassem as propostas iniciais do arquiteto Roberto Capello. Observa-se, apenas, uma sutil diferença entre a perspectiva do projeto do SULACAP e o edifício construído: a ausência de uma janela no pavimento referente no coroamento da fachada principal, possivelmente eliminada em intervenções posteriores.

Já o estudo relativo à Praça da Independência revelou que na década de 1930, quando a sede Sul América foi projetada e construída, o entorno imediato era predominantemente composto por edificações de baixa altimetria, padrão que se manteve relativamente até a década de 1950, quando o SULACAP foi inaugurado. Até esse período, o conjunto arquitetônico predominante ainda era composto pelos tipos sobrados com suas janelas rasgadas e parapeitos sacados, tipologia singular remanescente do período de ocupação do núcleo urbano. O processo de verticalização da área, verificado a partir da promulgação do código de obras de 1946, alterou relativamente a paisagem urbana, apesar dos novos edifícios em altura dividirem o espaço com algumas estruturas arquitetônicas do passado colonial. A manutenção parcial de tais características não foi espontânea, de outro modo, decorreu das atuações dos preservacionistas ao longo de aproximadamente cinquenta anos de atuação na área.

A criação em 1928 da Inspetoria Estadual de Monumentos Nacionais (antes, portanto, da publicação do conhecido decreto federal nº 25/1937) desempenhou um papel crucial na valorização do centro histórico. Essa preocupação tornou-se mais evidente em 1931, com a emissão do relatório da Subcomissão de História e Tradição e Monumentos pelo Instituto Arqueológico, Histórico e Geográfico de Pernambuco, que resultou nos primeiros tombamentos isolados na cidade de Recife.[50]

50 REYNALDO, A. M. O.; ALVES, P. R. M., *op. cit.*

Cartão postal do entorno da Praça da Independência na década de 1960. À direita está o edifício Sul América. FONTE: Acervo pessoal.

No processo de alteração mais significativa da paisagem urbana e arquitetônica, a Igreja Santo Antônio passou a dividir seu protagonismo com as novas tipologias funcionais e formais; outras tipologias desapareceram; a área da praça foi aumentada com a demolição da totalidade de um quarteirão e novos eixos viários foram abertos. O edifício Sul América esteve presente praticamente em todo o curso dessa reurbanização, incluindo o processo de abertura da Avenida Dantas Barreto, quando o bairro Santo Antônio adquiriu novos ares de modernidade, com a construção de edifícios em altura e de linguagem racionalista.

Cartão postal do entorno da Praça da Independência na década de 1950. À direita está o edifício Sul América, ao lado da Igreja Santo Antônio. FONTE: Acervo pessoal.

Já a construção do SULACAP iniciou-se com as transformações no Bairro Santo Antônio quase que totalmente consolidadas – com exceção da abertura da Av. Guararapes –, o que possivelmente justificou a proposta projetual de Capello de promover uma perspectiva mais imponente para esse edifício a partir da praça já ampliada.

Como indicado, o novo regulamento urbanístico implementado em 1946 favoreceu a construção do tipo arquitetônico em altura, até então representado por poucos edifícios no Bairro Santo Antônio. A normativa estipulou um número mínimo de oito pavimentos para as novas construções,[51] e, a despeito da consolidação ter sido lenta, essa legislação possibilitou, juntamente com o advento das novas técnicas e linguagens arquitetônicas, a composição do cenário atual.

Relação dos edifícios com o entorno

> Há obras que constituem um acontecimento urbano originário na constituição urbana e que permanecem e se caracterizam no tempo, transformando a sua função ou negando a função original até constituir um trecho da cidade, tanto que os consideramos mais do ponto de vista tipicamente urbano do que do ponto de vista da arquitetura. Há obras que assinalam uma nova constituição, são o signo de novos tempos na história urbana; elas são, na maior parte, ligadas a períodos revolucionários, a acontecimentos decisivos no curso histórico da cidade.
>
> ALDO ROSSI, 1966.[52]

Conforme apontando, os edifícios SULACAP e Sul América de Recife foram construídos em terrenos vizinhos, no entorno da Praça da Independência, no Bairro Santo Antônio, região central da cidade, destacando-se, por muitos anos, como os edifícios mais altos e modernos da região.

No ano de 1936, quando o edifício Sul América foi inaugurado, o entorno da praça já era considerado um dos pontos mais dinâmicos da área central e com maior potencialidade de convergência de usuários,[53] características que ainda são verificadas na atualidade, apesar da existência de outros núcleos centrais provenientes da expansão urbana para outras regiões. Porém, apesar da manutenção da dinamicidade da área, o conjunto arquitetônico e urbanístico do período da construção do Sul América modificou-se pouco a pouco com as ações

51 MOREIRA, Fernando. A transformação do bairro de Santo Antônio no Recife (1938-1949). *In*: SEMINÁRIO DE HISTÓRIA DA CIDADE E DO URBANISMO, XIV, 2016, São Carlos. *Cidade, Arquitetura e Urbanismo*: visões e revisões do século XX. Anais eletrônicos. Disponível em: http://www.iau.usp.br/shcu2016/anais/wp-content/uploads/pdfs/31.pdf. Acesso em: 02 set. 2018.

52 ROSSI, 1995, p. 167.

53 REYNALDO, A. M. O.; ALVES, P. R. M. Origem da expansão urbana do Recife: divisão do solo e configuração da trama urbana. *In*: V SEMINARIO INTERNACIONAL EN URBANISMO, *V Seminario Internacional de investigación en Urbanismo*. Barcelona: DUOT> Universitat Politècnica de Catalunya, 2013. v. 1. p. 82.

decorrentes dos planos de urbanização e dos códigos de obras implementados pelas gestões municipais.

Ao contrário do Sul América, o SULACAP foi construído em um espaço urbano praticamente consolidado pelas reformas anteriores, mas ainda no contexto de uma área pouco verticalizada, processo que se intensificou apenas nos anos seguintes à sua inauguração.

Nos anos seguintes à década de 1970, a Praça da Independência e seu entorno imediato passaram por um adensamento significativo, resultando no atual espaço urbano desordenado, que dificulta sobremaneira a leitura do seu conjunto arquitetônico.

Diante desse cenário, conclui-se que a relação dos edifícios-sede da empresa com o entorno alterou-se relativamente no decorrer dos anos, sobretudo em relação ao Sul América, edificado antes das drásticas alterações relatadas. Construído em lote originário da urbanização colonial, em quarteirão delimitado por vias estreitas e inaugurado ainda quando a praça era conformada por uma área reduzida, as aberturas das vias e a ampliação do espaço público alteraram significativamente a percepção do seu edifício em sua ambiência. Tais modificações destacaram ainda mais o edifício, ampliando sua visada, antes prejudicada. Em relação ao SULACAP, já construído após a ampliação da área da Praça, a relação com o entorno praticamente não se modificaria se não fosse o processo de verticalização da Avenida Guararapes a partir da década de 1950.

Análise formal

> A intenção plástica que semelhante escolha subentende é precisamente o que distingue a arquitetura da simples construção.
>
> LUCIO COSTA, 1980.[54]

Edifício Sul América

O edifício Sul América de Recife foi implantado de maneira a ocupar quase que a totalidade da área do terreno retangular resultante das demolições das edificações preexistentes. A planta seguiu o formato "L", e a área residual foi utilizada para ventilação e iluminação das unidades superiores. As duas quinas chanfradas

54 COSTA, Lucio. *Arquitetura*. Rio de Janeiro: José Olympio, 2011. p. 20.

na face voltada para a Av. Dantas Barreto indica uma especificidade de tratamento plástico um tanto quanto singular tendo em vista que, na ocasião da elaboração do projeto arquitetônico, essa solução seria pouco notada em função do campo de visão limitado, feito por uma ruela que separava o terreno do quarteirão defronte, cujas edificações foram demolidas para dar lugar à Av. Dantas Barreto.

A perspectiva do projeto arquitetônico original fornece indícios de que o arquiteto previu apenas um único chanfro na fachada – no encontro das duas vias – de forma a marcar a esquina e proporcionar uma visada expressiva da edificação pela Praça da Independência. Essa possível alteração do projeto original sugere que Capello, ao tomar conhecimento da futura demolição do quarteirão vizinho para a abertura da Av. Dantas Barreto, tenha alterado o desenho de forma a conferir um novo destaque para o edifício, não só no contexto da praça, como também na futura avenida.

Com volumetria de sete pavimentos, o edifício era considerado na época de sua construção um dos mais altos do entorno, destacando-se tanto pela sua altimetria quanto pela sua forma racionalizada em detrimento do conjunto arquitetônico composto, em sua maioria, por estruturas arquitetônicas remanescentes do período colonial. A solução tripartida foi sutilmente resolvida no edifício pela separação da base do corpo principal por meio de uma marquise arredondada, que, por sua vez, é separado do coroamento por uma espécie de cornija ressaltada dos panos das fachadas, ambos os elementos contornando apenas as três fachadas principais. A massa prismática pesada é neutralizada pelas linhas horizontais em alto relevo, que conformam as sobrevergas das janelas.

Vista do Sul América a partir da Praça da Independência. FONTE: Acervo da autora, jan. 2019.

De todas as fachadas do edifício, apenas três possuem um tratamento plástico mais apurado, com frisos horizontais em alto relevo, delimitando os vãos de janelas. Dessas três fachadas, as duas voltadas para a praça e para a Avenida Dantas Barreto são as de maior destaque, já que a visibilidade da terceira é prejudicada pelo edifício Antônio Barbosa, construído posteriormente. Nota-se, inclusive, um desalinhamento entre as fachadas dos edifícios, resultado, provavelmente, das configurações dos novos lotes decorrentes da abertura da Dantas Barreto.

Fachada da Avenida Dantas Barreto. FONTE: Acervo da autora, jan. 2019.

A base da edificação está protegida por uma marquise que avança e percorre as três fachadas mais trabalhadas do volume. Assim como a maioria dos edifícios-sede da empresa, os modelos das esquadrias contribuem para a composição da forma. As janelas têm tipologia única, com veneziana em madeira e bandeira independente, separada da janela por dois frisos horizontais em alto relevo, os quais fazem o papel de sobreverga. O acesso principal ao edifício acontece por uma portada em ferro localizada na fachada voltada para a praça. A cobertura é feita em laje plana, de onde sobressai o volume composto pela casa de máquinas e caixa d'água.

Edifício SULACAP

O edifício SULACAP foi construído em terreno de forma trapezoidal, conformado pela Avenida Dantas Barreto, Praça da Independência, Rua Matias de Albuquerque e pela face de divisa com o terreno vizinho. Sua implantação segue a forma do terreno e a solução de criar dois fossos de ventilação resultou na planta em "A".

Com volumetria resolvida pela mesma solução tripartida, o edifício tem a base com pé-direito duplo, recuada do corpo principal de forma a compor uma galeria coberta para pedestres. O corpo, com seis pavimentos, é finalizado por uma cimalha em alto relevo. Já o coroamento é composto por dois pavimentos escalonados e recuados do corpo principal, além do volume composto pela casa de máquinas dos elevadores e pela caixa d'água. Conforme mencionado, a solução de escalonamento do volume e da galeria de pedestre decorreu, ao que tudo indica, das prerrogativas do código de obras de 1936, alterado posteriormente em 1937, os quais contribuíram de certa forma para a composição das estruturas arquitetônicas na região do Santo Antônio. A mesma solução de escalonamento foi adotada no edifício limítrofe, o que contribuiu para a harmonia do conjunto.

Coroamento do edifício SULACAP. FONTE: Acervo da autora, jan. 2019.

O tratamento das fachadas foi mais apurado naquela voltada para a Praça da Independência. As laterais possuem tratamento plástico similar à principal, mas diferem-se entre elas pelo número maior de vãos da fachada da Matias de Albuquerque. Os ornamentos externos resumem-se a frisos verticais em alto relevo, que se unem no último pavimento do corpo de forma a compor um enquadramento para a última linha de janelas, formando sobrevergas.

Executadas em madeira, as janelas são do tipo guilhotina e dotadas de bandeiras. Abaixo de todas as janelas das fachadas laterais está presente uma espécie de seteira horizontal, que auxilia na ventilação natural das salas. Com o propósito de marcar a fachada principal, as janelas centrais são diferenciadas pela divisão tripartida decorrente da presença dos frisos verticais. Esse eixo central de janelas prolonga-se acima do corpo, compondo o coroamento, o qual finaliza com uma platibanda composta por cornijas.

Apesar do destaque da fachada voltada para a praça, a portada de acesso principal está localizada na Av. Guararapes, com fechamento em grade de ferro.

Análise funcional

> Por outro lado, essas coisas deverão ser realizadas de modo a que se tenham presentes os princípios da solidez, da funcionalidade e da beleza.
>
> VITRÚVIO, 27 A.C.[55]

No final do século XIX, os bairros Santo Antônio e Recife receberam uma nova estrutura de transportes e saneamento, favorecendo a instalação de novas tipologias funcionais, como os edifícios públicos e comerciais, reafirmando a centralidade da região. No século seguinte, o arquiteto Nestor de Figueiredo analisou exaustivamente o Bairro de Santo Antônio em 1931, em especial o papel desempenhado pela Praça da Independência e seu problema em relação à alta circulação de veículos, análises que serviram de base para as legislações urbanísticas que seriam implementadas no futuro próximo.

Desenho da fachada principal do SULACAP. FONTE: Acervo da autora, 2018. Desenho: Michele Teodoro.

No período de sua análise, o Bairro Santo Antônio caracterizava-se com um dos principais centros geográficos da cidade, concentrando a maioria das instituições bancárias, equipamentos públicos e religiosos, de lazer e serviços diversificados, servindo também de passagem para a área portuária da ilha e

55 *Tratado de Arquitetura/Vitrúvio*; tradução, introdução e notas de M. Justino Maciel. São Paulo: Martins, 2007, p. 81.

para as novas áreas residenciais. Tal dinâmica certamente influenciou a escolha dos terrenos para a construção das futuras sedes da empresa, como aconteceu nas outras cidades onde os demais edifícios foram construídos.

Hall do edifício SULACAP.
FONTE: Acervo da autora, jan. 2019.

O Sul América e SULACAP de Recife, ambos de uso comercial, foram construídos no contexto das transformações urbanísticas implementadas na região ao longo das décadas de 1930 a 1950. Esta tipologia funcional era considerada uma novidade para a época e veio para suprir a nova ordem institucional com o processo de diversificação das novas demandas sociais.

A ausência do projeto original e de qualquer registro cadastral do edifício Sul América, tanto na Prefeitura Municipal quanto na historiografia relacionada, impediu a análise de suas plantas. A despeito de sua proteção municipal, o acervo referente ao imóvel na Diretoria de Preservação do Patrimônio Cultural (DPPC) de Recife continha apenas fotografias das fachadas e a ficha de inventário.[56] Na ocasião da visita *in loco*, o edifício estava isolado pela ocupação Marielle Franco e o acesso às suas dependências internas não foi permitido.

56 Em resposta ao e-mail encaminhado para a Diretoria de Preservação do Patrimônio Cultural de Recife, recebi da sra. Maria Falcão S. da Cunha, Gestora da Unidade de Documentação do Patrimônio Cultural Material, o material referente ao edifício, composto apenas por imagens externas. Depois disso, abri um protocolo na Prefeitura Municipal, cuja resposta indicou a inexistência dos projetos originais de ambos os edifícios, mas sinalizou a ocorrência de um projeto de reforma do SULACAP, o qual foi utilizado para a análise e redesenho das plantas.

Já em relação ao SULACAP, a despeito da administração do condomínio também impedir o acesso ao edifício, sua análise foi possível graças ao projeto de reforma datado de 1962, arquivado no acervo da Prefeitura Municipal. Seu pavimento térreo, de pé direito duplo, é composto pelo hall de entrada com paredes revestidas em mármore, além das lojas com acesso exclusivo pelas ruas, aspectos existentes em todas as sedes estudadas.

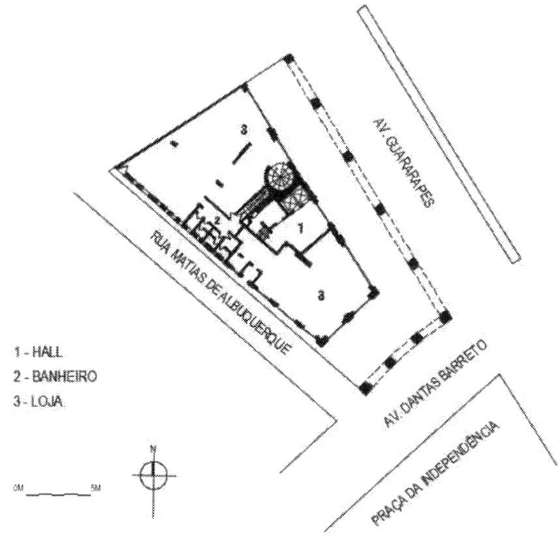

Pavimento térreo do SULACAP de Recife. FONTE: Acervo da autora, 2018. Desenho: Michele Teodoro.

Nesse edifício, o recuo do pavimento térreo em relação ao corpo principal gerou uma galeria para pedestres que percorre toda a fachada da Av. Guararapes e a fachada voltada para a praça. Seu subsolo contém a caixa d'água e uma caixa forte. Nos pavimentos tipos, a planta foi resolvida em forma de "A", centralizando as circulações verticais e banheiros, onde também estão dois vãos de iluminação, em torno dos quais estão distribuídas as salas comerciais.[57]

57 Apesar das incessantes buscas, o projeto do edifício da sede Sul América não foi localizado. Em relação ao SULACAP, a Regional Centro Oeste continha as peças gráficas referentes à aprovação de uma reforma na década de 1960, as quais foram consultadas pessoalmente por Hailton Soares da Silva Junior, aluno do curso de arquitetura da Universidade Federal de Recife. As pranchas existentes contemplavam apenas os pavimentos térreo, subsolo e tipo, os quais foram redesenhados pela estudante de arquitetura Michele Teodoro, sob a coordenação da autora.

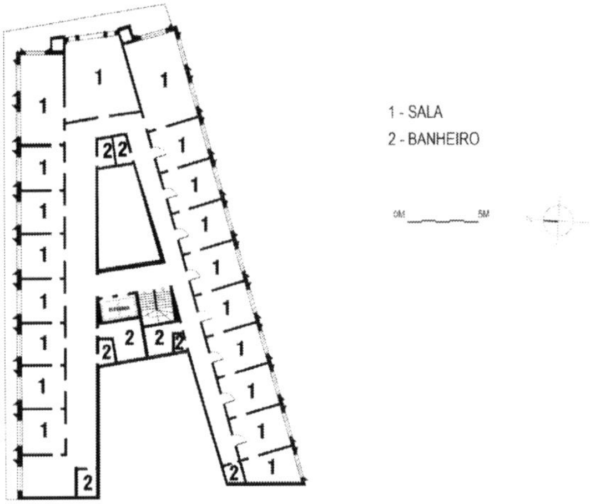

Planta pavimento tipo do SULACAP de Recife. FONTE: Acervo da autora, 2018. Desenho: Michele Teodoro.

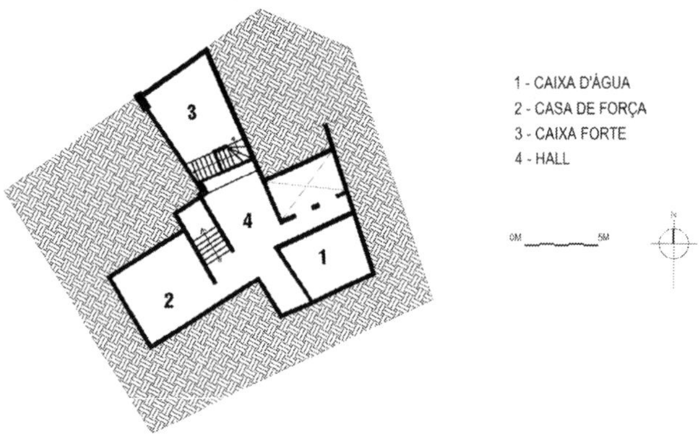

Planta subsolo do SULACAP de Recife. FONTE: Acervo da autora, 2018. Desenho: Michele Teodoro.

3.4. PORTO ALEGRE/RS – SUL AMÉRICA E SULACAP

Ficha técnica – Edifício SULACAP

Nome original	Edifício SULACAP
Nome atual	Edifício SULACAP
Endereço	Av. Borges de Medeiros, entre a Rua dos Andradas e Av. Salgado Filho, Centro, Porto Alegre, RS
Autores	Roberto Capello e Arnaldo Gladosch (?)
Ano do projeto	1942 (Projeto publicado na revista *Sul América*, maio de 1942, ano VI, nº 69)
Ano de conclusão da obra/inauguração	1949 (*Jornal do Dia*, Porto Alegre, 20 de setembro de 1949, p. 3, edição 00799)
Construtora	Azevedo Moura & Gertum (CANEZ, 2006)
Uso original	Misto
Uso atual	Misto
Propriedade	Privada (condomínio)
Proteção/nível	Inserido na área de tombamento municipal da Esquina Democrática (1997)

Ficha técnica – Edifício Sul América

Nome original	Edifício Sul América
Nome atual	Edifício Sul América
Endereço	Av. Borges de Medeiros, nº 417, esquina com Rua dos Andradas, Centro, Porto Alegre, RS
Autores	Roberto Capello e Arnaldo Gladosch (?)
Ano do projeto	1938-1940 (CANEZ, 2006)
Ano de conclusão da obra/inauguração	29 de outubro de 1940 (CANEZ, 2006)
Construtora	?
Uso original	Comercial
Uso atual	Misto (lojas no térreo e apartamentos nos andares superiores)
Propriedade	Privada (condomínio)

SULACAP de Porto Alegre. FONTE: Acervo da autora, 2018.

Edifício Sul América de Porto Alegre, cartão postal. FONTE: Acervo pessoal.

Planta de situação do Sul América e SULACAP de Porto Alegre. FONTE: Acervo da autora, 2018. Desenho: Michele Teodoro.

No ano de 1928, a revista *Sul América* informou em seu balanço anual a relação compositiva do patrimônio imobiliário da empresa. Nesse documento foi comunicado que, até aquele ano, o patrimônio era composto por quatro edifícios localizados no Rio de Janeiro, além da sede da sucursal em São Paulo (em construção) e o edifício da sucursal de Porto Alegre (em reforma), esse localizado na Rua General Câmara, nº 352.[58] Tudo indica que a Sul América funcionou nesse imóvel até a inauguração da nova sede na Av. Borges de Medeiros, em 1940. Em algum momento, o antigo edifício foi alienado para o governo do Estado, sendo posteriormente abandonado e, em sequência, ocupado pelos movimentos sociais, até o governo decidir restaurá-lo, em 2018.

Além da sede Sul América, a empresa também construiu na mesma Av. Borges de Medeiros o edifício SULACAP, cujo projeto arquitetônico foi publicado em maio de 1942 na revista *Notícias do SULACAP*:

> Temos o grande prazer de apresentar a todos os Colaboradores de Sulacap, o projeto do Edifício Sulacap que em breve se erguerá em Porto Alegre, como mais um robusto marco da sua pujança. A fachada tem uma extensão de 82 metros, sôbre a Avenida Borges de Medeiros, e forma esquina com a Avenida dos Andradas, antiga rua da Praia, e a Avenida Dez de Novembro, antiga rua Andrade Neves [...]. A Pedra Fundamental deste monumento será lançada em breve, a fim de cooperar o mais cedo possível no embelezamento desta importante cidade.[59]

Conforme mencionado no "Capítulo 1", Anna Paula Canez[60] registrou que "ambos os edifícios foram projetados por Arnaldo Gladosch no escritório técnico de Roberto Capello", informação que contestei a partir dos fatos já apresentados, quando atribuí a coautoria ao arquiteto Roberto Capello.

Fato é que, no final da década de 1940, Porto Alegre já contava com as duas sedes próprias, uma defronte à outra, na Av. Borges de Medeiros, na área conhecida como Esquina Democrática, cuja importância histórica e cultural no espaço urbano da cidade foi um dos principais parâmetros para sua proteção municipal no ano de 1997.

58 Revista *Sul América*, nº 35, Ano 9, jul. 1928. p. 11.

59 Revista *Notícias do SULACAP*, nº 69, Ano 6, maio de 1942.

60 CANEZ, *op. cit.* p. 27.

Perspectiva do Projeto do SULACAP de Porto Alegre. FONTE: Acervo Sul América.

SULACAP de Porto Alegre, década de 1940. FONTE: https://prati.com.br/porto-alegre/porto-alegre-avenida-borges-de-medeiros-edificio-sulacap-1947.html. Acesso em: nov. 2019.

O processo de verticalização da área central de Porto Alegre, onde as duas sedes foram construídas, teve início no final da década de 1920, com a substituição do casario antigo por edifícios de maior altura e com tecnologia construtiva mais avançada. Tal processo foi incentivado pela Lei municipal nº 180/1927, que concedia vantagens fiscais para os incorporadores que construíssem prédios acima de seis andares.[61] O novo tipo construtivo, que aos poucos substituiu as edificações de aspectos coloniais, se erguia nos lotes maiores incorporados pelo remembramento dos terrenos originários, destacando-se no entorno enquanto o processo de verticalização não avançava. Foi assim com a construção da sede da Sul América. Nenhuma preocupação urbanística estava incorporada a essas novas construções, e o processo seguia o seu curso tendo como mote a modernização das estruturas arquitetônicas e da cidade. Sobre alteração do cenário urbano na década de 1930, discorreu Abreu Filho:

> [...] no início dos anos 30 a paisagem urbana começou a se modificar, com a construção dos primeiros edifícios acima de dez andares, como o Cine Teatro Imperial (1929) na Praça da Alfândega e no Novo Hotel Jung (1929-32) na Praça XV de Novembro, ambos no centro. [...] Entretanto, é a partir da década de 50 que Porto Alegre, assim como outras capitais brasileiras, vai conhecer um verdadeiro *boom* imobiliário.[62]

Antes disso, pode-se dizer que Porto Alegre adentrou o século XX ainda com ares provinciais, a despeito de uma incipiente industrialização no final do século XIX, resultante da acumulação de capital oriunda do comércio de produtos agrícolas, que promoveu o aumento significativo da população no início do novo século. Diante desse novo cenário, surgiu a necessidade de modernizar a estrutura urbana, levando o governo a contratar o engenheiro-arquiteto João Moreira Maciel para integrar a comissão de melhoramentos urbanos, então liderada pelo engenheiro Jorge de Lossio.[63] Maciel foi responsável por elaborar o Plano Geral de Melhoramentos para Porto Alegre de 1914, o qual ficou popularmente conhecido por Plano Maciel, cujo conteúdo incluía, dentre outras ações, o alargamento de vias e o saneamento da orla. Segundo Abreu Filho, "o Plano orientou por várias décadas a transformação física da cidade, mudando a face do centro, legou diretrizes seguidas pelos planos que o sucederam, e deixou traços de grande permanência".[64] Antes mesmo da implantação do Plano, a referida comissão aprovou o "Regulamento Geral Sobre Construções", documento que passou a exigir licença

61 ABREU FILHO, *op. cit.*

62 ABREU FILHO, *op. cit.*, p. 215.

63 *Ibid.*

64 *Ibid.* p. 32.

prévia para as novas construções e que definiu, inclusive, a altimetria da edificação em relação à largura da via, além de proibir a construção de casas térreas e casas de madeira nas principais vias, de forma a incentivar a modernização da imagem urbana. Tal Plano serviu de orientação para as futuras intervenções das administrações seguintes, as quais continham em seus ideais a renovação urbana e o embelezamento da cidade de Porto Alegre.[65]

Durante a gestão municipal de Otávio Rocha (1924/1928), foi iniciada a abertura da Avenida Borges de Medeiros com o objetivo de melhorar a mobilidade entre a área central e a zona sul. Embora a avenida tenha sido consolidada anos depois, sob a administração de Loureiro da Silva, sua idealização já constava no Plano Geral de Melhoramentos de 1914.

A verticalização iniciou-se tendo como mote a modernidade e o futuro, com a concentração, nas principais vias, de edifícios que indicavam o novo modo de vida que estava por vir, com áreas comerciais em suas bases, escritórios e apartamentos nos pavimentos superiores, introduzindo o tipo misto até então ausente na capital.

Após a gestão de Otávio Rocha, seu vice, Major Alberto Bins, assumiu o cargo e deu continuidade à gestão anterior, convidando Alfred Agache para elaborar o projeto do Parque da Várzea. Em sua gestão, os engenheiros Edvaldo Paiva e Ubatuba de Farias produziram o Plano de Avenidas, posteriormente publicado no livro *Contribuição ao estudo de urbanização de Porto Alegre* (1938). A administração seguinte, de Loureiro da Silva (1937-1943), finalizou, portanto, a Avenida Borges de Medeiros e realizou novos estudos urbanos para a cidade, mas tendo como referência o antigo Plano de Melhoramentos, de 1914, de Maciel.[66]

Em relação aos ideais de Loureiro da Silva, comentou Abreu Filho:

> Loureiro da Silva [...] não via as coisas como Bins. Decidido a renovar a cidade e marcar época em um projeto com pretensões políticas mais ambiciosas, Loureiro assentou sua estratégia sobre a modernização física acelerada da capital, na qual nem os estudos da *Contribuição* (modestos e relativamente provincianos) nem os métodos da administração anterior tinham lugar.[67]

Para tal empreitada, o prefeito convidou Arnaldo Gladosch, arquiteto que havia desenvolvido o plano de urbanização do Rio de Janeiro em parceria com Alfred Agache. Algumas ideias previstas no Plano Diretor de Gladosch para o segmento da Borges de Medeiros foram levadas adiante nas construções

65 *Ibid.*

66 *Ibid.*

67 *Ibid.* p. 119.

posteriores, tais como a exigência de galerias de pedestres nos novos edifícios, presentes na sede da SULACAP.

A contratação do arquiteto Arnaldo Gladosch pela administração municipal contribuiu, segundo Canez,[68] para a consolidação da modernidade desejada, a despeito da não institucionalização completa do Plano, conforme apontou Abreu Filho, o qual apenas resultou em legislações dispersas. Novas vias permitiram a aceleração da verticalização e o incremento das grandes construtoras e incorporadoras imobiliárias. Destacaram-se, na área urbana, as avenidas Borges de Medeiros e Salgado Filho, com edifícios de apartamentos de alto padrão, espaços de comércio mais refinado e de atrativos culturais, características que foram se perdendo com a expansão dos bairros a partir da década de 1960.

O SULACAP, em particular, tornou-se um ícone da verticalização da Av. Borges de Medeiros, destacando-se como um marco arquitetônico tanto por sua monumentalidade quanto por sua linguagem baseada na arquitetura clássica. O mesmo não acontece com o edifício Sul América, que segue esquecido no espaço urbano porto-alegrense, a despeito de ter sido um dos primeiros edifícios em altura construídos na área central da cidade.

Originalmente construído para uso comercial, o Sul América foi reestruturado décadas após sua inauguração para se tornar um edifício de uso misto, mantendo as lojas no térreo e convertendo as salas dos andares superiores em unidades residenciais. A reforma foi realizada com base no Programa de Arrendamento Residencial (PAR) da Caixa Econômica Federal,[69] que o adaptou com apartamentos de áreas variadas.

Foi a partir da reforma para a modificação do seu uso que o edifício perdeu parte das soluções plásticas propostas pelos arquitetos, em decorrência das drásticas alterações em suas fachadas.

Prospecções arquitetônicas e urbanísticas do entorno

Os estudos relativos às prospecções arquitetônicas dos dois edifícios concluíram que, no que tange à volumetria e ao partido arquitetônico, não houve alterações significativas e que descaracterizassem a proposta inicial dos arquitetos, com exceção da fachada do Sul América, que, como mencionado, perdeu as características originais dos revestimentos de suas fachadas, o que passou a impedir a compreensão imediata do volume original.

68 CANEZ, *op. cit.*

69 *Ibid.*

No que se refere às modificações no entorno imediato, conclui-se que as alterações mais significativas estão relacionadas ao processo gradual de verticalização nas imediações, iniciado com as reformas de urbanização da área central, que resultaram na demolição de quarteirões inteiros.

Como mencionado, o processo de verticalização nessa área se deu a partir do final da década de 1920, com a substituição do casario antigo por edificações em maior altura e com tecnologia construtiva mais avançada. O edifício Sul América, primeira das duas sedes construídas, coexistiu por alguns anos com alguns exemplares da arquitetura do começo da urbanização da cidade, destacando-se no contexto urbano tanto por sua altimetria quanto por seus aspectos construtivos e pela nova tipologia de edifício empresarial. Já o SULACAP, cuja finalização da construção se deu praticamente dez anos após o Sul América, foi erguido em um contexto praticamente verticalizado, porém seu destaque se deu, sobretudo, pela sua monumentalidade, evidência que se mantém até os dias atuais.

Sul América de Porto Alegre (edifício mais alto), década de 1940. FONTE: https://antigaportoalegre.no.comunidades.net/fotos-1941-1960. Acesso em: ago.

Relação dos edifícios com o entorno

> As cidades precisam tanto de prédios antigos, que talvez seja impossível obter ruas e distritos vivos sem eles.
>
> JANE JACOBS, 1961.[70]

Como apontado, apesar do processo de melhoramentos da região central de Porto Alegre já ter sido idealizado pelos planos anteriores, como o Plano Geral de Melhoramentos de 1914 desenvolvido pelo engenheiro Moreira Maciel, as alterações foram graduais e concluídas nas gestões seguintes. O último trecho da Borges de Medeiros, entre a Rua dos Andradas e Praça Montevidéu, foi finalizado apenas na administração de Loureiro da Silva na década de 1940. Dentre as áreas que conformavam esse trecho, estava o Quarteirão Masson, cujo reloteamento foi proposto por Gladosch a partir da sobra dos terrenos resultantes da abertura da Borges de Medeiros, no qual já estavam construídos os edifícios em análise.

A nova proposta de Gladosch para os terrenos do entorno e suas diretrizes urbanísticas, apesar de não consolidadas em um Plano Diretor instituído, alteraram drasticamente o entorno, juntamente com o processo de verticalização que se verificou posteriormente, amparado pelas legislações urbanísticas e com o aquecimento do mercado imobiliário, fatores que alteraram consideravelmente a relação das duas sedes com o entorno imediato. Essa alteração foi mais intensa em relação ao Sul América, uma vez que, construído antes do SULACAP, dividiu o espaço, por um tempo considerável, com as estruturas arquitetônicas da ocupação original, destacando-se delas pela sua altimetria e pela composição plástica moderna.

Análise formal

> A forma arquitetônica de um fenômeno é, por um lado, o modo como as partes e os estratos estão dispostos, mas também o poder de comunicação daquela disposição. Estes dois aspectos estão sempre presentes, enquanto não existe objeto sem forma, esta possui poderes de comunicação estética dispostos em níveis muito diferenciados. Poder-se-ia chamar forma ao primeiro aspecto e figura ao segundo. [...] É, portanto, a partir da figura que podemos descobrir o sentido do fenômeno e reconstruir sua totalidade, a pluralidade de seus elementos constitutivos, de suas propostas.
>
> VITTORIO GREGOTTI, 1969.[71]

70 JACOBS, Jane. *Morte e vida de grandes cidades*. São Paulo: Martins Fontes, 2000. p. 207.

71 GREGOTTI, Vittorio. *Nuevos Caminos de La Arquitectura Italiana*. Barcelona: Editorial Blume, 1969.

Edifício SULACAP

SULACAP de Porto Alegre. FONTE: Acervo da autora, 2018.

O edifício SULACAP de Porto Alegre foi implantado de maneira a ocupar a totalidade do terreno, cuja área é resultante da metade longitudinal do quarteirão conformado pela Av. Borges de Medeiros, Av. Senador Salgado Filho, Rua dos Andradas e Rua Mal. Floriano Peixoto.

A planta, que segue o formato retangular do lote e sem afastamentos, gera volumes diferenciados pela variação das altimetrias, conferindo ao edifício uma dinâmica que suaviza sua massa sólida e pesada, resultante da monumentalidade da construção. A despeito da diferença de altura entre os volumes, há um equilíbrio entre as partes, permitindo a leitura conjunta do edifício. Esse recurso projetual e compositivo marcou definitivamente o espaço urbano da região central de Porto Alegre, conhecido como Esquina Democrática.

A solução tripartida do conjunto é quase despercebida pelo jogo de alturas. Dos quatro volumes diferenciados, três apresentam em comum a mesma base e o corpo, e o quarto, localizado na esquina da Av. Borges de Medeiros com Rua dos Andradas, desprende-se do corpo principal pelo recuo de plano em relação à Av. Borges de Medeiros.

O volume mais alto, que corresponde originalmente à torre comercial, tem maior destaque tanto pela altimetria quanto pelo coroamento, tratado por uma

---

128 p., p. 27.

cobertura piramidal com telhas em cobre. Adjacente a esse volume está o de menor altura, localizado na esquina com Rua dos Andradas, e resolvido por seis pavimentos além do térreo. Pode-se ler a solução tripartida desse volume pela base diferenciada dos demais, corpo de cinco pavimentos e coroamento formado pelo recuo do último pavimento em relação ao corpo principal. Frisos horizontais em alto relevo finalizam o coroamento, formando uma espécie de cimalha.

Na esquina oposta está o segundo maior volume, originalmente de uso residencial. Sua solução tripartida é composta pela base, corpo e um coroamento de três pavimentos, sendo o primeiro uma extensão do corpo, sem recuo, separado desse por frisos horizontais; o segundo recuado do primeiro, cuja solução gera um terraço em todo o seu perímetro; e o terceiro, que abriga a caixa d'água e casa de máquinas. Esse volume possui o corpo diferenciado dos demais pela presença de um ressalto central em relação ao pano principal da fachada (solução que se repete também no Sul América), composto por quatro vãos de varanda em cada pavimento, com guarda-corpo executado em alvenaria e argamassa trabalhada em almofadas quadrangulares em alto relevo. Essa solução plástica também se repete na fachada voltada para a Rua Senador Salgado Filho.

Já o volume intermediário é composto apenas por base e corpo, ligeiramente recuados em relação aos panos dos demais volumes.

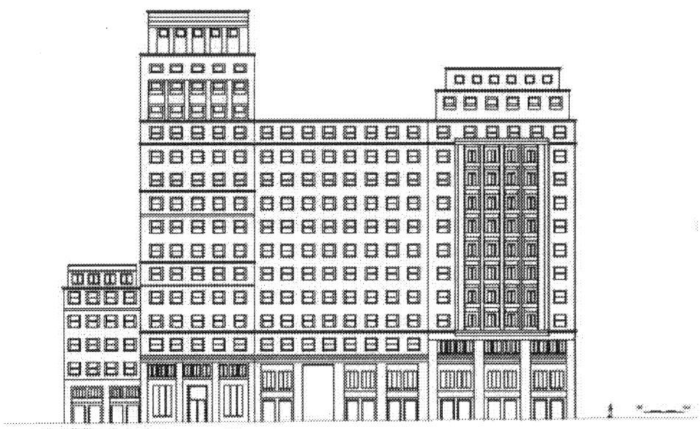

Fachada (Av. Borges de Medeiros) do SULACAP de Porto Alegre. FONTE: Acervo da autora, 2018. Desenho: Michele Teodoro.

As fachadas, revestidas em pó de pedra, são resolvidas com janelas ritmadas, emolduradas por argamassa em alto relevo. As esquadrias são do tipo guilhotina, com fechamento em veneziana, repetindo o modelo "Copacabana" utilizado em grande parte das sedes projetadas por Capello. As janelas que compõem a base dos dois volumes mais altos são diferenciadas das demais, sendo do tipo de abrir em duas folhas em madeira e vidro. Também são diferenciadas as aberturas das varandas do volume residencial (portas em folhas de madeira do tipo veneziana).

Edifício Sul América

O edifício Sul América também ocupa a totalidade do terreno retangular resultante da sobra de área da abertura da Av. Borges de Medeiros,[72] delimitado pela metade do quarteirão conformado pela Av. Borges de Medeiros, Rua dos Andradas, Travessa Eng. Acilino de Carvalho e Rua General Andrade Neves.

A implantação também seguiu o formato do terreno e, para esse edifício, os arquitetos adotaram o recurso de arredondamento da quina localizada no encontro da Borges de Medeiros com Rua dos Andradas, solução verificada em outras sedes da empresa, tal como as de Santos, Salvador e Fortaleza. A volumetria é composta por dois sólidos de alturas distintas, recurso projetual que não impedia a leitura única do conjunto, até a última intervenção realizada no imóvel, a qual resultou em tratamentos de revestimentos diferenciados para as duas torres.

O volume mais baixo tem corpo composto por cinco pavimentos e coroamento recuado. Suas fachadas foram tratadas apenas com frisos no sentido vertical e horizontal, os quais emolduram as janelas. Esses frisos horizontais seguiam no volume da maior altimetria, porém essa continuidade foi interrompida com a colocação de revestimentos cerâmicos na fachada.

Volume mais baixo do edifício Sul América de Porto Alegre. FONTE: Hugo Segawa.

A solução tripartida do volume mais alto é quase imperceptível. Na fachada frontal, o corpo é composto pelo avanço da porção central em relação às suas

72 CANEZ, *op. cit.*

extremidades, com exceção do último pavimento. Essa diferenciação dos planos forma uma espécie de moldura que também compõe o coroamento. A base, comum aos dois volumes, é revestida externamente por granito e composta por pé-direito duplo, onde estão as lojas e sobrelojas do térreo, essas protegidas por marquise em balanço em todo o perímetro da edificação.

De tratamento plástico menos requintado que o SULACAP, as fachadas do Sul América são resolvidas com janelas ritmadas e com frisos em baixo relevo nos espaçamentos entre os vãos. As esquadrias possuem um único modelo, do tipo basculantes com venezianas de madeira.

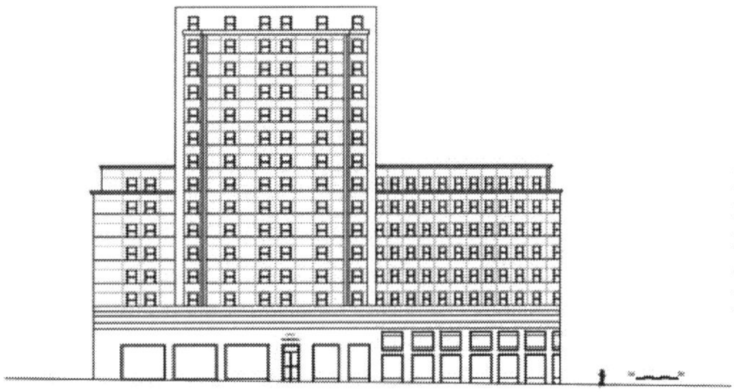

Fachada (Av. Borges de Medeiros) do Sul América de Porto Alegre. FONTE: Acervo da autora, 2018. Desenho: Michele Teodoro.

Em ambos os edifícios, observa-se que os volumes mais baixos estão situados na esquina com a Rua dos Andradas, via menos movimentada e mais estreita. Esse recurso compositivo provavelmente resulta da exigência urbanística de relação da altimetria com a via.

Análise funcional[73]

> O edifício, diz Adorno, funciona para propósitos exteriores, dos quais retira suas leis formais. A sua "dimensão funcional" se revela na interação como o sujeito que dele se apropria para o uso, e com as técnicas que o solidificam.
>
> MARIA LUCIA MALARD, 2006.[74]

73 As peças gráficas apresentadas abaixo foram redesenhadas com base no projeto original dos edifícios, arquivados na Prefeitura Municipal de Porto Alegre. Desenhos realizados por Michele Teodoro, sob a coordenação da autora.

74 MALARD, Maria Lucia. *As aparências em arquitetura*. Belo Horizonte: Editora UFMG, 2006. p. 125.

A área onde os edifícios SULACAP e Sul América foram construídos representava, desde o início da ocupação da cidade, o principal ponto de comércio e residência da região e um dos espaços mais dinâmicos da cidade de Porto Alegre. A crescente valorização da área central foi acompanhada pelo aumento da diversidade de usos, com a instalação de sedes bancárias e outras novas instituições que demandavam tipologia arquitetônica própria e até então inédita, como as dos edifícios em análise.

Pavimento térreo do SULACAP de Porto Alegre. FONTE: Acervo da autora, 2018. Desenho: Michele Teodoro.

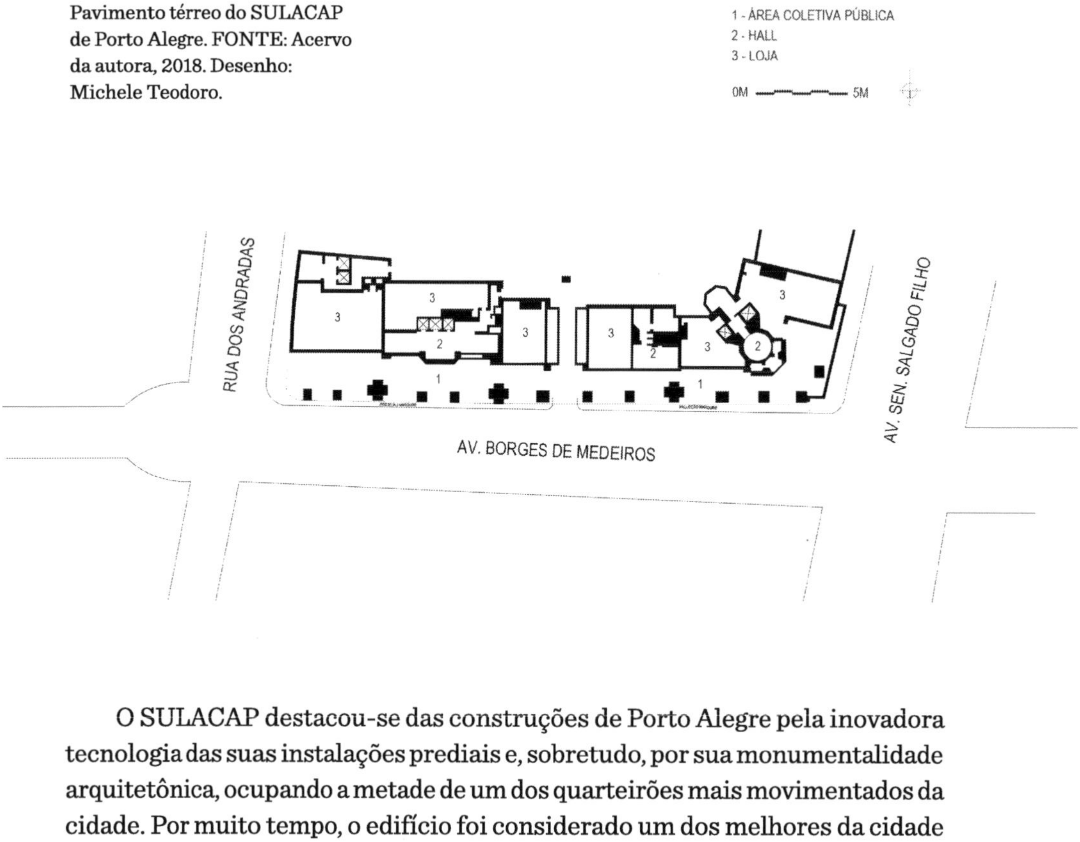

O SULACAP destacou-se das construções de Porto Alegre pela inovadora tecnologia das suas instalações prediais e, sobretudo, por sua monumentalidade arquitetônica, ocupando a metade de um dos quarteirões mais movimentados da cidade. Por muito tempo, o edifício foi considerado um dos melhores da cidade para a instalação de lojas, escritórios e para moradia. A despeito da novidade em morar em edifícios em altura, que poderia vir acompanhada de certo temor por parte da população, a nova tipologia atraiu as famílias mais abastadas da cidade e também as mais interessadas pela modernidade.

De uso misto, o edifício SULACAP representou também uma nova proposta de integração do edifício com a cidade ao dispor de uma galeria coberta para pedestres por meio do recuo do pavimento térreo em relação ao corpo principal.

A decomposição do seu volume em torres diferenciadas também pode ser lida como um recurso projetual inovador de integração com o ambiente construído, evitando, portanto, a massa pesada em decorrência da sua monumentalidade. Para cada torre há um hall de acesso. O volume residencial apresenta dois apartamentos por andar, um de três quartos e outro mais amplo, de quatro quartos. Já nos últimos andares, em função da área reduzida em relação aos pavimentos inferiores, os apartamentos são menores e dotados de varanda. As demais torres são de escritórios, com configurações espaciais diferenciadas. O edifício possui também um subsolo e dois amplos terraços nas coberturas das torres menores.

Em relação ao Sul América, o edifício, quando construído, representou a nova tipologia de torres de escritórios que seria replicada em grande parte da área central de Porto Alegre nas décadas seguintes. Em seu térreo, de pé direito duplo, estão as lojas com acesso exclusivo para as vias além de dois acessos diferenciados às torres, um em cada via. Na torre mais baixa, a circulação vertical é centralizada na planta e composta por uma escada em semicírculo, ladeada por dois elevadores. Nos pavimentos tipos, as salas de escritórios estão dispostas em torno da circulação vertical; já o acesso à torre mais alta é feito pela Av. Borges de Medeiros.

Pavimento tipo do SULACAP de Porto Alegre. FONTE: Acervo da autora, 2018. Desenho: Michele Teodoro.

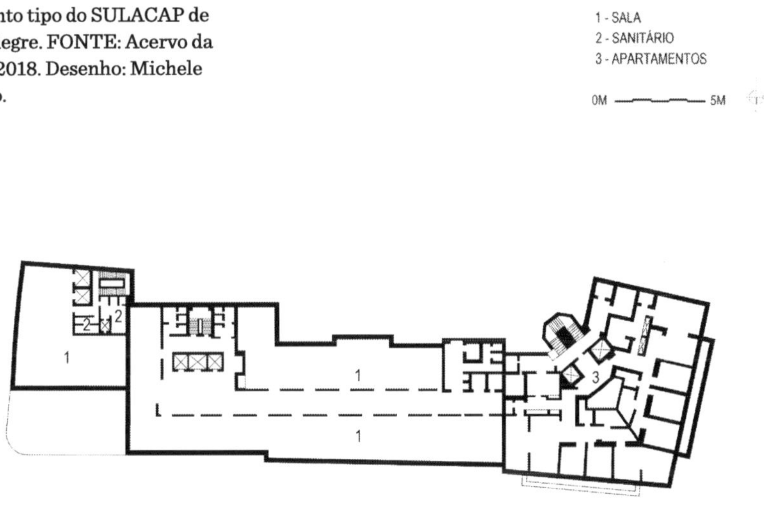

Na ocasião da análise *in loco*, o acesso ao interior da sede Sul América não foi permitido. Para o entendimento de suas funcionalidades ou leitura das plantas, baseei-me em textos que continham algumas peças gráficas referentes ao projeto arquitetônico. Alberto Xavier e Ivan Mizoguchi[75] (1987) apresentaram a planta do pavimento tipo do SULACAP. O projeto, entretanto, em função de sua complexidade, não poderia ser lido apenas por esse pavimento. Já Canez apresentou os projetos de ambos os edifícios, porém a baixa resolução das imagens impediu tanto sua reprodução quanto sua leitura. A etapa seguinte foi a busca nos arquivos da Prefeitura Municipal, o que foi feito por meio de abertura de processo digital, que resultou na disponibilização das peças gráficas digitalizadas de ambos os edifícios, tornando-se possível o redesenho e a leitura do projeto. O acervo também incluía o projeto estrutural completo do Sul América, em que constava o nome de Roberto Capello como autor, comprovando sua participação nos projetos complementares.

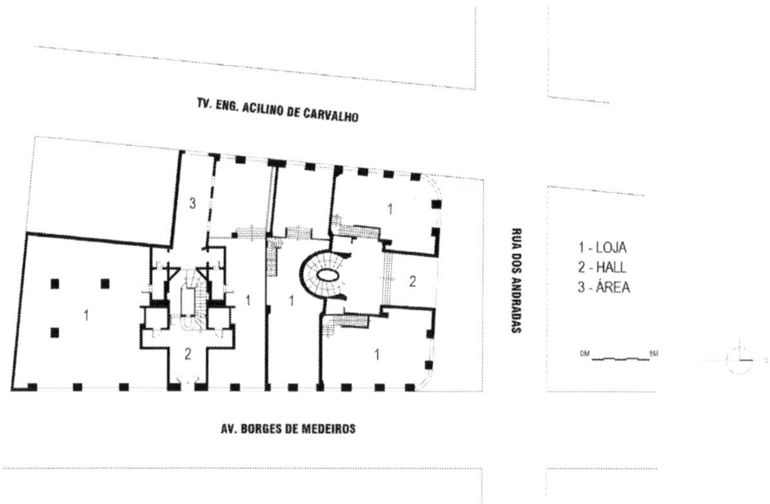

Pavimento térreo do Sul América de Porto Alegre.
FONTE: Acervo da autora, 2018.
Desenho: Michele Teodoro.

75 MIZOGUCHI, Ivan; Xavier, Alberto. *Arquitetura moderna em Porto Alegre*. Porto Alegre: Pini, 1987.

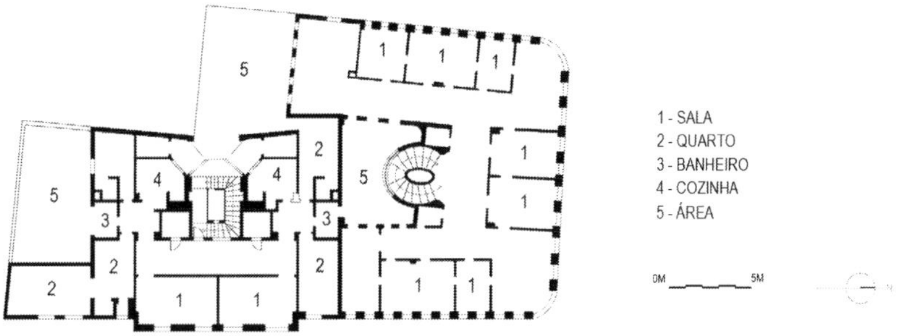

Pavimento tipo do Sul América de Porto Alegre. FONTE: Acervo da autora, 2018. Desenho: Michele Teodoro.

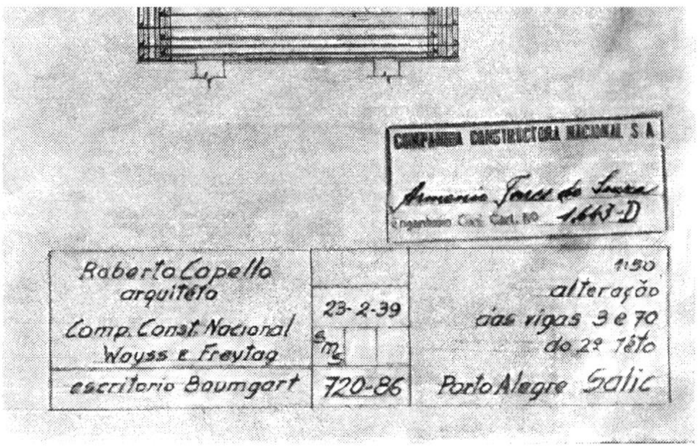

Carimbo do projeto estrutural do Sul América. FONTE: Acervo Prefeitura Municipal de Porto Alegre/EPA/CGD/DGDO/SMPG. Acesso em: nov. 2020.

3.5. SANTOS/SP – SULACAP

Ficha técnica

Nome original	Edifício SULACAP
Nome atual	Edifício SULACAP
Endereço	Rua XV de Novembro, nº 41 (esquina com Rua do Comércio), Centro, Santos, SP
Autoria	Roberto Capello
Ano do projeto	Anterior a 1939
Ano de conclusão da obra/inauguração	Início da década de 1940 (Alvará de construção nº 255, de 05/07/1941)
Construtora	?
Uso original	Comercial (lojas no térreo e salas nos andares superiores)
Uso atual	Uso comercial
Propriedade	Privada
Proteção/nível	Inserido na Área de Proteção Cultural (APC)/Nível de Proteção 2 (NP2) – Fonte: Mapa dos Níveis de Proteção/ Prefeitura Municipal de Santos/2008

SULACAP de Santos. FONTE: Acervo da autora, 2018.

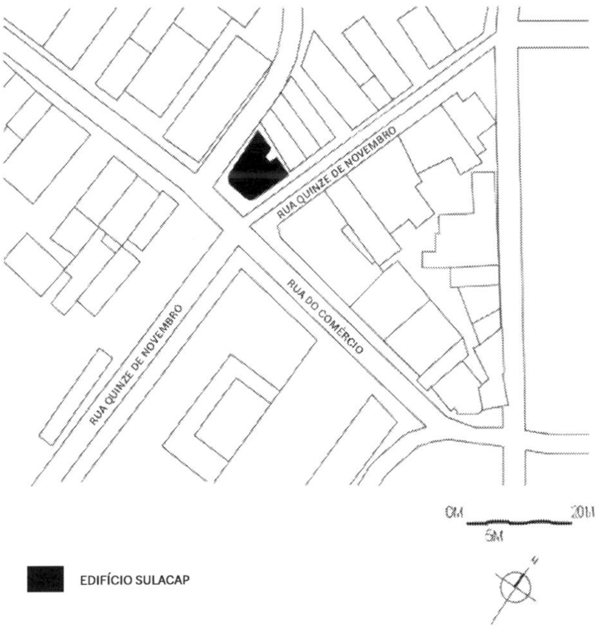

Planta de situação do SULACAP de Santos. FONTE: Acervo da autora, 2018. Desenho: Michele Teodoro.

Análise histórica

A empresa Sul América Capitalização iniciou sua atuação na cidade de Santos na década de 1930, em sala alugada na edificação de nº 10 da Rua XV de Novembro,[76] imóvel atualmente denominado como Edifício Pedro Santos.

Na edição de outubro de 1936, a revista *Sul América*[77] registrou que a sucursal na cidade ainda não possuía sede própria, informação que diverge da anotada por Carlos Finochio[78] de que a inauguração do edifício SULACAP de Santos data de 1936. Fato é que em 1939, o jornal *A Tribuna*, na edição de 26 de janeiro, publicou a notícia de que a empresa lançaria sua pedra fundamental para a construção do edifício no dia 28 no mesmo mês, em comemoração ao centenário da cidade de Santos.

Trecho do jornal *A Tribuna*, estampando a imagem do projeto da sede SULACAP de Santos (em destaque). FONTE: Jornal *A Tribuna*, edição de 26 de janeiro de 1939. Disponível em: https://www.novomilenio.inf.br/. Acesso em: 5 fev. 2020. Modificada pela autora.

A leitura do projeto arquitetônico original da sede construída foi possível graças ao excelente trabalho de organização do acervo da administração municipal de Santos. A análise das pranchas originais do projeto revelou informações importantes sobre o edifício, possibilitando avaliações detalhadas da proposta original de Roberto Capello.

76 Revista *Sul América*, nº 68, Ano 17, out. 1936, contracapa.

77 *Ibid.*

78 FINOCHIO, Carlos. Santos do século XX: trajetória da arquitetura e urbanismo. WebArtigos, 2011. Disponível em: http://www.webartigos.com/artigos/santos-do-seculo-xx-trajetoria-da-arquitetura-e-urbanismo/64802/. Acesso em: 2 out. 2014.

O carimbo do arquiteto em uma das pranchas é acompanhado do seguinte texto: "corrigido, 2 de março de 1941". Já o processo de aprovação do projeto na Prefeitura Municipal, de nº 8.079, data de 01 de abril de 1941 e contém o alvará de construção de nº 255, datado de 05 de julho de 1941. Desse modo, pode-se constatar, com base nesses dados e na notícia do jornal *A Tribuna*, que o início da construção da nova sede da SULACAP na cidade de Santos ocorreu nos primeiros anos da década de 1940. No processo também consta outros documentos importantes relativos à construção, bem como o projeto estrutural, de autoria do engenheiro Henrique Pegado, então sócio da empresa Pegado, Sousa & Cia. Ltda. Esse projeto indica o uso de estacas Franki, mesmo sistema adotado na fundação das outras sedes da empresa, como a de Juiz de Fora. Além dessa documentação, o processo guarda um projeto de restauração do edifício datado de 2014, de autoria do arquiteto Sandy Bispo, o qual resume-se na proposta de substituição do revestimento externo, substituição dos caixilhos e janelas existentes, limpeza do revestimento externo do térreo, reconstituição e impermeabilização das lajes e empenas cegas e reforma da cobertura. Tal projeto embasou as obras que estavam em andamento na ocasião da visita ao local no ano de 2018, sob a responsabilidade da empresa Engetelles, conforme placa de obra fixada na fachada.

Para a construção do edifício em Santos, a empresa SULACAP adquiriu os terrenos edificados de nºs 36 e 38 da Rua do Comércio, na área central da cidade, conforme informou o jornal *A Tribuna*:

> Assim é que a Sul América Capitalização, desejando prestar uma homenagem ao laborioso povo santista, lançará a pedra fundamental de um majestoso edifício, que contribuirá para o progresso da nossa cidade.Esse edifício, que se erguerá na Rua do Comércio, onde foram demolidos os velhos prédios ns. 36 e 38 e que terá também fachadas para a Rua 15 de Novembro e para a Rua Conde D'Eu, no centro comercial de nossa cidade, constituirá mais uma das sólidas aplicações de suas reservas. Este local, que é bem conhecido do nosso povo, como típico de Santos antigo e que felizmente vai aos poucos desaparecendo, terá nesse novo arranha-céu o início de uma nova era de progresso santista.
>
> Com a demolição do velho prédio da Repartição do Saneamento, desaparecerá a lendária galeria pitorescamente alcunhada pelo nosso povo de "Beco das Lágrimas", dando lugar a que a Rua Conde D'Eu venha a ter o seu término na Rua do Comércio, assim saneando completamente essa área central da cidade.[79]

79 A COMMEMORAÇÃO do centenário da elevação da Villa de Santos à categoria de cidade. Jornal *A Tribuna*, jan. 1939. Disponível em: https://www.novomilenio.inf.br/santos/h0312.htm. Acesso em: 2 ago. 2017.

Tal notícia indicava que a demolição dos edifícios caminhava juntamente com as intervenções de propósitos sanitaristas na cidade, as quais alteraram significativamente a malha urbana original.

No início do século XIX, a então Vila de Santos possuía pouco mais de quatro mil habitantes,[80] distribuídos pelas poucas vias tortuosas que conformavam o pequeno núcleo urbano. Elevada à categoria de cidade, sua economia, que sobrevivia inicialmente da exportação do açúcar, passou a centrar-se no escoamento do café, o que gerou profundas transformações urbanas e sociais em seu território. A cidade experimentou um rápido crescimento populacional, atraindo trabalhadores, comerciantes, empresários e investidores de todos os cantos. A inauguração da ferrovia São Paulo Railway, em 1867, impulsionou mais ainda esse crescimento e contribuiu para a constituição de um novo cenário urbano estruturado por novas centralidades, como as originadas nas proximidades da estação ferroviária e na orla marítima. Em decorrência dessa expansão, grandes vias foram implantadas, alterando a configuração do núcleo original e contribuindo para a diversificação dos usos da região central, que se tornou praticamente de uso comercial e institucional no decorrer dos anos.

A partir de 1890, com a expansão da área portuária, a cidade atraiu novos investidores estrangeiros. Esse movimento, característico das regiões portuárias, rapidamente resultou em uma população altamente heterogênea, fomentando o cosmopolitismo em Santos e a criação de uma nova identidade cultural para a sociedade a partir das novas sobreposições e trocas culturais.[81]

A ampliação do porto foi acompanhada pela implementação de novas políticas públicas de saneamento, que tinham como objetivo principal a desobstrução dos espaços congestionados a partir da alteração do tecido urbano original. Antes disso, já estavam em processo as demolições provenientes das ações conjuntas da Comissão de Saneamento e da Companhia Docas, quando as principais áreas do início do povoamento foram arrasadas, incluindo o Outeiro de Santa Catarina.[82] As consequências dos trabalhos das duas instituições foram a criação de novos quarteirões em plano xadrez, seguindo os padrões burgueses do período e que se repetiram em inúmeras cidades no Brasil. Em Santos, ao contrário de outras cidades, sequer os monumentos religiosos coloniais foram poupados.

A Rua Direita, principal via do povoamento colonial e que interligava os dois primeiros núcleos da povoação (Valongo e Quarteis), foi poupada, porém

80 MELLO, G. *A modernização de Santos no século XIX*: mudanças espaciais e da sociabilidade urbana no centro velho. Dissertação (Mestrado em Arquitetura) – Faculdade de Filosofia, Letras e Ciências humanas, Universidade de São Paulo, São Paulo, 2008.

81 BURKE, Peter. *Hibridismo Cultural*. Tradução Leila Souza Mendes. São Leopoldo: Ed. UNISINOS, 2003. 116 p.

82 MELLO, *op. cit.*

sofreu drásticas transformações espaciais com a substituição dos casarios e sobrados coloniais por edificações com linguagem arquitetônica mais moderna, divulgada pelo movimento eclético. Estreita e tortuosa, passou a abrigar o principal ponto de comércio e lazer da população, sobretudo por constituir o elemento estruturante entre os dois núcleos principais. Nesse novo contexto, sua denominação foi alterada para Rua XV de Novembro, integrando a paisagem urbana onde, em um futuro não distante, a sede SULACAP seria construída.

Finalizada a construção na década de 1940, o SULACAP destacou-se no entorno imediato em função de sua altimetria e linguagem formal diferenciadas, passando a dominar o conjunto urbano da área central composto praticamente por edificações ecléticas de até três pavimentos.

A despeito de sua significativa importância no processo de verticalização da cidade de Santos, o edifício é pouco referenciado na historiografia. Carlos Finochio[83] é um dos poucos pesquisadores que deram relativa importância ao bem em seu artigo publicado sobre a arquitetura e urbanismo da cidade, no qual registrou, inclusive, a autoria de Roberto Capello:

> A adoção de novos estilos na arquitetura de Santos foi fruto da capacidade dos profissionais da arquitetura no domínio do concreto nos arranha-céus. Os chalés abrem espaço para os "altos" edifícios que eram sinônimos de modernidade. Em 1936 (*sic*), foi erguido o edifício mais alto da cidade de Santos, edifício Sulacap, com seus 10 andares, situado na Rua XV de Novembro, 41. Um prédio comercial, de linhas suaves com elementos inclinados na fachada para a captação de luminosidade zenital por uma clarabóia no seu topo. Construído pela Sul América Capitalização S/A., projeto do arquiteto Roberto Capello, o moderno edifício já possuía ar condicionado central. Todo o material de acabamento foi importado, inclusive os elevadores ingleses e os mármores de Carrara.[84]

Jaqueline Alves[85] também mencionou o edifício em seu texto que reflete sobre a ausência da historiografia moderna na cidade de Santos. A autora apenas relacionou o SULACAP em um contexto de produção da arquitetura moderna no município. Lamenta-se, portanto, tal obliteração na historiografia da arquitetura e urbanismo e a ausência de tombamento isolado do imóvel.

83 FINOCHIO, *op. cit.*

84 FINOCHIO, 2011, p. 6.

85 ALVES, Jaqueline Fernández. Ausência de historiografia sobre a arquitetura moderna santista. *Revista Ceciliana.* Maio de 2012. Disponível em: https://sites.unisanta.br/revistaceciliana/edicao_especial_museus/TEXTO1.pdf. Acesso em: 2 ago. 2017.

Prospecções arquitetônicas e urbanísticas do entorno[86]

Os estudos relativos às prospecções arquitetônicas do SULACAP de Santos concluíram que, no que tange à sua volumetria e ao seu partido arquitetônico, não houve alterações significativas e que descaracterizassem a proposta inicial do arquiteto Roberto Capello. O resultado da análise apontou apenas algumas divergências entre o objeto construído e o projeto arquitetônico, como a presença atual de elementos salientes nas fachadas principais e o coroamento mais evidente, conformado por uma alta platibanda estampada com a epígrafe do edifício, aspectos não identificados no projeto. Como mencionado, o edifício foi restaurado no período de 2016 a 2018, cujas intervenções se resumiram ao tratamento do revestimento externo e das esquadrias em madeira.

Já em relação ao entorno imediato, conforme destacado, as alterações no espaço urbano da área central de Santos foram significativas e resultaram das sucessivas ações decorrentes das normas reguladoras.[87] No entanto, tais alterações foram mais drásticas no período anterior à construção da sede da empresa e serão aqui brevemente tratadas apenas para o entendimento da paisagem urbana resultante, da qual o SULACAP passou a fazer parte a partir da década de 1940.

O primeiro Código de Posturas Municipal de Santos foi estabelecido em meados do século XIX, quando a vila foi elevada à categoria de cidade. No final desse século, em função da representatividade econômica da área portuária para o escoamento do café, as crescentes epidemias preocuparam não só o governo local como também a administração do Estado de São Paulo. Diante desse cenário, o governo estadual contratou o engenheiro porto-riquenho-americano Estevan Antonio Fuertes para a elaboração do plano de saneamento da cidade. O documento elaborado por Fuertes, de 1895, não continha apenas soluções para as questões sanitaristas como também apresentava uma dimensão mais ampla do problema diagnosticado, criando a base para as ações posteriores planejadas por Saturnino de Brito.[88]

86 A análise das prospecções arquitetônicas foi baseada na comparação entre a imagem da perspectiva do projeto e as fotografias obtidas durante o reconhecimento em campo da edificação, realizado em 2018 e 2020.

87 Na ausência de estudos mais consolidados que relacionam a transformação do espaço urbano da área central com a implantação das normas reguladoras, busquei montar um panorama baseado nas pesquisas existentes. Dentre os estudos existentes destacam-se: o trabalho de Marina Ferreira de Barros e José Marcos Carriço sobre a transformação morfológica da área central, intitulado *Esvaziamento e Transformação Morfológica da Área Central de Santos/SP: gênese e perspectivas* (2019); e a tese de Wilma Therezinha Fernandes de Andrade, defendida em 1989 na USP sob o título *O discurso do progresso: a evolução urbana de Santos, 1870-1930*.

88 BERNARDINI, Sidney Piochi. Epidemia e saneamento. O engenheiro Estevan A. Fuertes e seu plano sanitarista para a cidade de Santos (1892-1895). *Arquitextos*, São Paulo, Ano 12, n. 144.05,

Desse modo, nos primórdios do século XX, as ações sanitaristas caminhavam juntamente com intervenções urbanas. As orientações higienistas propostas pelo plano de Saturnino de Brito (1905) conduziram a uma relação inédita entre a construção e o lote, além de versar sobre o alargamento de avenidas.[89] Ações com objetivos similares já haviam sido discutidas e implementadas anteriormente pelos legisladores, como a abertura da Avenida Conselheiro Nébias, em 1867, que se tornou uma importante via estrutural entre a área portuária e a orla. É oportuno ressaltar que a abertura dessa avenida favoreceu o deslocamento da elite cafeeira da área central para a orla marítima, modificando o aspecto social da região de ocupação original, principalmente em sua porção norte. A intensificação de cortiços nessa área acompanhou esse processo, apesar de grande parte do conjunto construído ter sido demolido posteriormente pelas ações sanitaristas.[90]

No início do século XX, ocuparam os legisladores de aprovarem as normas reguladoras da paisagem urbana da área central. Em 1910, a Lei municipal nº 477 foi aprovada, contendo diretrizes de incentivo à verticalização. Em 1922 foi a vez da aprovação do primeiro código de posturas da cidade (Lei nº 675/22, de 28 de julho de 1922), com regulações sobre as novas construções e a delimitação dos perímetros urbanos até então inexistentes,[91] os quais foram alterados pelo novo zoneamento de 1945. No ano de 1951, o Plano Regulador da Cidade (Lei nº 1316/1 951), orientado em parte pelo engenheiro Prestes Maia, promoveu novos alargamentos de vias de forma a solucionar o problema de congestionamentos. A partir daí, as novas legislações procuraram ampliar a legislação anterior com base nos novos problemas diagnosticados.

Embora o incentivo à verticalização tenha sido implementado no início do século XX, o processo só se intensificou na década de 1940, com a concentração dos investimentos imobiliários na orla marítima, em detrimento da área central. Em função dessa especificidade e da ação relativamente incipiente dos órgãos de preservação do patrimônio cultural de Santos, a região central da cidade preservou muitos vestígios da ocupação inicial, resultando em uma paisagem urbana diversificada em termos de tipos arquitetônicos e pouco verticalizada. Desse modo, o SULACAP de Santos foi projetado por Capello em um contexto bastante distinto das demais sedes, em uma área central já relativamente consolidada pelas alterações urbanísticas implementadas. Sua

---

Vitruvius, maio de 2012. Disponível em : https://www.vitruvius.com.br/revistas/read/arquitextos/12.144/4345. Acesso em: 8 jan. 2019.

89 MAZIVIEIRO. Maria Carolina. *Privatismo e Gestão Pública na Urbanização de Santos, continuidades e mudanças*: décadas de 1910, 1940 e 2000. Tese (Doutorado em Arquitetura e Urbanismo)– Faculdade de Arquitetura e Urbanismo, Universidade de São Paulo, 2013.

90 BERNARDINI, *op. cit.*

91 DUTRA, *op. cit.*

construção foi noticiada como símbolo da chegada da modernidade em Santos, sendo considerado, na ocasião, o edifício mais alto da área central.[92]

Da trama urbana original pouco restou em decorrência da rápida expansão urbana da cidade a partir do século XIX, promovida pela abertura de vias, demolições de quarteirões e pela implantação do traçado xadrez que orientou as expansões seguintes. A despeito das inúmeras transformações urbanas, após a construção do SULACAP, o entorno não sofreu mais alterações significativas em sua configuração espacial.

Relação do edifício com o entorno

> A experiência espacial própria da arquitetura se prolonga na cidade, nas ruas e nas praças, nas ruelas e nos parques, nos estádios e nos jardins, lá onde a obra do homem delimitou vazios, quer dizer, onde criou-se espaços fechados. Se o interior de um edifício está limitado por seis planos (piso, teto e quatro paredes), não significa negar a qualidade de espaço a um vazio fechado por cinco planos no lugar de seis, como ocorre em um pátio ou uma praça.
>
> BRUNO ZEVI, 1948, P. 20.[93]

O terreno onde o edifício SULACAP de Santos foi construído possui formato similar aos terrenos das sedes da mesma empresa nas cidades de Recife e Salvador, e as diferenças formais entre os edifícios mostram como o espaço urbano influenciou significativamente Capello na concepção dos projetos arquitetônicos. Em Recife e Salvador, por exemplo, a localização dos terrenos no perímetro das praças possibilitava um campo de visão mais amplo para a percepção dos edifícios, condição que foi explorada pelo arquiteto na implantação de ambas as sedes. Já em Santos, o lote confinado pelas ruas estreitas do entorno não apresentava de imediato qualquer atrativo para uma proposta de implantação diferenciada. Porém, a solução adotada por Capello resultou em uma perspectiva surpreendente a partir da Rua XV de Novembro.

92 FINOCHIO, *op. cit.*

93 Tradução minha: "*La experiencia espacial propia de la arquitectura tiene su prolongación en la ciudad, en las calles y en las plazas, en las callejuelas y en los parques, en los estadios y en los jardines, allí donde la obra del hombre ha delimitado 'yacíos', es decir, donde ha creado espacios cerrados. Si el interior de un edificio está limitado por seis planos (suelo, techo y cuatro paredes), esto no significa negar la cualidad de espacio a un vacío cerrado por cinco planos en lugar de seis, como ocurre en un patio o en una plaza.*" (ZEVI, 1955, p. 20.)

Cartão postal com o edifício SULACAP de Santos. FONTE: Acervo pessoal da autora.

Conforme apontado, de forma similar ao que aconteceu com os centros urbanos das principais cidades brasileiras no início do século XX, a área central de Santos sofreu drásticas transformações decorrentes das demolições de quarteirões e abertura de vias. Porém, a construção tardia do SULACAP nessa cidade, se comparada a outras sedes, permitiu Roberto Capello basear-se em um entorno já relativamente consolidado. Desse modo, após a sua inauguração, poucas edificações foram erguidas nas imediações, permitindo o congelamento das relações do edifício com o entorno, ao contrário do que aconteceu com a maioria das outras sedes. A área, na atualidade, é pouco verticalizada e bastante heterogênea em sua conformação urbana e arquitetônica, apresentando vestígios dos primórdios de sua ocupação como também do seu desenvolvimento nas primeiras décadas do século XX.

O único edifício em altura construído nas imediações do SULACAP foi o edifício Itatiaia (década de 1950). A mesma análise não pode ser feita em outras regiões de Santos, sobretudo nas regiões praianas, onde a verticalização desenfreada resultou em um espaço urbano já bastante saturado.

O patrimônio cultural de Santos é protegido pelos órgãos das três esferas de governo. As ações do IPHAN alcançaram Santos na década de 1940, fato que, de certa forma, contribuiu para a promoção da discussão acerca do tema naquele contexto. Em nível estadual, o Conselho de Defesa do Patrimônio Histórico, Arqueológico, Artístico e Turístico (CONDEPHAAT) foi instituído em 1968 e começou a atuar em Santos de forma similar às ações do IPHAN, com tombamentos de bens construídos no início da ocupação da vila. Já a legislação municipal de preservação data de 1985, a despeito do Conselho de Defesa do Patrimônio Cultural de Santos (CONDEPASA) ter sido criado apenas em 1989. A partir daí, diversas ações foram pensadas para proteger o patrimônio cultural do município, apesar de ainda restritas a edificações com linguagem eclética, deixando a mercê da especulação imobiliária os representantes de um passado mais recente.

No ano de 1998, com base no zoneamento proposto pelo Plano Diretor e pelas legislações posteriores, uma nova política de revitalização tentou reverter esse processo ao dar importância à área central, instituindo o Programa de Revitalização e Desenvolvimento da Região Central Histórica de Santos, denominado Alegra Centro, que englobou um conjunto de instrumentos integrados com o objetivo de requalificar a área de ocupação inicial da cidade. Ainda em vigor, as medidas do Programa têm como foco as Áreas de Proteção Cultural (APACs),[94] cujos imóveis possuem níveis de proteção estabelecidos pelo conselho responsável. Diante dessa proposta mais abrangente, que promove áreas de proteção, as discussões podem ser ampliadas de forma a abarcarem os tipos arquitetônicos não contemplados em ações anteriores.

Diante dos fatos, nota-se que se alguma relação do edifício com o entorno se alterou ao longo dos anos foi em consequência da melhoria do espaço urbano, com a remoção da fiação elétrica dos postes de iluminação, instalação de novos equipamentos públicos e, principalmente, com a implantação de trecho para pedestres na Rua XV de Novembro, denominado pelo projeto como "calçadão temático da rua XV de Novembro".

Análise formal

> Espero que entendam que a arquitetura não tem nada que ver com a invenção de formas.
>
> MIES VAN DER ROHE, 1950.[95]

A implantação do edifício SULACAP de Santos ocupa a totalidade do terreno e, consequentemente, segue sua forma, apresentando as quinas arredondadas nos dois vértices voltados para as vias. Nos pavimentos superiores ao térreo, a forma foi sutilmente interrompida com a abertura de um fosso de iluminação e ventilação na fachada posterior, o qual contribuiu também para evitar uma empena de grandes dimensões.

94 Estabelecidas pela Lei Complementar nº 312, de 24 de novembro de 1998, e regulamentada pelo Decreto nº 3.582, de 30 de junho de 2000.

95 *In*: *Conversas com Mies van der Rohe*. Certezas americanas. Moisés Puente (ed.) Barcelona: Editorial Gustavo Gili, 2006.

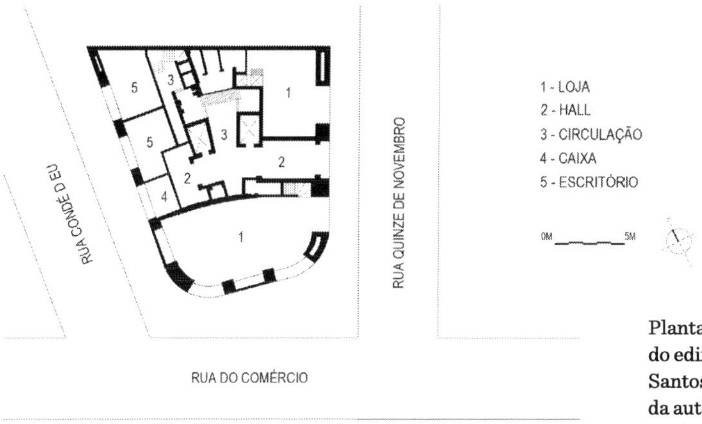

Planta do pavimento térreo do edifício SULACAP de Santos. FONTE: Acervo da autora, 2018. Desenho: Michele Teodoro.

A composição volumétrica completa-se com a repetição, em cada andar, de um elemento que se destaca das quinas arredondadas, identificado em algumas descrições sobre o edifício ora como iluminação zenital ora como chaminés para torrefação de café.[96]

A solução tripartida é evidente nesse projeto. A base, revestida externamente por placas de granito, tem pé-direito duplo e é protegida pela marquise curva. Todas as esquadrias nesse pavimento são em ferro e protegidas por grade trabalhada em ferro fundido. Os nove pavimentos que compõem o corpo são diferenciados por frisos horizontais em alto relevo e pelas esquadrias em madeira, do tipo "Copacabana". Já o coroamento é resolvido por uma platibanda alta e arrematada por frisos em alto relevo, que esconde a caixa d'água e a casa de máquinas.

Segundo informações no laudo técnico[97] que embasou a última intervenção no imóvel, o corpo e o coroamento do edifício eram revestidos por pastilhas de pequenas dimensões. Essa informação levanta a hipótese de que tal revestimento pode ter sido fruto de uma intervenção posterior, já que esse acabamento não foi encontrado em nenhuma outra sede projetada por Capello.

96 Laudo técnico (sem data) de autoria da Sandy Arquitetura e PMA Arquitetura, disponível na administração do condomínio.

97 *Ibid.*

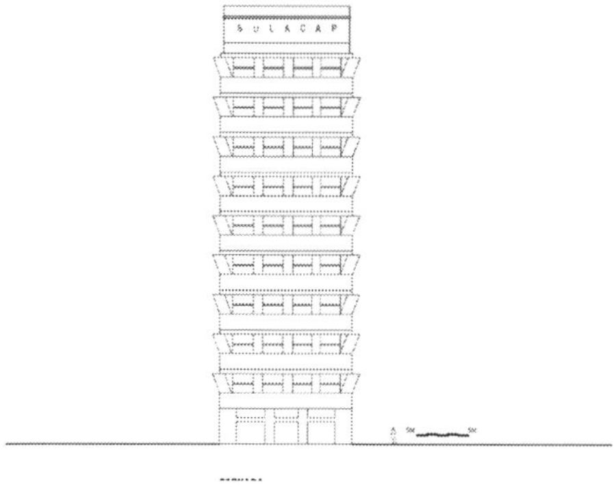

Desenho da fachada frontal do edifício SULACAP. FONTE: Acervo da autora, 2018. Desenho: Michele Teodoro.

Análise funcional[98]

> ...de forma semelhante, o nosso sentido da beleza das formas arquitecturais não pode estar desligado da nossa concepção de edifícios e das funções que desempenham.
>
> ROGER SCRUTON, 1979.[99]

Conforme já analisado, após a expansão dos bairros residenciais em Santos, sua área central passou a concentrar os principais serviços da cidade, os quais se instalaram no conjunto arquitetônico remanescente da sua ocupação inicial, de características arquitetônicas predominantemente ecléticas. O edifício SULACAP foi construído nesse contexto, com uso exclusivamente comercial, abrigando, em parte de sua estrutura, a sede da sucursal e disponibilizando os demais espaços para locação a terceiros.

As similaridades entre as formas dos terrenos das sedes de Santos, Recife e Salvador resultaram em soluções funcionais análogas, tais como a presença de fossos de iluminação e ventilação, o acesso principal pela rua mais movimentada, as salas dispostas em torno da circulação vertical, dentre outros.

98 Desenhos realizados por Michele Teodoro, sob a coordenação da autora, com base no projeto arquitetônico original disponibilizado pela Prefeitura Municipal de Santos.

99 SCRUTON, *op. cit*, p. 19.

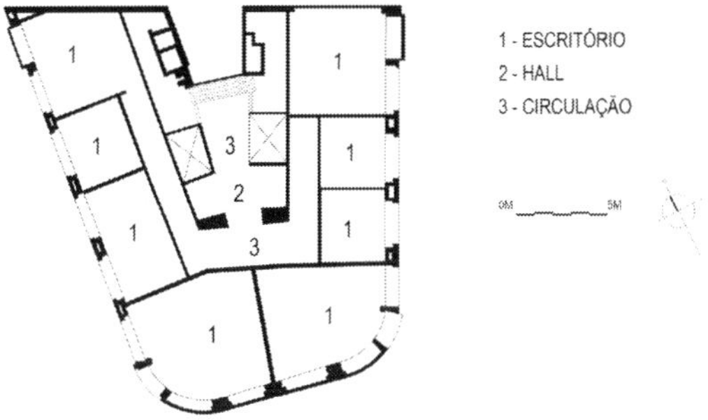

Pavimento tipo do edifício SULACAP de Santos. FONTE: Acervo da autora, 2018. Desenho: Michele Teodoro.

Também é comum entre os edifícios o revestimento em mármore nos pisos e paredes do hall de acesso principal. No pavimento térreo, além do acesso ao hall de elevadores, estão duas lojas com suas respectivas sobrelojas, ambas com acesso único pelas vias. O subsolo abrigava originalmente a cisterna e a casa de bombas.

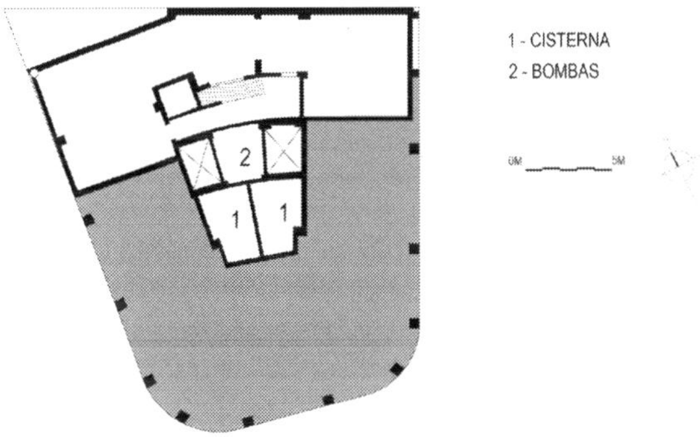

Pavimento subsolo do edifício SULACAP de Santos. FONTE: Acervo da autora, 2018. Desenho: Michele Teodoro.

Do primeiro ao nono pavimento as plantas se repetem, contendo duas amplas salas na porção frontal e seis salas menores, sendo três voltadas para cada rua lateral, reforçando a simetria da solução do partido arquitetônico. Cada pavimento possui dois banheiros que são compartilhados entre todas as salas do andar, além de dois elevadores e a escada de incêndio. O décimo andar não possui aberturas de iluminação e ventilação, uma vez que é delimitado pelas alvenarias da platibanda cega. Nesse pavimento estão a área para a maquinaria do sistema de ar-condicionado, um quarto e uma sala que dividem o único banheiro, além do terraço descoberto com uma escada de acesso ao último pavimento.

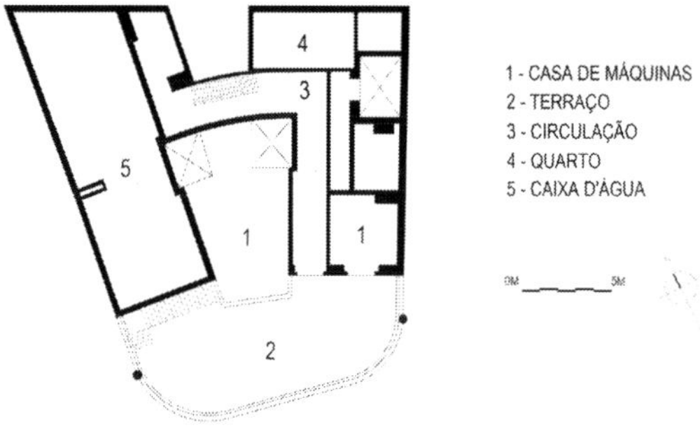

Planta do décimo pavimento do edifício SULACAP de Santos. FONTE: Acervo da autora, 2018. Desenho: Michele Teodoro.

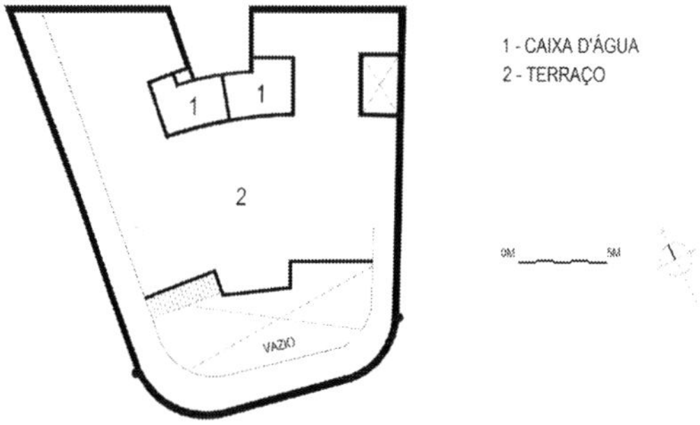

Planta da cobertura do edifício SULACAP de Santos. FONTE: Acervo da autora, 2018. Desenho: Michele Teodoro.

3.6. BELO HORIZONTE/MG – SULACAP E SUL AMÉRICA

Ficha técnica

Nome original	Edifícios SULACAP e Sul América
Nome atual	Conjunto Arquitetônico SULACAP e Sul América
Endereço	Avenida Afonso Pena, nº 981 (SULACAP) e nº 941 (Sul América), Centro, Belo Horizonte, Minas Gerais
Autoria	Roberto Capello
Ano do projeto	1942
Ano de conclusão da obra/inauguração	1947 (inauguração)
Construtora	Companhia Industrial e Construtora Pantaleone Arcuri /Juiz de Fora
Uso original	SULACAP (uso comercial), Sul América (uso misto: residencial e comercial)
Uso atual	Mantido conforme previsto originalmente
Propriedade	Privada/condomínio
Proteção/nível	2015/municipal (Deliberação nº37/2015), publicada no DOM (Diário Oficial do Município) em 28 de abril de 2015

Maquete do conjunto arquitetônico SULACAP/Sul América de Belo Horizonte. Destaque para a fachada voltada para o Viaduto Santa Tereza. FONTE: Acervo pessoal de Carla Capello.

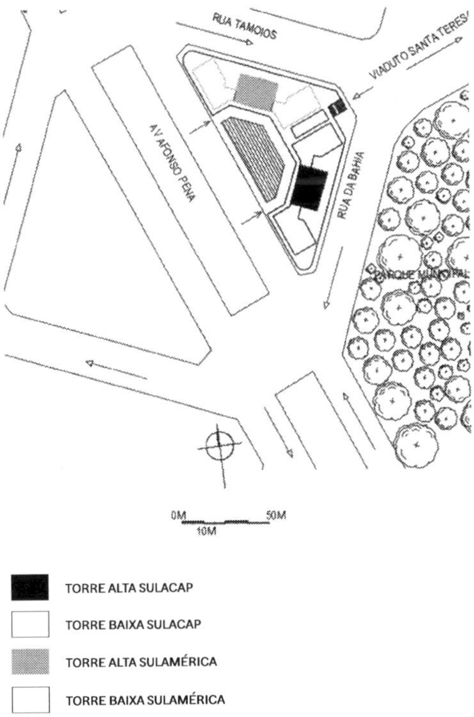

Planta de situação do Sul América e SULACAP de Belo Horizonte. FONTE: Acervo da autora, 2018. Desenho: Michele Teodoro.

Análise histórica

No plano urbanístico para a nova capital mineira, Aarão Reis previu diversas áreas não edificáveis distribuídas pela zona urbana, as quais serviriam como praças ajardinadas de uso público. Embora planejadas, muitas dessas áreas nunca foram completamente implementadas pela Comissão Construtora, como foi o caso dos quatro quarteirões não edificáveis previstos nos vértices da área quadrangular correspondente ao Parque Municipal Américo Renné Giannetti.[100] No caso desses quarteirões, ambos seriam atravessados por importantes avenidas, criando duas áreas triangulares destinadas ao uso público.

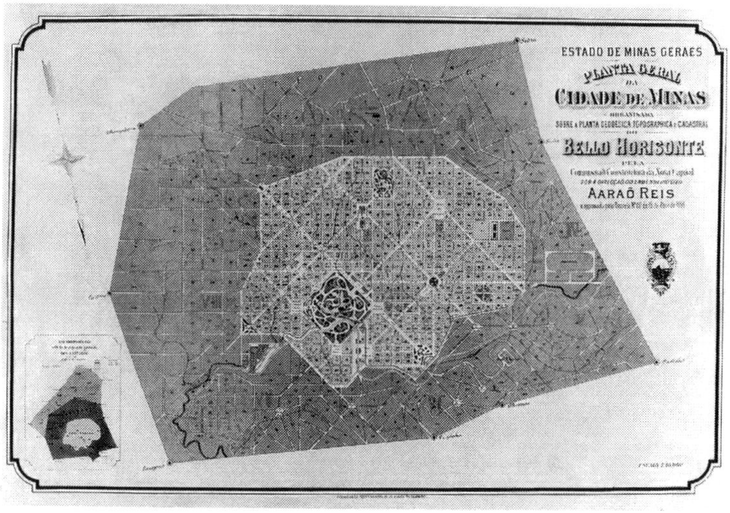

Plano urbanístico para Belo Horizonte. FONTE: https://www.cmbh.mg.gov.br/camara/memoria/alteracoes-mapas.

No processo de construção da cidade, a área mais a oeste do Parque foi dividida pela Av. Afonso Pena e, apesar de não pavimentada e sem qualquer tratamento para o uso público, recebeu o nome de Praça Tiradentes. Os dois amplos terrenos resultantes da divisão ficaram livres de construções até o início do século XX, quando a porção norte (delimitada pelas ruas Tupis, Espírito Santo e Avenida Afonso Pena) passou a ser ocupada por empresas privadas e a porção sul, pelo imponente edifício eclético da sede dos Correios.

100 Sobre este assunto ver: https://curraldelrei.blogspot.com

Antiga sede dos Correios de Belo Horizonte. FONTE: Arquivo Público da PBH. Disponível em: https://curraldelrei.blogspot.com/2010/06/os-quarteiroes-nao-edificaveis-o-caso.html. Acesso em: set. 2024.

A ocupação dos lotes da nova capital precisava ser orientada para que as novas construções ocorressem de maneira dispersa, evitando a concentração em pontos específicos. As primeiras diretrizes urbanas foram propostas pelo Decreto nº 803 de 1885, que resultou no Regulamento de Construções de 1901.[101] Na zona urbana, por exemplo, proibia-se a construção de edificações com mais de três pavimentos, exceto em casos especiais, onde o limite máximo era de cinco pavimentos, restrição fortemente influenciada pela tradição europeia. Mesmo com essa restrição, o primeiro edifício de três pavimentos só foi aprovado em 1911,[102] evidenciando a lenta ocupação da área urbana no início do século XX. Em 1922, a Lei nº 226 substituiu a normativa original e criou as condições básicas para o início do processo de verticalização da capital mineira, que só foi ocorrer de fato a partir da década de 1940. Nas vias principais da área central, a lei estipulou a altimetria mínima de dois pavimentos e a máxima de cinquenta pavimentos. Na década de 1930, o crescimento desordenado da área urbana, especialmente nas regiões periféricas da planta projetada por Aarão Reis, aliado ao discurso higienista e de embelezamento predominante no país, destacou a necessidade de um novo plano urbanístico para a cidade. Embora tenha sido formada uma comissão para discutir o tema, as ações subsequentes foram pontuais e não resultaram em um documento oficial.

Em 1935, foram erguidos dois edifícios de altimetria diferenciada e que marcaram a paisagem da área central da cidade: o Ibaté e a Feira Permanente. Essas edificações – que não ultrapassavam dez pavimentos – foram construídas com

101 PASSOS. Luiz Mauro do Carmo. *A metrópole cinquentenária*: fundamentos do saber arquitetônico e imaginário social da cidade de Belo Horizonte (1897-1947). Dissertação (Mestrado em História) – Faculdade de Filosofia e Ciências Humanas da Universidade Federal de Minas Gerais, Belo Horizonte, 1996.

102 *Ibid.*

base na Lei n. 363/1930, que substituiu a anterior. Além da diferenciação da área urbana em zonas (urbana e suburbana), a nova normativa incluía dispositivos semelhantes aos propostos por Agache no Plano de Remodelação do Rio de Janeiro, regulamentando o perfil das novas edificações em relação ao alinhamento com as vias. Esse regulamento sofreu modificações nos anos seguintes, até a aprovação, em 1940, do Decreto Lei nº 84, o qual continha poucas inovações em relação à lei anterior.

No ano de 1930, o edifício dos Correios já não suportava a demanda dos serviços postais da região e talvez também já não representava o ideal de modernidade do período. Nesse contexto, os governantes optaram pela construção de uma nova sede, na mesma Av. Afonso Pena,[103] deixando sem uso, portanto, o antigo edifício eclético, que foi posteriormente vendido para a empresa Sul América.

Segundo o registro de compra e venda do imóvel, a negociação foi condicionada à demolição do edifício preexistente e a construção de uma nova edificação no terreno resultante em um prazo máximo de dois anos, além da condição de manter, no eixo do então Viaduto Tocantins (atual Viaduto Santa Tereza), uma galeria "já projetada pela prefeitura" com largura de dez metros, que seria de uso público. O documento também permitiu que o terreno resultante da demolição da edificação, até então registrado em duas áreas, fosse dividido em três lotes, o que nunca foi formalizado pela Sul América,[104] tampouco pelos sucessivos proprietários. Segue abaixo o trecho do documento referente a essas condições:

> V - A outorgada compradora, depois de demolir o edifício atualmente existente, poderá subdividir o respectivo terreno existente em 03 lotes distintos, ficando entretanto obrigada a iniciar dentro do prazo de dois anos contados da data do recebimento do imóvel a construção de um prédio em um dos 03 lotes e poderá vender os outros 02 lotes a terceiros [...].
>
> VII – Obriga-se mais a outorgada compradora e seus sucessores, quando fizer a construção no lote do centro a deixar no prolongamento do viaduto da Avenida Tocantins, com o mesmo eixo e para livre uso de pedestres,

103 As fontes indicam que por uma "questão de falta de espaço" a Prefeitura teria decidido expandir o prédio dos Correios. Contudo, posteriormente, ela recua e decide permutar o terreno por outro localizado na própria Avenida Afonso Pena, onde antes funcionava o Congresso, conforme relatório de 1935 do prefeito Otacílio Negrão de Lima: "prosseguindo as negociações iniciadas, conseguimos ver realizada a permuta do atual edifício dos Correios e Telégrafos pelo terreno ao lado do novo edifício da Prefeitura, na Avenida Afonso Pena" (Fonte: curraldelrey.com). Assim, foi deliberado nos derradeiros anos de 1930 que o antigo palacete dos Correios deveria ser demolido e, também, vendido a particulares o terreno que o abrigava.

104 Apesar da possibilidade de divisão do antigo terreno em três lotes, a compradora manteve as duas áreas já loteadas, como demonstra as peças gráficas referentes aos projetos dos edifícios, aprovados separadamente na Prefeitura Municipal. É oportuno mencionar que em nenhuma das pranchas originais do projeto arquitetônico elaborado por Capello há o desenho dos dois edifícios juntos. Apesar da SULACAP constituir um braço da Sul América, ambas as empresas eram pessoas jurídicas distintas, o que provavelmente justifica as aprovações isoladas de cada torre.

> uma passagem ou galeria com 10,00m de largura, já projetada pela Prefeitura, conforme planta existente da qual foram exibidos no ato 02 exemplares que são assegurados pelas partes contratantes e rubricados pelo Tabelião do 5º Ofício, ficando um exemplar em poder da vendedora e outro com a compradora. Esta galeria terá as condições de arejamento e iluminação suficientes e deverá ser prevista no projeto de construção de edifício que for construído no lote onde deve ser ela aberta.[105]

Essas informações indicam que, na ocasião da negociação do lote, já era assunto entre comprador e vendedor a construção da sede da Sul América. No entanto, ao contrário do previsto no documento, a empresa não construiu apenas um edifício, mas sim duas torres idênticas, uma de uso misto, onde a empresa Sul América se instalou, e outra de uso exclusivamente comercial, para a instalação da SULACAP.

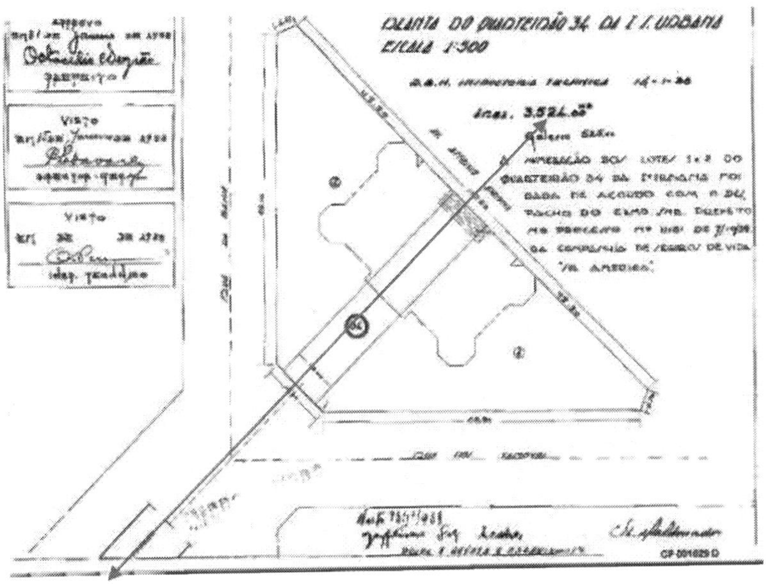

Planta do quarteirão 34, de 31 de janeiro de 1938, com os lotes 01 e 02 e com a galeria de 10 metros que deveria ser mantida conforme o registro de compra e venda. FONTE: Arquivo Público Municipal de Belo Horizonte.

105 Registro n. 8.324, no livro 3-H, folhas 59/60, do 1º Ofício de Registros de Imóveis de Belo Horizonte, 05/04/1938.

Nos dois lotes triangulares já divididos pelo documento, Roberto Capello implantou simetricamente as duas torres, deixando uma ampla área descoberta entre elas para a composição de uma praça pública, avançando, portanto, além da exigência da permanência da "galeria" no eixo do viaduto ao reforçar a conexão visual exigida. Tudo indica que foi a permissão de desmembramento do terreno original em três lotes que conduziu construção na área livre entre as duas torres, na década de 1970, de uma edificação de três pavimentos sobre uma galeria central voltada para o eixo do viaduto e que descaracterizou totalmente o conjunto arquitetônico projetado por Capello.[106] A galeria coberta pelos dois pavimentos superiores estava, em tese, de acordo com a exigência do registro de compra e venda do imóvel, já que o texto não detalhou que esse elemento deveria ser descoberto.

Roberto Capello (ao centro) na inauguração do Conjunto Arquitetônico SULACAP/Sul América de Belo Horizonte em 1947. FONTE: Arquivo Histórico da UFJF – modificada.

Dois blocos de quinze andares de rara beleza arquitetônica para séde da Sul América na capital mineira

Inauguração do monumental edifício "Su lacap" em Belo Horizonte — Presentes o governador Milton Campos e todos os secretarios de Estado — Missa em ação de graças — Benção do novo predio — Drink à imprensa — Homenagem à senhora Rosalina Coelho Lisboa de Larragoitti

Inauguração das sedes noticiada no *O Jornal*, do Rio de Janeiro. FONTE: Hemeroteca Digital da Biblioteca Nacional- *O Jornal*, ed. 08403, de 20 de setembro de 1947.

106 O projeto arquitetônico de nº 126, aprovado na Prefeitura Municipal de Belo Horizonte em setembro de 1971, apresenta a proposta da edificação construída entre as duas torres com a assinatura do arquiteto Henri Friedlaender.

Para a construção das duas imponentes torres, a empresa Sul América, que já atuava na capital mineira desde 1928,[107] contratou a Companhia Industrial e Construtora Pantaleone Arcuri, que já havia construído para a empresa a sede SULACAP de Juiz de Fora. Os dois edifícios, que passaram a compor um conjunto arquitetônico de extrema representatividade para a capital mineira, foram inaugurados solenemente em 1947.

Vista do conjunto a partir do Viaduto de Santa Tereza, década de 1950. FONTE: Acervo do condomínio SULACAP.

Famílias tradicionais mineiras se transferiram para as amplas unidades residenciais do Sul América em busca do novo modo de morar em apartamentos e do encanto que a região apresentava pela sua proximidade com a área verde do Parque Municipal Américo Renné Giannetti. Da mesma forma, comerciantes buscaram aumentar seus negócios ao se instalarem na área mais dinâmica da nova capital mineira.

A área ajardinada entre as duas torres, conhecida popularmente como "Praça da Independência", reforçava o eixo visual com o viaduto existente e promovia um espaço de convívio público no centro da cidade, apesar de sua condição de propriedade privada. Como visto, tais características foram totalmente anuladas com a referida construção da edificação entre as duas torres na década de 1970.

Antes disso, em 25 de outubro de 1966, em consonância com o processo de alienação do patrimônio imobiliário da empresa, a torre Sul América, com

107 Revista *Sul América*, nº. 35, Ano IX, , julho de 1928.

exceção do 3º andar, foi vendida aos senhores Benzion Levy e Isaias Idel Levy.[108] É pertinente destacar que ficou assegurado aos compradores o direito de construção na área de 399,040m², onde estava localizada a antiga praça:

> Cláusula Vinte. Fica assegurado aos atuais promitentes compradores do prédio, ora outorgantes, Benzion Levy e Isaias Idel Levy, o direito de, a qualquer tempo, desde que observadas as leis e posturas municipais, construírem o Edifício que lhes aprouver, de até 3 (três) andares, na área de 399,040m² (trezentos e noventa e nove metros e quarenta milímetros quadrados), desmembrado do terreno, como dito no início da presente escritura não ultrapassando, portanto, o 2º andar da construção ora existente ou 3º pavimento. Essa construção será feita sem dependência de manifestação de consentimento, autorização, aviso ou notificação dos e aos demais condôminos do Edifício SulAmérica, que a ela nada poderão opor, devendo obedecer a um afastamento de três (3) metros, no mínimo, entre o Edifício SulAmérica e o prédio a ser feito.[109]

A metragem especificada no documento correspondia à metade da área da então Praça da Independência, visto que a outra metade pertencia ainda à torre SULACAP. De toda forma, percebe-se que já era nítida a intenção dos senhores Benzion Levy e Isaias Idel Levy de construírem na área livre, o que ocorreu de fato na década seguinte.

O mesmo aconteceu com o SULACAP, que foi comprado pelos senhores Alair Gonçalves Couto, Juarez Mariano Machado e Roberto Santos Laureano, com exceção de um dos andares, o qual foi mantido em nome da empresa. A certidão de compra e venda, além de registrar a convenção do condomínio recém-instituído, determinava as frações ideais do terreno. Sobre a parte livre do lote, havia informação similar à contida na certidão de venda do edifício Sul América, permitindo a construção na área livre.

A construção do edifício descaracterizante entre as duas torres gerou polêmicas na capital mineira. Moradores lamentaram a intervenção e nos anos seguintes lutaram pela sua desapropriação e posterior demolição.

108 Conforme escritura pública de compra e venda, lavrada no livro n. 226, à folha 71-v, de 25/10/1966 nas notas do tabelião do 4º Ofício de Notas de Belo Horizonte, registrada sob o n. 929, no livro 4-A, à folha 91, do 4º Ofício de Registros de Imóveis da mesma capital.

109 Cláusula 20 da Convenção de Condomínio do Edifício Sulamérica. Escritura pública registrada no livro de notas n. 229-A, às folhas 102 a 120-v, do cartório do 4º Ofício de Notas de Belo Horizonte.

Vista aérea do conjunto arquitetônico mostrando a construção entre as duas torres, 2019. FONTE: Extraído do vídeo da campanha Janela Aberta. Foto de José Caputo para a campanha. Disponível em: http://www.janelaaberta.com.br/. Acesso em: nov. 2020.

Em 1995, o edifício Sul América já estava quase totalmente ocupado por escritórios, consultórios e atividades comerciais diversas, restando apenas alguns poucos moradores nos apartamentos originais. Em notificação aos condomínios das duas torres, a Prefeitura de Belo Horizonte exigiu a regularização da situação de uso das edificações e a elaboração de um levantamento arquitetônico com o registro de todas as alterações ocorridas no decorrer dos anos após o habite-se inicial. Essa exigência provavelmente decorreu do tombamento do Conjunto Urbano da Avenida Afonso Pena e Adjacências (do qual o conjunto faz parte), que acarretou maiores cuidados por parte da administração pública com relação a todos os edifícios inseridos no perímetro de acautelamento.

Diante de diversos levantamentos apresentados pelos síndicos dos edifícios SULACAP/Sul América, no ano de 2001 a Diretoria de Patrimônio Cultural do município elaborou o anteprojeto de restauração para o conjunto arquitetônico. Tal projeto, de autoria dos arquitetos Carlos Henrique Bicalho e Mariana Guimarães Brandão, previa, além da recuperação do hall dos edifícios, a restauração das fachadas, a substituição das placas publicitárias por outras padronizadas pelo órgão, a instalação de novos portões metálicos nas entradas das galerias e, sobretudo, o retorno da praça ajardinada, com a demolição da edificação descaracterizante entre as duas torres. Em dezembro de 2012, o Ministério Público interveio por meio de requisição à Diretoria do Patrimônio Cultural para a realização de vistoria no edifício SULACAP, a fim de avaliar o seu estado de conservação, com posterior envio de laudo de constatação. Além disso, solicitou esclarecimentos relativos às diretrizes de proteção para o bem cultural e eventuais medidas emergenciais.

A vistoria realizada pelos arquitetos da Diretoria resultou em um laudo técnico cujo conteúdo registrou que não só o prédio SULACAP mas todo o conjunto arquitetônico apresentava "péssimo estado de conservação, necessitando de obras de restauração e reversão de intervenções descaracterizantes".[110] Com isso, foram realizadas diversas reuniões e audiências ao longo de 2013 entre o Ministério Público, Corpo de Bombeiros, síndicos dos dois edifícios e lojistas, com o objetivo de adequar as intervenções necessárias e a conservação do conjunto.

Apesar do acordo resultante das reuniões, partiu do edifício Sul América a iniciativa da elaboração do Dossiê de Tombamento e do Plano de Restauração,[111] providenciando o seu devido protocolo na Diretoria de Patrimônio para a análise pelo Conselho Deliberativo do Patrimônio Cultural de Belo Horizonte (CDPCM-BH), resultando no tombamento municipal isolado do Conjunto Arquitetônico.[112]

As duas torres já possuíam certa proteção por pertencerem ao Conjunto Urbano da Avenida Afonso Pena e Adjacências, mas não há como negar que o tombamento isolado possibilitou ações mais diretas para a preservação do bem, uma vez que no dossiê de tombamento foram estabelecidas diretrizes específicas de proteção, tais como a necessidade de elaboração do Plano de Restauração do Conjunto Arquitetônico. Esse documento, que conduziria de forma mais programada as intervenções necessárias ao conjunto, foi concluído e aprovado pelo Conselho Municipal no ano de 2015.[113] Além disso, após o seu tombamento, a construção indevida na antiga Praça da Independência voltou a ser comentada pela mídia local, motivando o então vereador Gabriel Azevedo a estruturar uma campanha em prol da desapropriação da edificação descaracterizante, denominada Janela Aberta.[114] Por fim, em 6 de março de 2023, a Prefeitura Municipal de Belo Horizonte publicou o decreto nº 18.267, declarando de utilidade pública a construção indevida entre as torres, e iniciou as obras de demolição para, finalmente, devolver à cidade o espaço da antiga Praça Tiradentes, ou Praça da Independência.

110 Documento n. 0935-2012, de 21 de dezembro de 2012.

111 O dossiê foi contratado pela então síndica Bruna Piantino e elaborado por mim e pela arquiteta Sarah Floresta, então responsáveis técnicas da empresa Arimateia e Floresta.

112 Conforme reunião do Conselho Deliberativo em 15 de abril de 2015 e Deliberação nº37/2015, publicada no DOM (Diário Oficial do Município de Belo Horizonte) em 28 de abril de 2015.

113 Documento cuja equipe técnica coordenei.

114 http://www.janelaaberta.com.br/

Prospecções arquitetônicas e urbanísticas do entorno

Ao contrário das demais sedes estudadas, cujas alterações ao longo dos anos foram pontuais e não atentaram contra as propostas projetuais do arquiteto Roberto Capello, o conjunto arquitetônico SULACAP/Sul América de Belo Horizonte sofreu drástica descaracterização em relação a seu projeto original,

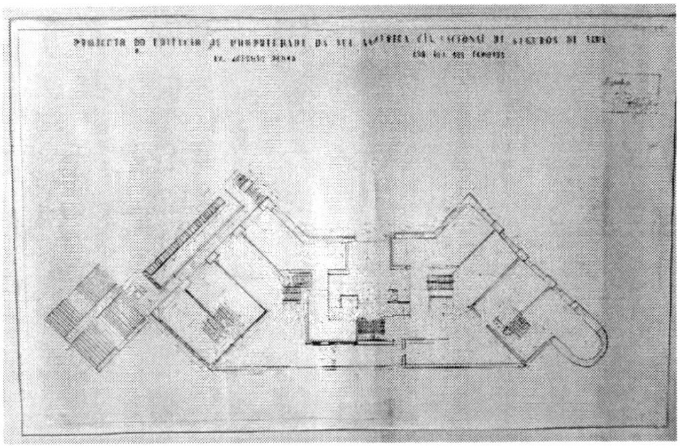

Planta do pavimento térreo **do edifício Sul América**, com destaque para as áreas livres, atualmente construídas. Projeto original arquivado da administração do condomínio. FONTE: Acervo do condomínio Sul América.

sobretudo pela construção da edificação indevida na área livre entre as duas torres. Antes disso, na década de 1960, cada torre mais baixa do conjunto, projetada e construída com três pavimentos acima do térreo, foi acrescida de mais um pavimento. Além disso, o pavimento térreo do volume mais baixo da torre Sul América sofreu alteração de áreas no trecho referente à esquina entre a Av. Afonso Pena e Rua Tamoios e também no trecho referente à face voltada para o Viaduto Santa Tereza, interrompendo a linearidade da marquise existente.

A partir dos anos 1980, as duas torres sofreram inúmeras intervenções de manutenções, muitas delas registradas nas atas das administrações, como, por exemplo, a pintura sobre o revestimento em pó de pedra das fachadas e o cercamento das circulações entre as duas torres com gradil de ferro para impedir o fluxo de pedestres no período da noite. Posteriormente a convenção do condomínio do Sul América foi alterada, conferindo aos proprietários dos apartamentos a faculdade de utilizá-los para fins comerciais.[115] Essa mudança de uso reflete que, naquela época, o centro de Belo Horizonte já se consolidava como o principal polo de negócios, transformando-se gradualmente na região econômica mais importante da capital. Esse processo contribuiu

115 Assembleia Geral Extraordinária do Sul América, ocorrida em 30/09/1974.

significativamente para a transformação da paisagem urbana, com a construção de edifícios cada vez mais altos para atender à crescente demanda.

Antes disso, quando as duas torres foram construídas, a área central da capital planejada ainda possuía uma quantidade considerável de terrenos não edificados, já que a construção da capital foi um processo lento e gradual, assim como foi a verticalização de sua paisagem urbana, que se tornou mais intensa apenas a partir da década de 1950. Desse modo, as duas torres, quando construídas, destacaram-se no contexto ainda pouco verticalizado e caracterizado por um conjunto arquitetônico pouco denso.

Já na década de 1970, Belo Horizonte indicava um crescimento populacional bastante acelerado. Com um milhão de habitantes em uma área territorial consideravelmente pequena, a cidade crescia desordenadamente rumo às regiões norte e oeste, invadindo os municípios limítrofes. Nesse sentido, ocorreu uma saída das famílias da área central para outros bairros da capital, ao passo que empresas vinham ocupar essa região para exercer suas atividades comerciais. A afirmação da área central como núcleo de negócios incentivou ainda mais as construções destinadas a esse setor. Foi nesse contexto que a praça entre as duas torres foi ocupada por uma edificação de uso comercial, anulando totalmente a relação do edifício com seu entorno, proposta por Capello.

É oportuno destacar que, antes mesmo da construção das sedes da Sul América, o Parque Municipal Américo Renné Giannetti, vizinho ao terreno que seria adquirido pela empresa, vinha sofrendo sucessivas perdas em sua área original. Tal processo iniciou-se em 1912 com a transferência de aproximadamente 45.000m² do seu território para a construção da Faculdade de Medicina e do Centro de Saúde do Estado. Na década de 1940, outra parcela foi ocupada com a construção do Palácio das Artes.[116] Originalmente projetado com área de formato quadrangular e mais quatro quarteirões não edificáveis em seus vértices, o Parque consolidou-se na década de 1970 com um terço da sua área prevista. Essas e outras alterações no espaço urbano da cidade contribuíram para a saída dos moradores do Sul América e de outros edifícios residenciais. Nessa época, em decorrência da falta de planejamento que orientasse o crescimento da área central, sua paisagem urbana tornou-se confusa e pouco atrativa.

116 GALERA, Izabella. GARCIA, Paula M. Brasil. Alegorias do tempo: uma reflexão sobre a transformação da paisagem do Parque Municipal de Belo Horizonte – Minas Gerais. *In*: ANAIS DO XVII ENAMPUR, 2017, São Paulo/SP. Disponível em: http://anpur.org.br/xviienanpur/principal/publicacoes/XVII.ENANPUR_Anais/ST_Sessoes_Tematicas/ST%207/ST%207.8/ST%207.8-02.pdf. Acesso em: 2 out. 2020.

Relação do edifício com o entorno

> Na realidade, a formação de uma paisagem urbana significativa é a finalidade principal de uma criação urbana, mas a consideração da paisagem existente tem importância para qualquer arquiteto que vai projetar um edifício em um entorno urbano.
>
> ENRICO TEDESCHI, 1962.[117]

A partir da década de 1930, a intensificação do processo de industrialização da capital mineira e o expressivo aumento populacional começaram a mudar os ares provincianos da nova capital. Além disso, o incipiente mercado imobiliário respondeu por uma considerável parcela nesse processo de transformação urbana e a falta de uma legislação orientada e fiscalizada permitiu alterações inadequadas em seu contexto. Até essa década, a área central da cidade era ainda marcada pelo conjunto arquitetônico construído pela Comissão Construtora, de baixa altimetria e linguagem eclética. Como mencionado, a legislação urbanística aprovada em 1930 criou as bases para o início do processo de verticalização, embora os primeiros edifícios em altura tenham sido construídos apenas em 1935 (edifício Ibaté e Feira Permanente). Alterações sucessivas nessa normativa tinham a intenção de favorecer o processo de adensamento e a verticalização urbana.

Para projetar o conjunto urbano SULACAP e Sul América da cidade, Roberto Capello baseou-se, portanto, na normativa aprovada em 1938, que já tinha uma permissividade maior para a altimetria na área central, e também no documento de compra e venda do imóvel, que exigia a manutenção da referida galeria no eixo do Viaduto Tocantins. Essas exigências poderiam levar a diversas soluções projetuais, nem sempre as mais interessantes, entretanto o arquiteto soube muito bem interpretá-las de forma positiva ao propor a integração harmônica do conjunto arquitetônico com o espaço urbano imediato. No ano de 1940, uma nova legislação urbanística foi aprovada (Decreto Lei nº 84/1940), com poucas alterações em relação à anterior; mas, nesse ponto, as obras das torres já estavam em andamento.

Quando inaugurado, o conjunto arquitetônico foi amplamente noticiado nos jornais do estado. Em um contexto pouco verticalizado, as duas torres destacavam-se pela sua monumentalidade, técnicas construtivas avançadas, aspectos formais e pelo novo modo de morar em apartamentos. Famílias e empresas eram atraídas pelo novo empreendimento, que passou a representar a modernidade tão pretendida no período.

117 TEDESCHI, Enrico. *Teoría de la arquitectura*. Buenos Aires: Ediciones Nueva Visión, 1978. p. 99. Tradução minha: "*En realidad, la formación de un paisaje urbano significativo es la finalidad principal de una creación urbana, pero la consideración del paisaje existente tiene importancia para cualquier arquitecto que deba proyectar un edificio en un entorno urbano.*"

Entorno urbano, com as duas torres à esquerda da imagem, década de 1940. FONTE: Diretoria de Patrimônio Cultural de Belo Horizonte.

Esse destaque se manteve até a década de 1970, quando a área central se consolida como o principal núcleo de negócios da cidade, com a saída das famílias para os novos bairros residenciais mais tranquilos. Nesse contexto, o processo de verticalização decorrente da construção de torres de escritórios se intensifica, alterando a paisagem urbana imediata. Foi nesse período que a praça entre as duas torres foi ocupada pela edificação comercial, anulando totalmente a relação do edifício com seu entorno, proposta inicialmente por Capello. Na década de 1990, as unidades residenciais do edifício Sul América já estavam quase totalmente ocupadas por empresas, restando apenas poucos moradores.

Na atualidade, a região ainda é caracterizada por sua diversidade de comércio e serviços, instalados nas estruturas arquitetônicas de extrema importância cultural, arquitetônica, paisagística e histórica para a capital mineira.

Por volta de 2015, uma nova centralidade artístico-cultural formou-se nas proximidades das duas torres, onde a abertura de bares e restaurantes, além dos movimentos culturais de rua, reativou a vida noturna da região. A Rua Sapucaí, anteriormente abandonada, foi gradualmente ocupada por esses movimentos, revelando ao público uma nova perspectiva da paisagem urbana verticalizada do centro, emoldurada pelas duas torres verticais.

Vista das torres a partir do Viaduto Santa Tereza (antigo Viaduto Tocantins). FONTE: Acervo da autora, 2019.

Análise formal[118]

> A forma, ao definir o espaço, dá existência cultural ao entorno e, desse modo, se faz possível a realização da função, a qualifica e transmite o seu significado.
>
> MARINA WAISMAN, 1985.[119]

Para a concepção do projeto arquitetônico do conjunto arquitetônico SULACAP/Sul América de Belo Horizonte, Roberto Capello adotou uma linguagem formal totalmente diferenciada e inovadora para a década de 1940, conferindo a essa obra um caráter exemplar no contexto urbano da cidade.

A implantação foi pensada de maneira a manter uma área não edificada entre as duas torres, emoldurando a visada para o eixo do então Viaduto Tocantins, atual Viaduto Santa Tereza. As duas edificações que compõem o conjunto apresentam volumetria e fachadas idênticas e estão dispostas simetricamente em lotes triangulares, os quais, juntos, compõem o quarteirão conformado pelas ruas Tamoios, Bahia e Av. Afonso Pena.

118 As peças gráficas apresentadas a seguir referem-se a atual situação das edificações, conforme levantamento realizado nos anos de 2015 e 2018 com base nos projetos originais. Desenho: Michele Teodoro, 2019.

119 *La forma, al definir el espacio, da existencia cultural al entorno, y de ese modo hace posible la realización de la función, la califica y transmite su significado.* WAISMAN, 1985, *op. cit.* p. 89.

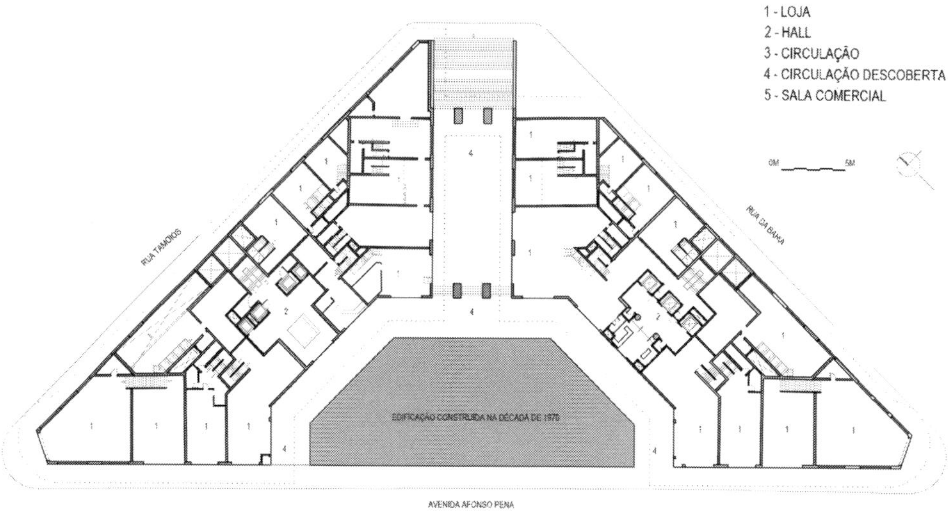

Planta do pavimento térreo dos dois edifícios. FONTE: Acervo da autora, 2019. Desenho: Michele Teodoro.

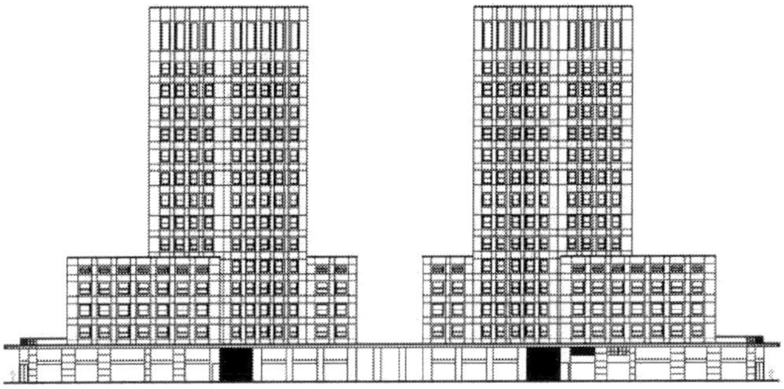

Desenho da fachada da Avenida Afonso Pena. FONTE: Acervo da autora, 2019. Desenho: Michele Teodoro.

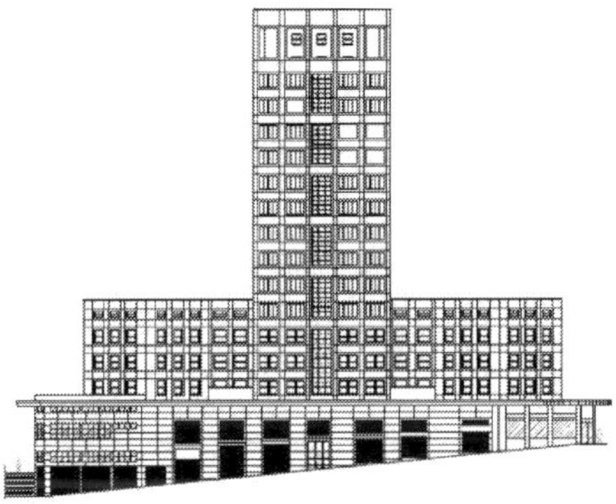

Desenho da fachada da Rua Tamoios. FONTE: Acervo da autora, 2019. Desenho: Michele Teodoro.

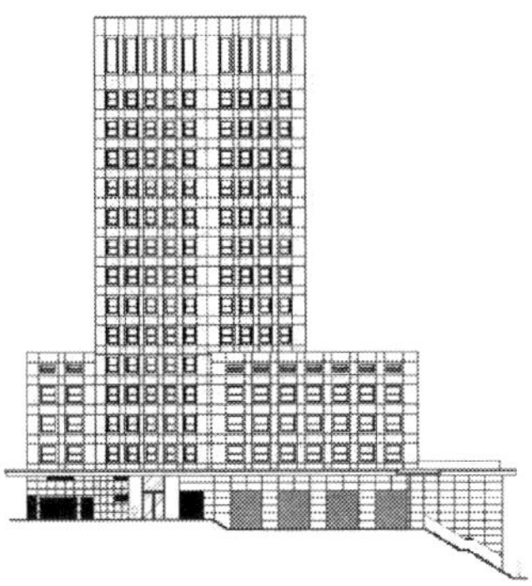

Desenho da fachada da Rua da Bahia. FONTE: Acervo da autora, 2019. Desenho: Michele Teodoro.

Cada edifício é composto por três volumes, sendo o volume central e mais alto um prisma regular e que confere a verticalidade ao conjunto, constituído por dezesseis pavimentos, com exceção dos subsolos. Os outros dois volumes são idênticos, com cinco pavimentos, e estão dispostos simetricamente ao volume mais alto em ângulo de quarenta e cinco graus. Conforme análise do edifício realizada pelo arquiteto Carlos Alberto Maciel, a adoção da solução de transição de volumes mais baixos para o mais alto evitou "a opressiva presença de um arranha-céu sobre o espaço aberto".[120]

A composição das torres remete ao caráter regular cartesiano difundido pelo movimento moderno e, ao mesmo tempo, ao esquema tripartido de origem clássica, em que a base, corpo e coroamento articulam o organismo arquitetônico em altura. É possível fazer a leitura de duas bases, uma comum ao conjunto arquitetônico, conformada pelos pavimentos térreos das duas torres e pelas suas marquises que contornam todo o perímetro e se unem nos dois pilares existentes da escadaria de acesso ao viaduto. A outra base é formada pelos volumes mais baixos de cada edifício e dispostos simetricamente pelo corpo principal. O coroamento é definido pelas aberturas verticais de altura dupla que ventilam e iluminam uma circulação com pé-direito duplo existente em todo o perímetro da torre, resultante do recuo dos dois últimos pavimentos em relação aos pavimentos inferiores.

Vista da torre Sul América.
FONTE: Acervo da autora, 2018.

120 MACIEL, Carlos Alberto. O exemplo e a regra. *Hoje em Dia*, Belo Horizonte, 28 maio de 2006, p. 10.

Circulação do penúltimo pavimento, de pé-direito duplo, destinado aos empregados dos apartamentos. FONTE: Acervo da autora, 2018.

As duas torres são desprovidas de ornamentação e possuem aberturas em vãos ritmados, dispostos harmonicamente pelos panos das fachadas. Das quatro fachadas que compõem a torre mais alta, verifica-se a composição idêntica em três delas. A quarta, voltada para as ruas adjacentes à avenida principal (Afonso Pena), difere-se das demais pela presença de vãos centrais de altura dupla em relação às outras esquadrias, que iluminam a escadaria de incêndio.

Os modelos das esquadrias contribuem para a composição da forma. A tipologia é variada, predominando o uso da madeira, apesar da existência de portas e janelas em ferro, como, por exemplo, a portada de acesso principal e a de serviço.

Análise funcional

> O espaço arquitetônico, como a concretização do espaço existencial, pode ser considerado em três dimensões: primeiramente, a dimensão simbólica, que é relacionada ao universo das percepções, emoções e crenças. [...] Em segundo lugar, a dimensão funcional (ou de uso), que se refere ao ordenamento das coisas no espaço para o desempenho das atividades cotidianas. [...] Finalmente, a dimensão tecnológica, ou pragmática [...].
>
> MARIA LUCIA MALARD, 2006.[121]

121 MALARD, Maria Lucia. *As aparências em arquitetura*. Belo Horizonte: Editora UFMG, 2006. p. 125.

Desde o final do século XIX, a área central da nova capital mineira já contava com diversos edifícios construídos pela Comissão Construtora, além de uma significativa estrutura de transporte, educação, saneamento e assistência médica, o que possibilitou a transferência dos serviços administrativos que ainda funcionavam em Ouro Preto. Na década de 1940, o município já estava em franca expansão, passando a influenciar as outras regiões de Minas Gerais. O conjunto arquitetônico SULACAP/Sul América foi construído nesse contexto e, quando inaugurado, seu aspecto formal e tipologia de uso misto inovadores atraíram rapidamente os compradores das unidades residenciais e comerciais.

A torre SULACAP foi construída para uso exclusivamente comercial, com lojas no pavimento térreo e salas comerciais nos demais andares. Já o edifício Sul América, de uso misto, apresentava lojas e salas comerciais do térreo ao quarto pavimento e dois apartamentos residenciais por andar nos pavimentos superiores. Além disso, cada apartamento residencial possuía uma dependência para empregados localizada nos dois últimos pavimentos, recurso projetual também utilizado pelo arquiteto no SULACAP de Porto Alegre.

Originalmente, o acesso ao hall principal de cada edifício era realizado pela praça central, que por sua vez era acessada tanto pela Av. Afonso Pena quanto pela escadaria localizada no encontro das ruas Bahia e Tamoios e no eixo do então Viaduto Tocantins. Os acessos ainda são os mesmos, no entanto, a posterior ocupação da praça pela edificação indevida resultou em uma circulação de cinco metros de largura entre a nova construção e as duas torres, que posteriormente foi fechada com um gradil, impedindo o acesso dos pedestres no turno da noite. Além do hall, cada torre possui um acesso de serviço localizado nas respectivas ruas adjacentes (Tamoios e Bahia).

O pavimento térreo é composto pelo hall de entrada (ambos revestidos em mármore), além das lojas com acesso exclusivo pelas ruas e pela área entre as duas torres. Cada loja possui sua sobreloja, que conforma o pé-direito duplo do hall principal. Originalmente, cada andar comercial possuía os banheiros de uso comum, configuração ainda preservada em alguns pavimentos, apesar dos acréscimos de instalações sanitárias individuais em algumas unidades.

No edifício Sul América restam apenas três apartamentos com a configuração original e ainda ocupados por moradores. Os demais foram transformados em salas comerciais ou conjunto de salas. No SULACAP, o uso comercial ainda se mantém, inclusive nos dois últimos pavimentos que formam o coroamento.

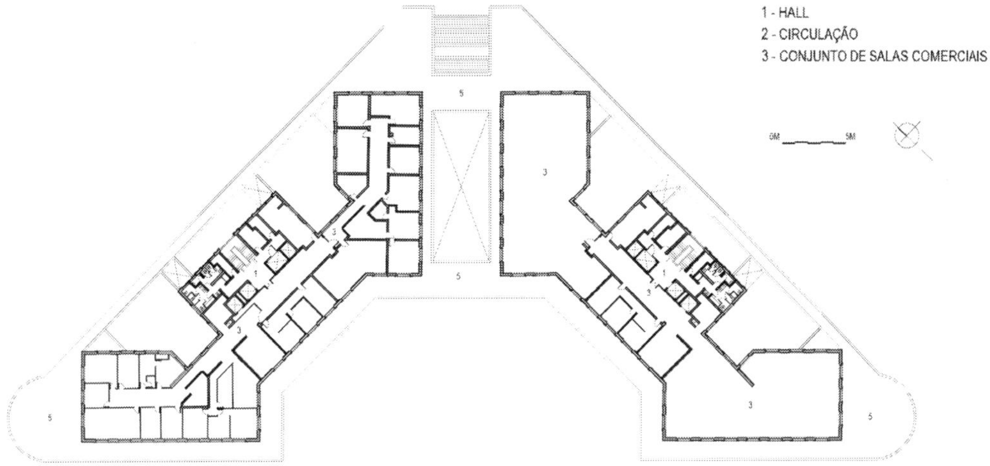

Planta do pavimento tipo do primeiro ao quarto-andar. FONTE: Acervo da autora, 2019. Desenho: Michele Teodoro.

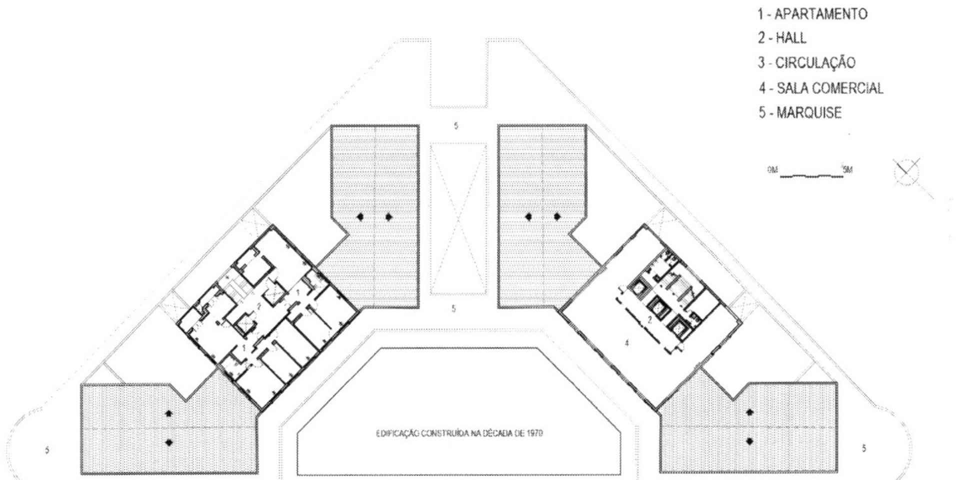

Planta do pavimento tipo do quinto ao décimo-terceiro pavimento. FONTE: Acervo da autora, 2019. Desenho: Michele Teodoro.

3.7. SALVADOR/BA – SULACAP E SUL AMÉRICA

Ficha técnica – Edifício SULACAP

Nome original	Edifício SULACAP
Nome atual	Edifício SULACAP
Endereço	Av. Sete de Setembro, nº 62 - Praça Castro Alves, Ladeira de São Bento, Salvador, BA
Autoria	Roberto Capello
Ano do projeto	Anterior a 1946
Ano de conclusão da obra/inauguração	1946 (revista *Sul América*, n° 104 e 105, Ano 27, jan. a jun. 1946, p. 27 e Dossiê de Tombamento)
Construtora	Companhia Pederneiras S.A. (Dossiê de Tombamento)
Uso original	Misto (lojas no térreo, apartamentos e salas nos pavimentos superiores), conforme descrição do edifício no lançamento da pedra fundamental. (revista *Notícias de Sulacap*, nº47). Porém o dossiê de tombamento registra o uso original comercial
Uso atual	Comercial
Propriedade	Privada (condomínio)

Ficha técnica – Edifício Sul América

Nome original	Edifício Sul América
Nome atual	Edifício Sul América
Endereço	Rua Chile, nº 18, Centro, Salvador/BA
Autoria	Atribuída a Roberto Capello
Ano do projeto	Antes de 1950
Ano de conclusão da obra/inauguração	23 de agosto de 1951 (revista *Sul América*, nº 127, Ano 33, fev. e mar. 1952, p. 30.)
Construtora	Construtora Paderneiras (BIERRENBACH, 2019)
Uso original	Comercial (lojas no térreo e salas nos pavimentos superiores)
Uso atual	Comercial
Propriedade	Privada (condomínio)
Proteção/nível	Tombamento isolado inexistente, porém o edifício está inserido na poligonal do Centro Histórico de Salvador, declarado Patrimônio Cultural da Humanidade pela Unesco em 1985

Vista do SULACAP a partir da Praça Castro Alves. FONTE: Acervo da autora, 2018.

Edifício Sul América de Salvador. Foto: Rodrigo Baeta, 2020.

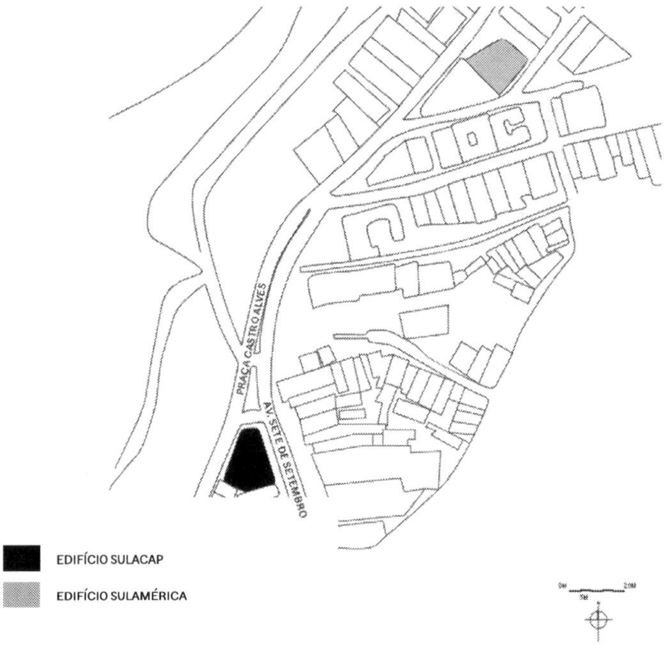

Planta de situação do Sul América e SULACAP de Salvador. FONTE: Acervo da autora, 2018. Desenho: Michele Teodoro.

Análise histórica

Há registros da atuação da empresa Sul América na capital baiana desde 1927, quando as instalações da sucursal funcionavam em uma edificação alugada na Rua Chile nº 16.[122] Tudo indica que a empresa adquiriu essa mesma edificação para ser demolida e dar lugar a um novo edifício maior e mais moderno. No ano de 1946 há registros do andamento da obra,[123] que foi inaugurada cinco anos depois conforme noticiou o periódico da empresa:

> Na Bahia, o Edifício Sul América foi solenemente inaugurado em 23 de agosto de 1951. Está situado na Rua Chile, a principal da cidade, esquina com Bonifácio Costa. Tem doze andares, com amplo subsolo, é revestido de travertino e dotado de moderníssima instalação de ar condicionado, além de serviço de água filtrada e gelada, dispondo ainda de três elevadores. É, sem favor, no momento atual, um dos mais vistosos da capital baiana.[124]

Já a empresa SULACAP iniciou suas atividades na mesma cidade no ano de 1935, em duas salas alugadas no Edifício Monte Pio, então localizado na Rua Chile nº 31, nas proximidades da sucursal da Sul América.[125] Em outubro do mesmo ano, a empresa se transferiu para o edifício nº 14 da Rua Conselheiro Dantas,[126] onde permaneceu até novembro de 1940, quando se instalou provisoriamente na Rua Padre Vieira, nºs 11 e 13, até a finalização das obras da sede própria.[127] Para o início da construção do novo edifício, a empresa adquiriu o terreno resultante da demolição do Hotel Sul Americano, na Praça Castro Alves. A cerimônia de lançamento da pedra fundamental, em 6 de julho de 1940, contou com a participação do Sr. Eduardo Humitzch, representante do arquiteto Roberto Capello. O discurso proferido pelo Sr. Mário Borges de Andrade Ramos, um dos diretores da empresa, apresentou aspectos sobre as antigas edificações do terreno, bem como as características construtivas da nova sede da SULACAP:

122 Revista *Sul América*, nº 32, Ano 8, outubro de 1927.

123 Revista *Sul América*, nº 104 e 105, Ano 27, jan. a jun. 1946, p. 27.

124 Revista *Sul América*, nº 127, Ano 33, fev. e mar. 1952, p. 30.

125 Salas 4 e 5 do Edifício Monte Pio. Jornal *O Imparcial*: *Matutino Independente* (BA), 14 ago. 1935, Ano XIII, edição nº 1421.

126 As novas instalações da SULACAP foram inauguradas em comemoração aos seis anos da sucursal Bahia-Sergipe. Jornal *O Imparcial*: *Matutino Independente* (BA), 31 out. 1935, Ano XIII, edição nº 1498.

127 Revista *Notícias de Sulacap*, nº 51, Ano 5, nov. 1940, p. 3.

> Nesta tradicional esquina da Rua Carlos Gomes com a vetusta ladeira de São Bento, que se está transformando na bela Avenida 7 de Setembro, anteriormente a 1884 existia um edificio primitivo, que mais parecia um barracão, coberto de zinco, ao qual se dava indevidamente a denominação de Hotel Bonnaud. Naquele ano, porém, o arrojado e benemérito Antônio Luiz Alves aqui ergueu novo edifício, de vistosa expressão arquitetônica para a sua época e no qual montou o 'Hotel Sul Americano' cujo prédio acaba de ser demolido. Nesse Hotel, que foi sem dúvida o primeiro hotel de classe construído na Bahia, ainda no tempo em que os viajantes do interior tinham o hábito de se hospedarem em residências dos parentes e amigos, reuniam-se, não só os estrangeiros que visitavam a Bahia, como também a elite da sociedade bahiana. [...] O 'Edifício Sulacap,' que aqui se erguerá, será não só uma garantia para os portadores dos títulos 'Sul América Capitalização', como também um monumento arquitetônico erigido em honra ao Povo Bahiano [...]. O plano da construção desse monumento foi precedido de estudos sôbre o arruamento mais conveniente, de pleno acôrdo com as autoridades municipais da cidade[...].
>
> A base do edifício ocupará uma área de cêrca de 800 metros quadrados, levantando-se em 15 pavimentos, e mais um subsolo, com duas amplas garagens e com alojamentos que terão a superfície total de cêrca de 6.000 metros quadrados, divididos em lojas, escritórios e apartamentos, construídos com os requisitos mais modernos e servidos por 4 elevadores.
>
> Sómente uma pequena parte desta tão grande área habitável será ocupada pelos escritórios da Companhia, com o conforto necessário ao seu pessoal. Quase todo o edifício, portanto, será destinado à locação, como fonte de renda da aplicação de uma parcela do Ativo da Companhia, que garante os valores de resgate dos seus títulos.[128]

A informação de que a construção do SULACAP se deu após a demolição do Hotel Sul Americano foi também registrada por Andrade Junior, em sua tese de doutorado[129] e no Dossiê de Tombamento do Imóvel (IPAC).

128 Revista *Notícias de Sulacap*, nº 47, Ano 4, jul. 1940, p. ?

129 ANDRADE JUNIOR, *op. cit.*

Antigo Hotel Sul Americano (na esquina, à direita na imagem).
FONTE: Arquivo Nacional do Brasil.
Disponível em: https://br.pinterest.com/pin/737183032727155983/

O início da elaboração dos projetos arquitetônicos das duas sedes pode ser vinculado às viagens de Capello a Salvador, registradas nos principais jornais do Rio de Janeiro no período de 1939 a 1948:

> Pelo hidro-avião da linha internacional da Pan American Airways, parte hoje, às 6 horas, do Aeroporto Santos Dumont: [...] para a cidade de Salvador, Alceu Reveilleau, dr. Roberto Capello e B. F. Weaver [...].[130]

A autoria de Roberto Capello para a sede SULACAP foi confirmada pelas inúmeras notícias nos periódicos da empresa, apesar da existência de relatos atribuindo a autoria aos arquitetos Anton Floderer e Robert Prentice, como a publicada, por exemplo, nas notícias da página do Instituto do Patrimônio Artístico e Cultural da Bahia (IPAC). Trata-se, possivelmente, de um erro da matéria, visto que o próprio Dossiê de Tombamento[131] – elaborado também

130 *Diário de Notícias*, 17 de outubro de 1939, p. 9, segunda seção, edição 05207. Outras notas registraram que Capello visitou Salvador em 1944 (Jornal *A Manhã*, Rio de Janeiro, 23 de julho de 1944, p. 6, edição 00906) e 1948 (*Diário de Notícias*, 23 de outubro de 1948, p. 3, segunda seção).

131 O Dossiê de tombamento do SULACAP foi elaborado pelo IPAC em decorrência da solicitação de proteção do edifício encaminhada pela Universidade Católica do Salvador (UCSAL), conforme Informação Técnica nº 037/2007, anexada ao Dossiê. Tal solicitação gerou o processo de abertura de tombamento em 21 de agosto de 2008, conforme notificação emitida pelo IPAC, encaminhada à administração do condomínio por meio do Ofício nº 485/2008.

pelo IPAC - atribui a autoria a Capello.[132] Conforme relatado, Robert Prentice assinou projetos para algumas sedes da empresa antes da contratação de Capello, na década de 1930, como as sedes SULACAP de São Paulo e Niterói, entretanto, em relação à sede de Salvador, os registros disponíveis confirmam a autoria única de Capello.

As atividades realizadas na ocasião do evento de inauguração do SULACAP em 1946 foram registradas no Dossiê de Tombamento:

> Várias autoridades, civis e militares, delegações de quase todos os Estados do Brasil e interior, alto comércio, indústria, jornalismo, famílias, e pessoas de destaque na sociedade estiveram presentes no evento, além do Superintendente Geral das Agências e Chefe de Produção desta empresa capitalizadora [...].
>
> O programa de festividades, segundo os jornais pesquisados, contou com uma visita à Basílica do Bonfim, passeios aos pontos pitorescos de Salvador, um coquetel no último andar do Edifício e também no Iate Clube, além de um 'lauto' jantar na sede da Associação Atlética da Bahia. Toda a solenidade, relatam ainda os jornais, foi filmada desde o seu início para ser devidamente documentada e exibida no Sul e no Norte do País.[133]

Já a autoria de Capello para a sede Sul América não pôde ser confirmada, pela ausência de documentações referentes ao edifício, tanto nos arquivos da empresa quanto nos da prefeitura municipal. Entretanto, como as duas sedes foram construídas no mesmo período, a autoria foi atribuída ao arquiteto até que novas fontes comprovem o contrário.

Fato é que, em 1951, as duas sedes já compunham a paisagem urbana da área central de Salvador, resultante das sucessivas intervenções urbanísticas implementadas pelas gestões municipais e estaduais.

Antes da construção dos dois edifícios, em meados do século XX, o desejo de modernização da sociedade baiana e da administração pública promoveu uma significativa ruptura com o traçado urbanístico da ocupação original da cidade. Uma das ações mais drásticas na malha urbana ocorreu na administração de Joaquim Seabra (1912-1916), com o arrasamento de vários quarteirões para a abertura de vias mais largas e mais higiênicas. Tais ações, resultante do plano de saneamento para a área central da cidade e que se estenderam até 1940, visavam não apenas a salubridade ambiental como também o embelezamento urbano, de forma a romper com o passado colonial e obsoleto.

132 Ver: http://www.ipac.ba.gov.br/noticias/simbolo-da-arquitetura-art-deco-em-salvador-pode-ganhar-titulo-de-patrimonio-da-bahia. Acesso em: 28 fev. 2020.

133 Dossiê de tombamento do edifício SULACAP, IPAC.

A evolução dos debates em torno do tema da urbanização da cidade resultou na iniciativa de se elaborar um plano diretor que orientasse as novas construções e também o desenvolvimento urbano da cidade. O documento foi então desenvolvido no período entre 1942 e 1947 pelo EPUCS (Escritório do Plano de Urbanismo da Cidade do Salvador)[134] e serviu de base para a elaboração dos projetos arquitetônicos dos dois edifícios da empresa.

Antes considerado o bairro da elite baiana, a região central de Salvador sofreu um declínio considerável no século XIX com a saída dos moradores para a região sul da cidade. Mesmo assim, a Rua Chile, onde futuramente o edifício Sul América seria construído, ainda mantinha sua dinamicidade com a concentração dos principais comércios e serviços da cidade. Originalmente nomeada Rua Direita de Santa Luzia durante os primeiros períodos de ocupação de Salvador,[135] décadas seguintes passou a denominar-se Rua Direita dos Mercadores, em designação ao principal serviço estabelecido no local. No período imperial, a rua recebeu o nome de Rua Direita do Palácio, em função de sua proximidade com a sede do governo.

Do ponto de vista urbanístico, essa região permaneceu praticamente inalterada até o século XIX, quando o crescimento populacional impulsionado pelas secas no interior do estado e o aumento das epidemias exigiram medidas urgentes de saneamento na cidade. Nesse contexto epidêmico, a Rua Direita do Palácio teve seu nome alterado para Rua Chile, após quatro funcionários da esquadra chilena que estavam no Brasil não resistirem às doenças.[136]

Mesmo sendo uma das principais vias de ligação do núcleo urbano e com os problemas decorrentes do aumento da população, o entorno imediato apenas veio a receber uma intervenção urbana na administração de José Eduardo Leite de Carvalho Filho, no período de 1900 a 1903, que se limitou em melhoramentos pontuais, como a substituição da iluminação pública, calçamento e trilhos dos bondes.[137] Como mencionado, o desejo de modernidade latente da sociedade fomentou as drásticas intervenções na área nas décadas seguintes. No decorrer dessas transformações, a Rua Chile teve sua largura duplicada[138] com a demolição das edificações de um lado da via.

As obras da Avenida Sete de Setembro, que junto com a Rua Carlos Gomes conforma o terreno do edifício SULACAP, também foram realizadas durante

134 BRITTO, L.; MELLO, M.; ALMEIDA, R. M. O processo de transformação urbana de Salvador. *RDE- Revista de Desenvolvimento Econômico*, v. 2, 2017. p. 111-127.

135 OLIVEIRA, Neivalda Freitas de. *Rua Chile -caminhos de sociabilidades, lugar de desejos, expressão de conflitos*: 1900-1940. Tese. (Doutorado em História) - Pontifícia Universidade Católica de São Paulo. 2008.

136 A Lei nº 577 de 17 de julho de 1902 alterou a denominação da rua. OLIVEIRA, *op. cit.*

137 OLIVEIRA, *op. cit.*

138 *Ibid.*

esse período, sendo concluídas no final do mandato de Seabra, em 1916. No entanto, a ampliação da Rua Chile não afetou negativamente o comércio local, pois os estabelecimentos comerciais mais sofisticados, como casas de chá, consultórios médicos e espaços de convivência, estavam majoritariamente localizados no lado da via que não sofreu demolições.

Na década de 1930, ainda não estavam ocupados os terrenos resultantes das demolições de um lado da via.[139] Ao mesmo tempo em que a construção dos novos edifícios com arquitetura mais moderna era elogiada, havia protestos contra a demolição da arquitetura antiga, discussão que se tornou recorrente na imprensa local em função dos incipientes debates em torno da defesa do patrimônio cultural de Salvador.

Ainda na década de 1930, novas transformações urbanísticas foram implementadas na região. A Praça Castro Alves, onde em um futuro próximo o SULACAP seria construído, tornou-se um canteiro de obras.[140] O terreno do antigo Teatro São João ficou desocupado até a construção, em 1936, da sede da Secretaria da Agricultura, Indústria, Comércio, Viação e Obras Públicas (atual Palácio dos Esportes). Com a sede do jornal *A Tarde* e o edifício da Secretaria construídos, o acesso à Rua Chile torna-se emoldurado.

Edificação da Secretaria da Agricultura, Indústria, Comércio, Viação e Obras Públicas (atual Palácio dos Esportes), à esquerda; e sede do jornal *A Tarde* (à direita). Acesso à Rua Chile, década de 1940. FONTE: http://www.salvador-antiga.com/praca-castro-alves/jornal-atarde.htm. Acesso em: 3 mar. 2020.

139 *Ibid.*

140 *Ibid.*

Independente das transformações urbanísticas ocorridas na Rua Chile e Praça Castro Alves, até a década de 1950 a região ainda era bastante dinâmica. Desse modo, os dois edifícios construídos foram erguidos em uma região que ainda concentrava os principais serviços e comércios da cidade. Entretanto, seus aspectos construtivos, altimetria e linguagem formal não representavam uma novidade para o contexto urbano, ao contrário das demais sedes construídas pela empresa. A paisagem urbana do centro de Salvador, nesse período, já se destacava pela presença de edifícios que incorporavam o discurso da arquitetura moderna em voga.

Talvez o SULACAP tenha se destacado mais que o Sul América no período pela sua imponência em relação aos sobrados coloniais até então existentes na Praça Castro Alves, os quais foram posteriormente demolidos para dar lugar a um terreno vazio, atualmente utilizado como estacionamento. Apesar das transformações da Praça Castro Alves após a construção do edifício, sua representatividade se manteve ao longo dos anos, culminando em sua proteção isolada pelo Instituto do Patrimônio Artístico e Cultural da Bahia (IPAC), o que não aconteceu com a sede Sul América, que segue esquecida e pouco referenciada na literatura sobre a arquitetura moderna de Salvador.

Prospecções arquitetônicas e urbanísticas do entorno[141]

A comparação entre imagens antigas e a situação atual do edifício SULACAP revelou que em relação à volumetria, partido arquitetônico e fachadas não houve alterações significativas e que descaracterizassem a proposta inicial do arquiteto Roberto Capello. Neste edifício, notam-se apenas algumas discordâncias entre o projeto original e o objeto construído, como os vãos da platibanda do coroamento, construídos em formato retangular em oposição às janelas circulares propostas no projeto.

141 Infelizmente, os projetos arquitetônicos originais dos edifícios não foram encontrados nos arquivos da Prefeitura Municipal, impossibilitando uma análise mais detalhada das prospecções arquitetônicas. No entanto, a existência da perspectiva original do SULACAP no acervo do arquiteto, juntamente como as inúmeras fotografias antigas disponíveis da edificação, permitiu um breve estudo comparativo desta sede, o que não foi possível com o edifício Sul América. A pesquisa no acervo da Prefeitura Municipal de Salvador foi realizada por meio de abertura do processo digital na SEDUR (Secretaria de Desenvolvimento e Urbanismo), nº SE 5913013000-5879/2020, o qual resultou na seguinte resposta do órgão: "Em atenção à solicitação de consulta ao projeto do edifício denominado sul américa, formulado pela sra. karine de arimatéia, informamos que não constam informações no banco de dados da SEDUR, sobre a edificação objeto do estudo. Devido à localização em área do conjunto arquitetônico, paisagístico e urbanístico do centro histórico da cidade do salvador, tombado pelo IPHAN, sugerimos consulta a este órgão ou à Fundação Gregório de Matos, órgão municipal de tombamento, devido ao valor cultural da edificação." As sugestões de pesquisas foram realizadas, porém não houve respostas dos órgãos.

Aspecto do entorno do edifício SULACAP na década de 1950. FONTE: http://salvadorhistoriacidadebaixa.blogspot.com/2013/06/ladeira-de-sao-bento-e-e-edificio.html. Acesso em: 27 fev. 2020.

Já em relação ao Sul América, a ausência de imagens antigas impediu a análise mais apurada das prospecções, entretanto, a situação atual do edifício, sem qualquer aspecto que remeta a uma alteração da sua composição, leva à conclusão preliminar de que, assim como o SULACAP, o edifício não sofreu intervenções que descaracterizassem o objeto original construído.

Em relação às prospecções urbanísticas do entorno, as alterações mais significativas dizem respeito às demolições dos sobrados coloniais da Praça Castro Alves, a reurbanização do espaço público do entorno, além da verticalização da Rua Chile e da Av. Sete de Setembro, aspectos que alteraram significativamente a paisagem imediata onde as duas sedes foram construídas. Na década de 1940, a maioria dos alargamentos das vias do entorno já estava concluída, de forma que a malha urbana estava praticamente consolidada quando os dois edifícios foram inaugurados.

Edifício SULACAP de Salvador. FONTE: Acervo pessoal de Carla Capello.

A Praça Castro Alves e a Rua Chile foram, por muito tempo, as áreas mais dinâmicas de Salvador, com a concentração dos principais edifícios públicos, linhas de bondes e o comércio mais sofisticado da cidade. Essas características, no entanto, começaram a se perder gradualmente a partir da década de 1950, com o surgimento de novas centralidades urbanas na parte baixa da cidade. O considerável aumento da população, o desenvolvimento econômico impulsionado pela descoberta do petróleo no território baiano e a intensificação da agricultura no estado contribuíram para a expansão dessas novas áreas urbanas, em oposição à área que ainda preservava resquícios do passado colonial.

Nas décadas seguintes à construção das duas sedes, os imponentes sobrados que ainda resistiam na região foram, aos poucos, sendo demolidos para dar lugar aos novos edifícios verticais de cunho institucional e empresarial, modificando a imagem urbana do entorno. As novas estruturas arquitetônicas verticais da Rua Chile transformaram radicalmente sua configuração e obstruíram as visadas dos edifícios remanescentes da ocupação inicial.

Como mencionado, as transformações da Praça Castro Alves e de seu entorno imediato continuaram ao longo dos anos com as constantes revitalizações da área central. Apesar disso, a sede da SULACAP continuou a se destacar no espaço urbano, ao contrário do edifício da Sul América, cuja presença é pouco notada tanto pelas pessoas que ali circulam quanto pela historiografia da arquitetura moderna baiana.

Relação dos edifícios com o entorno

> [...] de lugar-onde a coisa se realiza, o espaço integra-se na própria coisa, parte imprescindível dela.
>
> SYLVIO DE VASCONCELLOS, 1960.[142]

Como já apresentado, os edifícios SULACAP e Sul América de Salvador estão localizados na zona central de Salvador, nas proximidades do Pelourinho, área de ocupação inicial da cidade, listada pela Unesco como patrimônio mundial em 1985.[143]

142 VASCONCELLOS, Sylvio. *Arquitetura dois estudos*. Goiânia: MEC/SESU/PIMEG-ARQ/UCG, 1983. p. 17.

143 Disponível em: http://portal.iphan.gov.br/uploads/ckfinder/arquivos/Icomos%20salvador.pdf. Acesso em: mai. 2020.

Edifício Sul América de Salvador. Foto: Rodrigo Baeta, 2020.

O SULACAP, inaugurado em 1946, e o Sul América, em 1951, passaram a constituir a paisagem urbana da área central já praticamente verticalizada e com a malha urbana consolidada pelas intervenções urbanísticas realizadas a partir do século XX. Como mencionado, as modificações mais significativas para a modernização da região foram iniciadas pelo governador Seabra, as quais visavam substituir a antiga estrutura colonial por meio da demolição de quarteirões para a abertura de novas vias.

Independente das transformações urbanísticas ocorridas na Rua Chile e no entorno da Praça Castro Alves, até a década de 1950 a região ainda era bastante dinâmica, com a concentração dos principais serviços e comércios. A sede SULACAP, construída ainda quando a Praça Castro Alves concentrava as linhas de bondes e estruturas do período de ocupação, destacou-se ainda mais com as alterações. Já no caso do Sul América, construído em meio a um emaranhado de edificações resultantes de vários períodos de conformação da via, foi aos poucos perdendo a sua evidência com a verticalização das novas estruturas e, a partir daí, seguiu praticamente esquecido.

A verticalização da área central de Salvador decorreu das legislações urbanísticas instituídas a partir da década de 1920. A Lei nº 1.146, de 1926, foi a primeira a adotar parâmetros restritivos em relação à altura das novas edificações. Seus artigos, ao mesmo tempo que limitavam a altimetria em relação à largura da via, proibiam a construção de edificações de pavimento único em vias específicas da área central, incluindo a Rua Chile e a Av. Sete de Setembro, e propunham limites máximos para algumas delas. A legislação seguinte (Decreto Lei nº 701/48) não regulou a altimetria, o que veio a acontecer apenas em 1966, com o Decreto Lei nº 1855, quando as duas sedes da empresa já estavam construídas. Com essa normativa, a definição da altura máxima em prol da relação entre a taxa de ocupação e o coeficiente de aproveitamento foram abandonados. Já com a instituição da Lei nº 2403, de 1972, a área central passou a ter o coeficiente oito e a tendência de não fixar a altura máxima foi descartada.[144] Essa legislação, portanto, moldou o cenário em que as duas sedes estão atualmente inseridas.

Análise formal[145]

> O processo de criar e modificar lugares para propósitos sociais é dinâmico e dialético. As formas arquitetônicas são moldadas na experiência vivida, seja do espaço, seja da distância ou do tempo.
>
> MARIA LUCIA MALARD, 2006.[146]

Fachada da Rua da Ajuda, Sul América. Foto: Rodrigo Baeta, 2020.

144 RAHY, I. B. Verticalização e paisagem urbana. *In*: III SEMINÁRIO INTERNACIONAL URBICENTROS, 2012, Salvador. *Anais do II Seminário Internacional Urbicentros*: morte e vida dos centros urbanos. Salvador: Latitude21/Cartograf, 2012.

145 Desenhos realizados por Michele Teodoro, sob a coordenação da autora. As peças gráficas apresentadas a seguir foram redesenhadas a partir do levantamento arquitetônico presente no Dossiê de Tombamento do SULACAP, fornecido para esta pesquisa pelo IPAC, via ofício digital nº 335/2020 - IPAC/DG/GAB, em 26 de agosto de 2020. Os desenhos do Dossiê foram desenvolvidos pelos alunos do Centro Universitário Jorge Amado no ano de 2014, orientados pela professora Aline Luther. O referido Dossiê informa a existência do projeto arquitetônico original nos arquivos da Fundação Gregório de Matos, e que não foi anexado ao processo em função do seu precário estado de conservação. A tentativa de acesso às plantas originais foi feita a partir do encaminhamento de um e-mail à Fundação, porém não houve resposta por parte do órgão. Como mencionado, nenhuma referência ao projeto do edifício Sul América foi encontrada, o que justifica a ausência de sua análise funcional e também dos desenhos de seus pavimentos.

146 MALARD, *op. cit.* p. 52.

Edifício Sul América

O edifício Sul América de Salvador foi implantado de maneira a ocupar a totalidade do terreno retangular resultante da demolição de estruturas preexistentes. Desse modo, a planta segue o formato do terreno e apresenta as quatro quinas arredondadas.

A solução tripartida nesse edifício é bastante acentuada. Sua base é resolvida pelo pé-direito duplo e por amplas aberturas de acesso às lojas térreas, diferenciando-se do corpo pela composição das aberturas e pela presença de um friso horizontal em alto relevo em todo o seu perímetro. O corpo tem seis pavimentos, sendo que o último se difere dos demais pela presença de frisos horizontais idênticos aos existentes na base, os quais marcam a transição para o coroamento. Este, por sua vez, configura-se por um volume recuado do corpo nas três das suas quatro faces, onde formam terraços descobertos. O volume é composto por três pavimentos, sendo que os dois primeiros são idênticos em tratamento plástico e abertura de vãos, enquanto o terceiro apresenta vãos de altura diferenciada e uma platibanda escalonada que oculta o volume da caixa d'água.

Revestidas em pó de pedra, as fachadas são resolvidas com as aberturas ritmadas em planos recuados do plano principal, conferindo-lhe uma composição de falsos pilares salientes, marcados ritmicamente no corpo principal. Apenas três fachadas são aparentes, já que a quarta está justaposta à fachada do Palace Hotel. É interessante notar que as duas fachadas aparentes e paralelas (Rua Chile e Rua Pau da Bandeira) são idênticas, compostas pelo mesmo escalonamento do coroamento em relação ao corpo. O destaque está na terceira fachada, voltada para uma estreita rua de pedestre, onde está a portada principal do edifício. Desprovida do escalonamento existente nas demais fachadas, tal recurso confere-lhe uma imponência em relação às demais e sugere que, na ocasião do projeto arquitetônico, o arquiteto pensou em uma possível vista ampliada, o que não acontece atualmente em função da construção no terreno vizinho do Edifício Antônio Ferreira. É curioso o trabalho executado na portada principal, com sobreverga triangular, bem aos moldes clássicos, recurso não encontrado em nenhuma das outras sedes.

Fachada da Rua Chile/Sul América de Salvador. Foto: Rodrigo Baeta, 2020.

Fachada da rua para pedestres. FONTE: Rodrigo Baeta, 2020.

Edifício SULACAP

O edifício SULACAP de Salvador foi implantado seguindo a forma trapezoidal do terreno delimitado pela Rua Carlos Gomes, Avenida Sete de Setembro e a divisa com o terreno vizinho, o que lhe confere um destaque notável no entorno da Praça Castro Alves. A inclusão de um fosso de iluminação central resultou na planta em “A”.

Edifício SULACAP de Salvador. FONTE: Acervo da autora, mar. 2018.

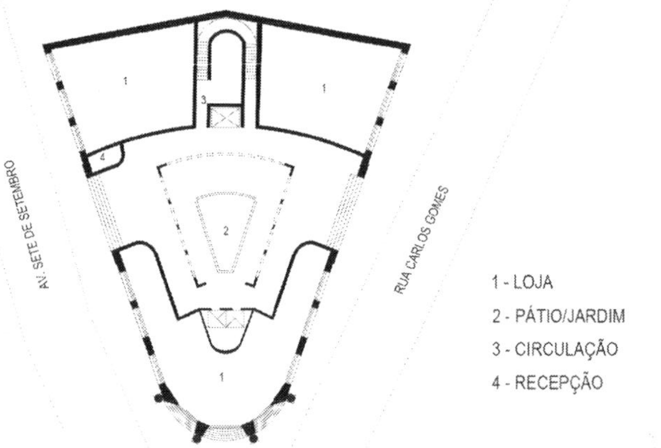

Planta do pavimento térreo do SULACAP de Salvador. FONTE: Acervo da autora 2018. Desenho: Michele Teodoro.

A solução tripartida clássica também foi utilizada na composição desse edifício. A base é diferenciada do corpo pelas aberturas verticais de acessos às lojas e ao hall principal, além do seu recuo em relação aos pavimentos superiores, que conforma uma estreita marquise. O corpo é composto por seis pavimentos, que por sua vez destaca-se do coroamento conformado por três pavimentos, dos quais os dois primeiros são recuados em relação ao corpo principal e o último é recuado em relação a eles.

Duas portas localizadas no térreo, uma em cada via lateral, dão acesso ao hall central das circulações verticais. As aberturas do corpo estão recuadas em relação ao pano principal, formando varandas estreitas e falsos pilares nas fachadas. O primeiro escalonamento do coroamento é composto por aberturas sem vedação, dotadas de molduras em baixo relevo na própria argamassa, as quais ventilam e iluminam uma circulação que contorna todo o perímetro do pavimento. Essa solução projetual é presente também nas duas sedes de Belo Horizonte (SULACAP e Sul América). O último escalonamento corresponde a um único pavimento, com pequenas janelas emolduradas com o mesmo recurso adotado nos vãos inferiores. O arremate desse pavimento é feito por um friso horizontal em alto relevo, elemento também presente na transição entre os demais pavimentos.

As janelas dos pavimentos tipos são originalmente em madeira, a despeito de algumas terem sido substituídas por esquadrias em alumínio, resultado de intervenção inadequada. A janela e a porta existentes nas varandas são conjugadas e possuem uma espécie de bandeira independente na mesma extensão desses vãos.

A cobertura é feita em estrutura de madeira e telhas cerâmicas, além da claraboia de vidro que protege e ilumina o vão central, o qual, por sua vez, ilumina as circulações internas de acesso às salas distribuídas em todo perímetro do vão. O formato da claraboia projeta-se no pátio interno do térreo, formando uma área permeável.

Claraboia do SULACAP de Salvador. FONTE: Acervo da autora, 2018.

Análise funcional[147]

> O uso *físico* do edifício é o aspecto mais imediato e que mais estudos tem originado. A ele se refere geralmente os autores que falam de 'função' do edifício e até da arquitetura e que atribuem à palavra 'função' um sentido mais restrito, de idoneidade do edifício para suas finalidades práticas de ordem física, enquanto na realidade a função de um edifício abarca uma gama mais extensa de necessidades, ainda que sempre de ordem prática.
>
> ENRICO TEDESCHI, 1962.[148]

Conforme destacado, a região onde os dois edifícios foram construídos era considerada um dos espaços mais dinâmicos de Salvador até a formação de novas centralidades em decorrência das expansões urbanas. A crescente valorização da área foi acompanhada pelo aumento na diversidade de usos, o que exigiu a implantação de tipologias arquitetônicas próprias e até então inéditas na cidade, como as próprias sedes da empresa.

147 Em função da ausência do projeto arquitetônico do edifício Sul América tanto nos órgãos responsáveis quanto na literatura referente, não foi possível realizar a análise funcional deste edifício.

148 TEDESCHI, *op. cit.* p. 51 Tradução minha: "*El uso físico del edificio es el aspecto más inmediato y que más estudios ha originado. A él se refieren generalmente los autores que hablan de la 'función' del edificio, y hasta de la arquitectura, y que atribuyen a la palabra 'función' un sentido más bien restringido, de idoneidad del edificio para sus finalidades prácticas de orden físico, mientras que en realidad la función de un edificio abarca una gama más extensa de necesidades, aunque siempre en el orden práctico.*"

Além de sua tipologia funcional inovadora, o SULACAP destacou-se das construções no entorno pela tecnologia avançada de suas instalações prediais, como os sistemas de condicionamento de ar central e elétrico, sendo por muito tempo considerado um dos melhores edifícios da cidade para a instalação de escritórios e consultórios médicos. Atualmente o edifício mantém o mesmo uso comercial, com lojas no térreo e salas nos pavimentos tipos, distribuídas em torno de um vão de iluminação central.

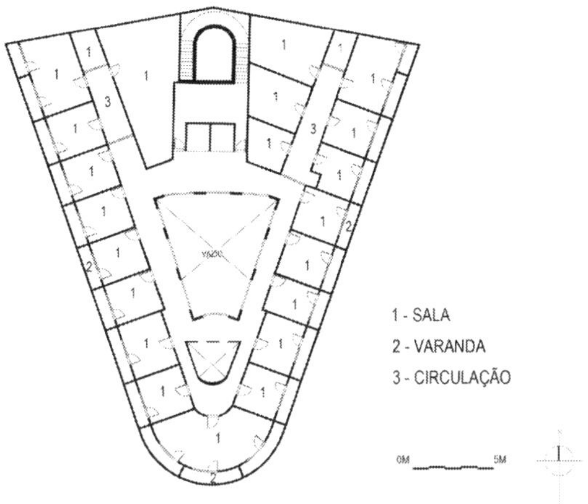

Planta do pavimento tipo do SULACAP de Salvador. FONTE: Acervo da autora 2018. Desenho: Michele Teodoro.

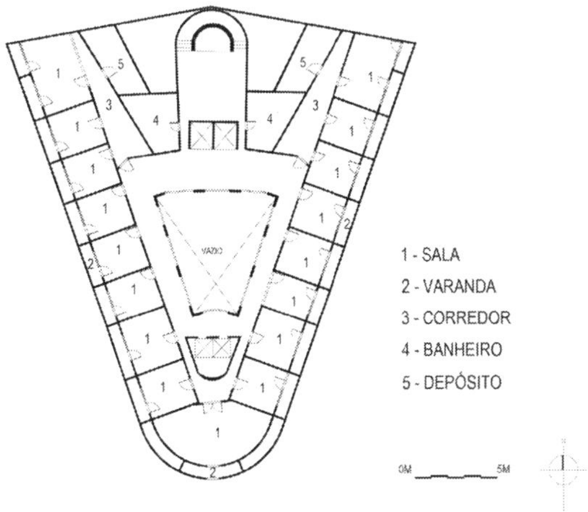

Planta do segundo pavimento do SULACAP de Salvador. FONTE: Acervo da autora 2018. Desenho: Michele Teodoro.

Na época em que o edifício foi construído, a empresa ocupou apenas um dos pavimentos e destinou os demais para locação a terceiros. O discurso que marcou o lançamento da pedra fundamental, já apresentado, relatou os aspectos construtivos da edificação e destacou o seu uso misto, com salas e apartamentos. No entanto, nenhum outro registro indicou a existência de apartamentos, além da análise da distribuição atual das plantas apontar a improbabilidade do uso residencial.

Assim como os demais edifícios da empresa, os banheiros são comuns às unidades e, nesse caso, estão localizados, simetricamente, nas laterais do elevador de serviço. Os pisos das áreas comuns são em granilite e apresentam desenhos geométricos nas circulações de acesso às unidades.

O pavimento térreo é composto pelo hall de entrada de pé direito duplo, com paredes revestidas em mármore tanto interna como externamente, além das lojas com acesso exclusivo pelas ruas. A circulação vertical é resolvida por três elevadores, sendo um deles de serviço, e pela escada em formato semicircular. O subsolo, de pé-direito menor que o do pavimento tipo, guarda o sistema de bombeamento hidráulico do reservatório inferior, presente na maioria das sedes analisadas. O último pavimento, onde estão as janelas menores, contém os reservatórios superiores e a casa de máquina dos elevadores, além de um terraço descoberto em todo o seu perímetro, decorrente do seu recuo em relação ao pavimento inferior.

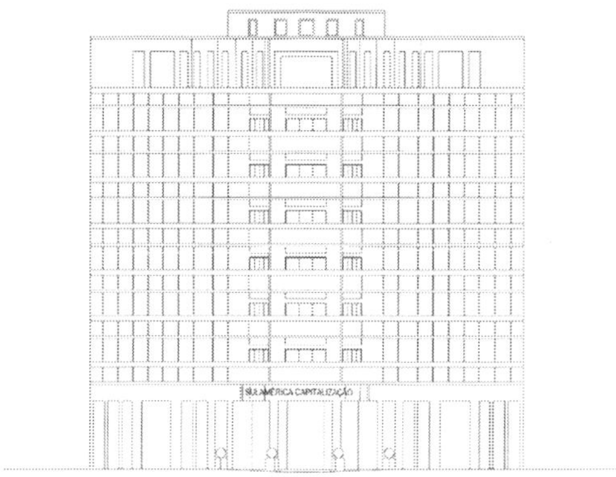

Fachada frontal do SULACAP de Salvador. FONTE: Acervo da autora, 2018. Desenho: Michele Teodoro.

3.8. FORTALEZA/CE – SUL AMÉRICA

Ficha técnica

Nome original	Edifício Sul América
Nome atual	Edifício Sul América
Endereço	Travessa Pará, nº 12 (esquina com Rua Floriano Peixoto), Centro, Fortaleza, Ceará
Autoria	Atribuída a Roberto Capello
Ano do projeto	1942-1946
Ano de conclusão da obra/inauguração	1953, inauguração (Fonte: revista *Sul América*, nº 131, Ano 34, jan. a mar. 1953, p. 26.)
Construtora	?
Uso original	Comercial (lojas no térreo e salas nos andares superiores)
Uso atual	Uso comercial
Propriedade	Privada
Proteção/nível	Inexistente. No entanto, a Praça do Ferreira foi considerada marco histórico pela Lei Municipal nº 8605, de 20 de dezembro de 2001.

Edifício Sul América, década de 1950. FONTE: Extraído de http://www.fortalezanobre.com

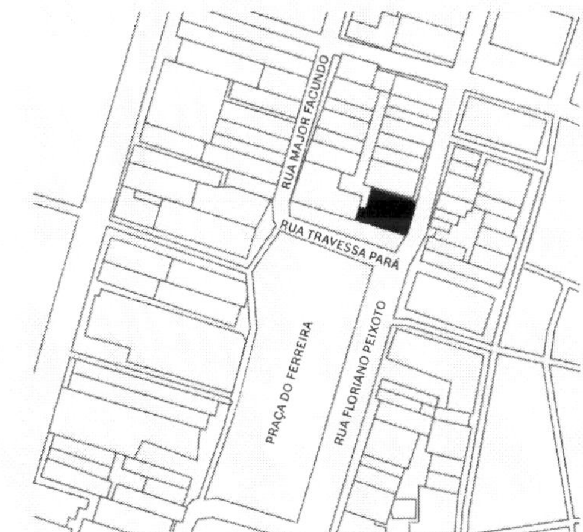

Planta de situação do Sul América de Fortaleza. FONTE: Acervo da autora, 2018. Desenho: Michele Teodoro.

Em 1930, para iniciar suas atividades na capital cearense, a Sul América alugou salas comerciais[149] no Edifício Torres, localizado nas imediações da Praça do Ferreira, até adquirir, em 1942, duas edificações contíguas na mesma praça, precisamente na Travessa Pará, para a construção de sua sede própria.[150] Antes da aquisição das duas edificações, a intenção da empresa de construir a nova sede foi noticiada no jornal *Unitário*, em janeiro de 1938, em um texto que versava sobre o aumento das construções verticais na cidade:

> Falemos dos grandes prédios, dos arranha-céus tipo americano, que começam a crescer nos espaços dantes nunca invadidos a não ser pela chaminé da Light. Temos já alguns bons predios. O Excelsior, o Parente, o Lopes, o Majestic, por exemplo. Ao lado desses, outros vão aparecendo aqui ali, emprestando-nos um ar nova-iorquino... [...]. Que mais? Passemos agora às futuras construções [...]. Desde a estadia aqui do nosso distinto conterrâneo Esperidião de Carvalho, um dos diretores da Sul América, que esta grande companhia de seguros pretende construir um prédio de cerca de dez andares para servir de sede á sucursal de Fortaleza. Sabemos que o caso ainda não foi resolvido em virtude de não ter sido encontrado um local conveniente nas cercanias da Praça do Ferreira [...].[151]

Em 1946, há registros do andamento da construção da nova sede,[152] cujas obras se estenderam até 1952. Em janeiro de 1953, o edifício Sul América de Fortaleza foi inaugurado:

> Ficaram concluídas as obras do Edifício "SUL AMÉRICA" em Fortaleza, Ceará, o qual foi solenemente inaugurado em 15 de janeiro do corrente ano, já estando ali funcionando os escritórios da Sucursal do Ceará.[153]

O entorno da Praça do Ferreira constituía, na ocasião, uma das áreas comerciais mais dinâmicas da cidade. Registros sobre a morfologia da região datam da primeira metade do século XIX, quando a praça era conhecida pelos nomes Feira Nova e Largo da Trincheira. Naquela época, o espaço, configurado

149 Revista *Notícias de Sulacap*, nº 51, Ano 5, nov. 1940, p. 3.

150 Revista *Sul América*, nº 131, Ano 34, jan. a mar. 1953, p. 26.

151 *Jornal Unitário*, em 10 de janeiro de 1938, *apud* Borges, 2006.

152 Revista *Sul América*, nº 104 e 105, Ano 27, jan. a jun. 1946, p. 27.

153 Conforme informou o balanço patrimonial da empresa, publicado na revista *Sul América*. Revista *Sul América*, nº 131, Ano 34, jan. a mar. 1953, p. 26.

apenas por uma área arborizada e um poço de água, servia de apoio aos comerciantes e seus animais, que traziam mercadorias do interior. Em 1840, a área passou a denominar-se Praça Dom Pedro II[154] e, na década de 1870, recebeu o nome Praça do Ferreira, em homenagem ao reconhecido comerciante da região, Sr. Antônio Rodrigues Ferreira.[155] Com o passar dos anos, o uso da área diversificou-se significativamente, o que levou à construção de diversas estruturas urbanas e arquitetônicas em seu entorno, como os trilhos de bondes de tração animal e quatro cafeterias inspiradas nos moldes franceses (Café Elegante, Café Java, Café Iracema e Café do Comércio).

A região recebeu sua primeira intervenção no início do século XIX, a partir da proposição do traçado regulador em tabuleiro de xadrez elaborado pelo engenheiro Silva Paulet. Esse traçado serviu de base para o novo planejamento desenhado em 1875, dessa vez de autoria do engenheiro Adolfo Herbster, que planejou a expansão da área central e implementou vias de forma a corrigir as ruas estreitas e tortuosas em setores que não haviam sido tratados na primeira intervenção. Em 1893, o primeiro Código de Obras foi aprovado com o objetivo de regular as novas estruturas arquitetônicas, exigindo, por exemplo, a adoção de platibandas e janelas padronizadas para as novas construções,[156] na tentativa de alterar os padrões e linguagens das construções existentes.

No início do século XX, as principais cidades brasileiras vivenciavam intensas ondas de urbanização. Em Fortaleza, no entanto, devido à restrição econômica do Estado, esse movimento foi menos intenso, com as ações limitando-se principalmente ao embelezamento de praças e áreas livres urbanas. Em 1932, com a elaboração da nova planta cadastral,[157] verificou-se um crescimento em outras regiões de Fortaleza, decorrente, sobretudo, do movimento de migração do campo para a cidade, que se intensificou nos anos seguintes com o fenômeno da seca. Sobre esse movimento, destacou José Liberal de Castro:

> A seca de 1932 é um dos marcos percebíveis nesse processo migratório de procedência rural, data em que começa, de modo irreversível, a ampliação material da cidade, bem como uma total mudança comportamental da população. Inicia-se a formação de um dos casos de microcefalia urbana dos mais graves do país.[158]

154 BARBOSA, *op. cit.*

155 Antônio Rodrigues Ferreira, boticário, manteve um comércio na área e também presidiu por muitos anos a câmara, trazendo melhorias para a região. BARBOSA, *op. cit.*

156 BARBOSA, *op. cit.*

157 ANDRADE, 1999, *op. cit.*

158 CASTRO, 1982, p. 9, *apud* Duarte Junior, 2018, p. 26. DUARTE JUNIOR, Romeu. *Breve história da arquitetura cearense*. Fortaleza: Editora Demócrito Rocha, 2018. 1ª ed. 112 p.

Durante esse período, observou-se o deslocamento das moradias para outras regiões e um aumento das atividades comerciais na área central. Para regulamentar as construções, foi aprovado em 1932 o Código de Obras, que destacou o uso do concreto armado e estabeleceu limites para a altura dos edifícios em relação às vias públicas. Diante dessa restrição, os edifícios verticais poderiam atingir, na maioria das regiões da cidade, o máximo de quinze pavimentos. Dois anos depois, um novo decreto modificou parcialmente o Código de Obras, impulsionando a verticalização da área central e estabelecendo um limite mínimo de dois pavimentos para as construções nessa região.[159]

Em 1933, a administração municipal contratou o urbanista Nestor de Figueiredo (1893-1973) para elaborar o Plano de Remodelação e Extensão da Cidade de Fortaleza. Na mesma época, Figueiredo estava envolvido na remodelação da área central de Recife, o que explica as semelhanças entre os dois projetos, ambos fundamentados nos princípios racionalistas em discussão. O plano de Figueiredo não foi executado, talvez pela envergadura das modificações propostas, que demandavam alto recurso financeiro.

Entretanto, as propostas de remodelação da área central que foram efetivamente implementadas no início do século XX levaram à alteração significativa da paisagem urbana da Praça do Ferreira, com a ampliação das vias do entorno para solucionar os problemas causados pelo aumento do tráfego de veículos na região e a demolição das estruturas dos cafés instaladas na área da praça. Além disso, o desenho da praça foi remodelado com a inclusão de áreas ajardinadas e de um coreto central. Antes disso, três cinemas foram inaugurados nas imediações (Politeama, Magestic e o Cine Moderno), intensificando ainda mais o uso social e cultural da região. Em 1931, foi construído o primeiro edifício vertical do entorno, o Hotel Excelsior, em linguagem eclética.[160]

159 ANDRADE, 1999, *op. cit.*

160 CAVALCANTE, M. G.; BARROSO, Paulo Hermano Mota. A hegemonia do edifício habitacional na verticalização de Fortaleza. *In*: IV ENANPARQ, 2016, Porto Alegre. *Anais do IV ENANPARQ*, Estado da Arte, 2016. Disponível em: https://enanparq2016.files.wordpress.com/2016/09/s46-02-cavalcante-m-barroso-p.pdf. Acesso em: 28 jan. 2020.

Praça do Ferreira na década de 1940, com o Hotel Excelsior ao fundo. FONTE: Cidade de Fortaleza das Antigas. Disponível em: https://www.facebook.com/FortalezaDasAntigas. Acesso em: set. 2024.

Durante as décadas de 1930 e 1940, a Praça do Ferreira recebeu duas intervenções significativas. Na primeira delas, em 1933, o coreto central foi substituído por um totem de treze metros de altura, encimado por um grande relógio, que ficou conhecido como Coluna da Hora. No contexto resultante dessas remodelações, Roberto Capello deu início ao projeto arquitetônico da sede Sul América, que seria construída em um terreno de esquina localizado no entorno da praça. Em 1949, paralelamente à construção do edifício, a praça passava pela segunda grande intervenção, quando foram implantados os quiosques de serviço do Abrigo Central. Quatro anos depois, a sede Sul América foi inaugurada, dividindo o protagonismo com o Hotel Excelsior.

Edifício Sul América e o Abrigo Central. FONTE: Fortaleza em Fotos. Disponível em: http://www.fortalezaemfotos.com.br. Acesso em: jan. 2020.

Em 1946 foi elaborado um novo plano diretor, que também não foi colocado em prática, provavelmente pelos mesmos motivos que o plano de Figueiredo não foi levado a cabo. No ano de 1952, o Código de Obras foi atualizado,[161] mas, nesse ponto, o Sul América já compunha o cenário urbano da praça. Apesar da complexidade dos problemas identificados nos planos urbanísticos elaborados anteriormente, decorrentes, sobretudo, do crescente fluxo imigratório, um novo documento regulador foi elaborado apenas uma década depois. O diagnóstico revelou problemas ainda mais intensos, embora semelhantes aos que levaram à estruturação dos planos anteriores. Mais uma vez, o plano não foi implementado, porém ações pontuais continuaram a modificar a paisagem da Praça do Ferreira, como a implementada em 1968, quando todos os vestígios anteriores foram eliminados com a demolição da Coluna e do Abrigo Central. Essa intervenção resultou na ampliação da área ajardinada e alterou completamente o traçado original da Praça do Ferreira.

Edifício Sul América, 2016.
FONTE: Acervo da autora, 2014.

O aumento da dinâmica na região central foi evidente nas décadas seguintes, gerando novos problemas para os usuários e moradores do entorno. Como mencionado, embora novos planos urbanísticos tenham sido elaborados para solucionar essas questões, eles nunca foram implementados, o que levou ao abandono da área central e ao esvaziamento da região na década de 1970. Nesse período, a empresa Sul América vendeu o imóvel para terceiros, assim como fez com as demais propriedades.

161 DUARTE JUNIOR, *op. cit.*

Apesar de sua importância no processo de verticalização urbana e no contexto da introdução da arquitetura racionalista na área central de Fortaleza, o edifício Sul América não recebeu qualquer tipo de proteção dos órgãos responsáveis. Além disso, não há registros da construção do edifício nos Arquivos Municipais.[162]

O Sul América também é pouco referenciado na literatura, embora tenha recebido destaque na dissertação de mestrado da arquiteta Marília Santana Borges, que o incluiu no acervo de edificações com linguagem Art Déco de Fortaleza. A pesquisa apresentou sua análise arquitetônica e as plantas dos seus pavimentos, sem mencionar, no entanto, a autoria do projeto. Segundo a autora:

> O Edifício Sul América, assim como o Edifício Jangada, resultou da ação de grandes empresas corporativas sobre o território nacional, neste caso específico a Sul América Capitalização, espalhando nas principais capitais brasileiras sucursais ostentosas e que dialogavam entre si em diversos aspectos – linguagem estética, padrão construtivo, etc. A inauguração da nova filial de Fortaleza, anteriormente locada em uma edificação de 3 pavimentos na Praça do Ferreira – esquina das ruas Pedro Borges com Major Facundo -, em uma nova edificação de doze pavimentos na mesma Praça, mas agora em sua face Norte – na rua Pará, 12 – deu grande visibilidade ao empreendimento, louvado em reportagem do período.[163]

Prospecções arquitetônicas e urbanísticas do entorno[164]

A análise comparativa entre imagens antigas e a situação atual da sede Sul América de Fortaleza indicou que em relação a sua volumetria, linguagem formal e tratamento plástico, o edifício não sofreu modificações significativas e que descaracterizassem a proposta original do arquiteto Roberto Capello.

Quanto aos aspectos urbanísticos do entorno, as alterações foram bastante significativas, embora menos drásticas se comparadas com as transformações

162 Durante a pesquisa sobre a sede da Sul América em Fortaleza, busquei identificar a existência de projetos originais ou levantamentos atualizados nos órgãos municipais pertinentes. Em resposta à solicitação, que gerou o processo municipal nº P281406/2020, a Prefeitura de Fortaleza enviou, por meio dos Correios, um comunicado informando a inexistência do alvará de construção e do projeto original do referido imóvel. Diante dessa situação, entrei em contato com o síndico do condomínio, sr. Santiago, que prontamente disponibilizou as plantas referentes ao projeto de prevenção e combate a incêndio do edifício, datadas de dezembro de 2018 e elaboradas por Luiz Carlos.

163 BORGES, *op. cit.* p. 174.

164 Esta análise foi baseada em imagens antigas levantadas durante a pesquisa bibliográfica e na situação do imóvel verificada na visita *in loco* realizada no ano de 2016, uma vez que o projeto original do edifício não foi encontrado.

nas áreas centrais das outras cidades onde as sedes da empresa foram construídas, onde os investimentos imobiliários se concentraram inicialmente no núcleo urbano original. Em contraste, os maiores investimentos públicos e do setor imobiliário em Fortaleza foram direcionados para a expansão da orla marítima e para a região sudoeste, onde a zona industrial se desenvolveu.[165]

Como apresentado, o entorno da Praça do Ferreira sofreu diversas modificações urbanísticas ao longo do tempo, resultantes dos planos de embelezamento implementados no início do século XX e das ações pontuais na área da praça. A implementação da malha urbana em tabuleiro de xadrez alterou significativamente a região até então pouco adensada. Nas décadas seguintes novas vias foram abertas no entorno, de forma a permitir a expansão orientada do território. Os códigos de obras aprovados a partir de 1932 abriram caminho para as construções em altura na área central, contribuindo para a alteração do cenário urbano do entorno da praça. A maioria das intervenções realizadas tinha como objetivo o embelezamento dos espaços urbanos, sob o discurso da modernidade que transformou significativamente grande parte das áreas centrais das capitais brasileiras.

A demolição dos quatro quiosques de cafés para a construção de um coreto rodeado por áreas ajardinadas ocorreu no mesmo período em que seu entorno começou a ser ocupado pelas construções em linguagem eclética. A construção do primeiro edifício vertical, em 1931, alterou significativamente a leitura do espaço em função de sua monumentalidade e racionalidade formal, em contraste com as demais estruturas existentes do início da ocupação do território.

Praça do Ferreira na década de 1930. FONTE: Cidade de Fortaleza das Antigas. Disponível em: https://www.facebook.com/FortalezaDasAntigas/photos. Acesso em: set. 2024.

165 ANDRADE, M. J. F. S. Verticalização e a origem do Movimento Moderno em Fortaleza. 1999. 3º SEMINÁRIO DOCOMOMO NO BRASIL, 1999, São Paulo. Disponível em: http://docomomo.org.br/wp-content/uploads/2016/01/Margarida_jfs.pdf. Acesso em: 28 jan. 2020.

A implantação do Totem da Hora veio em seguida, no ano de 1933, e sua altimetria e ornamentos trabalhados com linhas retas e verticais indicavam, de certa forma, a aceitação da nova linguagem racionalista por parte da gestão pública. Nos anos seguintes, novos edifícios verticais foram construídos: em 1937, o Edifício J. Lopes (sete pavimentos); em 1940, o Edifício Diogo (nove pavimentos); em 1948, o Edifício Jangada.[166]

Diante desse novo cenário em transformação, Roberto Capello projetou a sede do Sul América, inaugurada em 1953. Em seguida foram construídos nas imediações os edifícios Cine São Luis (1958), a Sede do Centro dos Exportadores do Ceará (1962, projeto de Neudson Braga), edifício Palácio Progresso (1964, projeto de José Liberal de Castro)[167] (Cavalcanti e Barroso, 2016), os quais contribuíram ainda para o lento processo de verticalização do entorno.

Em 1968, uma nova empreitada pública alterou significativamente a praça com a demolição do Totem e a reconfiguração do seu ajardinamento. A partir daí a região é preterida, com a transferência dos investimentos públicos e imobiliários para as novas áreas urbanas e com maior potencial turístico.

As análises sugerem que, até a década de 1970, a configuração urbana da área central de Fortaleza praticamente não havia se alterado desde a implementação da malha xadrez no século XIX. Porém, nessa década, a administração municipal se empenhou em elaborar novos projetos para a solução dos problemas provenientes da intensificação da dinâmica da área, tais como o Plano de Desenvolvimento Integrado da Região Metropolitana de Fortaleza (1969-1971), o Plano Diretor Físico (1975) e a Lei de Uso de Ocupação do Solo (1979), os quais conduziram a descentralização a partir da proposição de novas zonas urbanas e a verticalização de áreas específicas.[168] As novas áreas atraíram os principais investimentos imobiliários, resultando no esvaziamento e decadência do centro original nas décadas seguintes. O incentivo à verticalização estabelecido pela norma de 1979 foi frustrado, principalmente devido à ausência de investimentos financeiros na área.

166 BORGES, *op. cit.*

167 CAVALCANTE, M. G.; BARROSO, *op. cit.*

168 BARBOSA, Renata Horn. *Fortaleza:* arquitetura e cidade no final do século XX. Dissertação (Mestrado em Arquitetura) – Faculdade de Arquitetura e Urbanismo da Universidade de São Paulo, 2006.

Praça do Ferreira, antes de 1968. FONTE: www.moedaeselo.lel.br/peca.asp?ID=817092/. Acesso em: 27 nov. 2020.

Em situação de abandono, o centro foi trabalhado de forma prioritária no Plano Diretor de 1996. Essa iniciativa fez com que os setores da sociedade voltassem os olhos para a região, resultando em reformas pontuais, tal como aconteceu na Praça do Ferreira, revitalizada em 1991, além da instituição de um concurso público para a melhoria da área central, denominado Concurso Nacional de Ideias para Embelezamento e Valorização da Área Central de Fortaleza.[169] Em 2000, a Secretaria de Cultura do Estado desenvolveu o projeto Fortaleza Histórica, que diagnosticou os problemas da área e propôs a revitalização do patrimônio arquitetônico.

Com essas observações, é possível concluir que o Sul América foi projetado em um contexto bastante distinto da situação atual. Construído na Praça do Ferreira, ainda com a presença da Coluna da Hora, o edifício se destacava tanto pela sua altura quanto pelo seu tratamento formal, em contraste com o conjunto eclético preexistente. Atualmente, o entorno está praticamente verticalizado, mas isso não impediu que o Sul América permanecesse como uma importante referência arquitetônica para a área.

As alterações pelas quais a Praça do Ferreira passou ao longo dos anos, com a demolição das estruturas preexistentes e que remetiam à época de sua ocupação, decorrem, sobretudo, da implementação tardia das políticas de proteção do patrimônio cultural em todas as esferas de governo. Em relação à proteção federal, a atuação do IPHAN, além de demorada, limitou-se, inicialmente, a bens móveis. O primeiro tombamento federal ocorreu no ano de 1941, protegendo o acervo arqueológico do Museu da Escola Normal Justiniano de Serpa. Somente na década de 1960, as estruturas arquitetônicas começaram a receber proteção por parte desse órgão.

169 BARBOSA, *op. cit.*

Atualmente, as políticas de proteção municipal limitam-se a tombamentos isolados, que não abrangem conjuntos ou paisagens urbanas, impedindo a ampliação do alcance da proteção a outros bens de inegável importância para o patrimônio cultural da cidade, como a arquitetura produzida ao longo do século XX.

Relação do edifício com o entorno

> A arquitetura tem um compromisso com o lugar e com o espírito que o habita. Cabe ao arquiteto a interpretação do lugar único, não tem mais sentido o trabalho descontextualizado, como se o objeto arquitetônico pairasse desvinculado do sítio ou do entorno onde se insere. Não há mais o lote como entidade abstrata, unidade de operação fora de qualquer vizinhança. A inserção ética na paisagem é tarefa do arquiteto.
>
> FLÁVIO CARSALADE, 2001.[170]

O terreno onde a sede Sul América foi construída está situado em frente à Praça do Ferreira, no quarteirão delimitado pela Travessa Pará e pelas ruas Floriano Peixoto, São Paulo e Major Facundo. Como mencionado, quando o edifício foi construído, a região da praça era considerada um dos setores mais dinâmicos da cidade de Fortaleza, com a concentração dos principais usos institucionais, de serviços, lazer e comércio.

Ao contrário do que aconteceu no início do século XX com a maioria das áreas centrais das principais cidades brasileiras, o centro de Fortaleza não sofreu transformações urbanísticas suficientes para alterar sua trama original, uma vez que a maioria dos planos reguladores elaborados não foram implementados. Já em relação à Praça do Ferreira, as modificações foram significativas e resultaram tanto em ampliações de sua área como na alteração gradual das estruturas arquitetônicas de apoio, mobiliários urbanos e paisagismo.

A construção tardia da sede em Fortaleza, em comparação com outras sedes da empresa, permitiu a Capello pensar o edifício em um contexto urbano já relativamente consolidado pelas estruturas arquitetônicas remanescentes do período de ocupação da praça e por aquelas de maior altura, construídas a partir da década de 1930. Como visto, esse contexto pouco se alterou após a década de 1950, e, se não fossem as alterações pelas quais a área da Praça do Ferreira passou ao longo dos anos, o cenário utilizado por Capello para projetar o edifício seria o mesmo da atualidade. É importante destacar a imponência do

170 CARSALADE, *op. cit.* p. 83.

Edifício Sul América na praça, o qual, juntamente com as demais construções, delimita o espaço aberto e configura a imagem da paisagem urbana imediata de extrema importância cultural para a cidade de Fortaleza.

É importante destacar que, nos primeiros anos da década de 1930, já era evidente em Fortaleza a tendência de as novas construções em altura apresentarem um ecletismo mais econômico em ornamentos, como é o edifício Sul América. Essa tendência perdurou até a década de 1960, quando os arquitetos formados em outros estados, principalmente no Rio de Janeiro e Recife, retornaram à capital cearense e começaram a empregar os ideais corbusianos nos edifícios em altura. Entre esses arquitetos, é relevante destacar a atuação de José Liberal de Castro (1926-2022), responsável pelo projeto do Palácio Progresso (1964) nas imediações da Praça do Ferreira.[171]

Sobre o a arquitetura produzida no período, discorreu Liberal de Castro:

> Ainda em relação à arquitetura, umas poucas obras, pelo menos até 1945, conhecem maiores cidades e constituem tentativa, às vezes ingênua, de elaboração de um modernismo arquitetônico local. Não há, porém, uma preocupação permanente com as inovações, de modo que se chega a supor que os projetistas talvez tentassem fazer o moderno como uma variante do ecletismo, pois perambulam concomitantemente pelo neocolonial, pelo Missões e por outras estilizações do antigo e do moderno.[172]

Essa situação pode ser atribuída à realidade da prática profissional da arquitetura no Ceará, que, até a década de 1950, era dominada pelos desenhistas sem formação teórica formal.[173] Esse cenário começou a mudar com a chegada de arquitetos formados em outros estados e com a criação do curso de Arquitetura e Urbanismo em 1964.

Análise formal[174]

> [...] forma é a configuração dada à matéria com a finalidade de obter um objeto individualizado. Em oposição ao segundo, o conteúdo, a forma de um objeto é aquilo que se apresenta aos nossos sentidos imediatamente,

171 ANDRADE, 1999, *op. cit.*

172 Castro, 1982, p. 12, *apud* Duarte Junior, 2018, p. 30.

173 Castro, 1982, *apud* Duarte Junior, 2018.

174 Os desenhos referentes ao edifício, apresentados a seguir, foram desenvolvidos pela estudante de arquitetura Michele Teodoro sob a minha coordenação, com base no projeto de prevenção e combate a incêndio do edifício, de 2018, encaminhado pelo então síndico do condomínio, sr. Santiago.

antes de qualquer reflexão que possamos ter sobre este objeto; aquilo que podemos ver, tocar, ouvir. A forma de um edifício é, pois, sua silhueta, sua massa, sua cor e textura, seu jogo de luzes e sombras, a relação e disposição de seus cheios e vazios.

SILVIO COLIN, 2000.[175]

Como mencionado, o arquiteto Roberto Capello, ao projetar a sede da Sul América para Fortaleza, deparou-se com um contexto urbano bastante diversificado, composto tanto por estruturas arquitetônicas remanescentes da ocupação da área como por edificações com linguagem formal familiar ao seu repertório projetual, tal como o Hotel Excelsior.

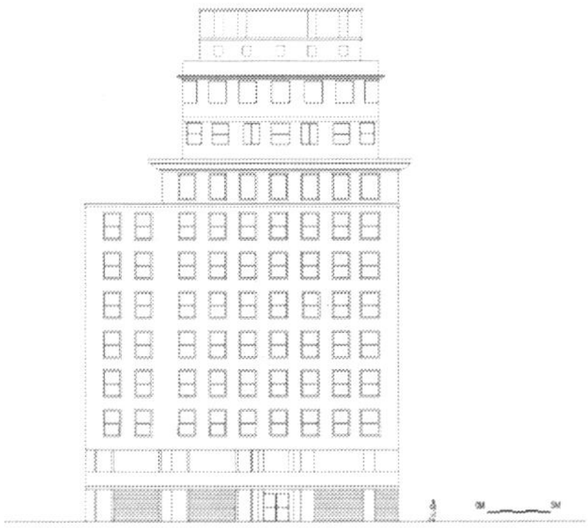

Fachada principal do edifício Sul América de Fortaleza (Praça do Ferreira). FONTE: Acervo da autora, 2020. Desenho: Michele Teodoro.

A construção do totem Coluna da Hora na área da praça ocorreu um tempo depois da inauguração do hotel, e sua proposta formal, com linhas retas e verticais, sinalizava a chegada da nova linguagem racionalista em discussão. Em seguida, foram inaugurados o edifício J. Lopes e o edifício Diogo e Jangada,[176] alterando a paisagem urbana que conduziu a concepção do projeto de Capello.

A nova sede Sul América foi implantada em terreno de formato retangular, resultante de demolições dos edifícios preexistentes adquiridos anteriormente pela empresa. A implantação do edifício não seguiu completamente a forma do terreno, embora sua volumetria sugira tal interpretação. A torre destaca-se por sua quina arredondada no encontro das vias Pará e Floriano Peixoto, recurso também empregado nas sedes de Santos e Salvador.

175 COLIN, 2000, p. 51.

176 BORGES, 2006, *op. cit.*

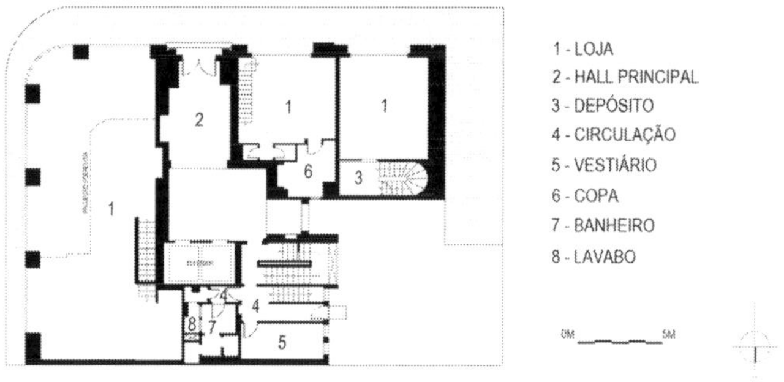

Planta do pavimento térreo do edifício Sul América de Fortaleza. FONTE: Acervo da autora, 2020. Desenho: Michele Teodoro.

Edifício Sul América de Fortaleza. Vista da Praça do Ferreira. FONTE: Acervo da autora, jan. 2014.

A solução tripartida do volume é claramente destacada nesse projeto, sobretudo pela presença de um coroamento escalonado e também tripartido, recurso similar ao utilizado na sede Sul América de Salvador.

A base, com pé-direito duplo, se diferencia do corpo pelo revestimento em granito e pelos grandes vãos de acesso às lojas no térreo. O corpo, composto por sete pavimentos, apresenta janelas ritmadas, que seguem o mesmo modelo "Copacabana" utilizado nas demais sedes. Em sua face voltada para a praça, o corpo estende-se lateralmente em direção ao edifício vizinho, formando um terraço no nono pavimento, como se preenchesse um afastamento não previsto no projeto.

Nessa mesma face, o coroamento tripartido destaca-se do corpo ao afastar-se da edificação vizinha. Seu primeiro pavimento apresenta as janelas intercaladas com ornamentos triangulares duplos, executados em argamassa em alto relevo, arrematadas por uma cimalha que contorna todo o período do coroamento e que faz a transição para os dois pavimentos superiores que conformam o corpo. Esses dois pavimentos estão recuados em relação ao inferior e teriam composição idêntica com as janelas quadradas se não fosse a presença de aberturas maiores conformando varandas embutidas no primeiro deles. O último pavimento, também recuado em relação aos dois inferiores, é composto por uma sequência de janelas quadradas, de menores dimensões que as dos dois pavimentos inferiores, e por uma platibanda cega ornamentada por falsos pilares espaçados e executados em argamassa em alto relevo. A área das janelas e a da platibanda são separadas por frisos horizontais em alto relevo, que se repete no arremate final do coroamento.

Coroamento do edifício Sul América. FONTE: Acervo da autora, jan. 2014.

Análise funcional

> A dimensão artística da Arquitetura – aquilo que Magritte diz evocar o mistério – está nos seus aspectos visuais, interiores e exteriores. E esses são determinados pelas articulações dos volumes, dos planos, das texturas, cores. Entretanto, como se demonstrou até aqui, a Arquitetura não é só Arte. Ela tem uma dimensão utilitária, que também foi chamada de "funcional", e um valor de troca, ou seja, ela é uma mercadoria.
>
> MARIA LUCIA MALARD, 2006.[177]

177 MALARD, Maria Lucia. *As aparências em arquitetura*. Belo Horizonte: Editora UFMG, 2006. p. 55

A sede da Sul América em Fortaleza foi construída exclusivamente para uso comercial, abrigando em parte de sua estrutura as instalações da empresa e destinando as demais salas para locação a terceir

Seu pavimento térreo é composto por um hall de entrada com pé-direito duplo, além de lojas com acesso exclusivo pelas vias. Nos pavimentos superiores, encontram-se as salas, as circulações verticais (escada e dois elevadores) e os banheiros comunitários. A distribuição atual das salas dos pavimentos não segue um padrão tipo, sugerindo a ocorrência de intervenções no decorrer dos anos, já que a ausência de um pavimento tipo era incomum no período de construção do edifício. É provável que a configuração original corresponda à ainda existente no quarto andar, composta por apenas duas amplas salas.

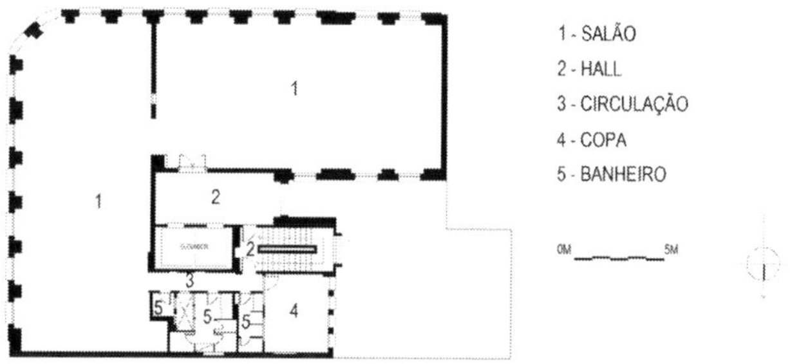

Planta do quarto pavimento do edifício Sul América (situação atual). FONTE: Acervo da autora, jan. 2020. Desenho: Michele Teodoro.

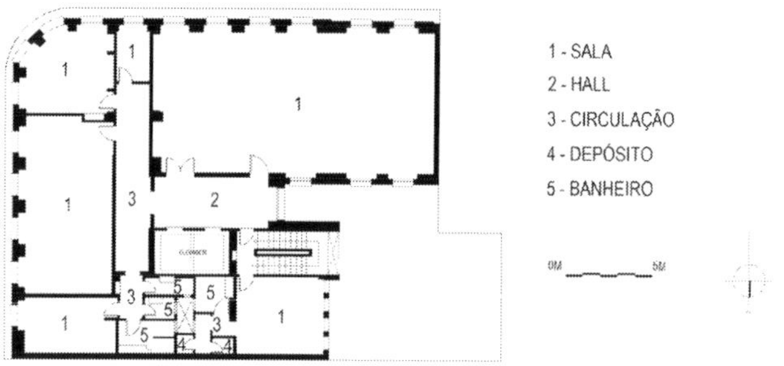

Planta do terceiro pavimento do edifício Sul América (situação atual). FONTE: Acervo da autora, jan. 2020. Desenho: Michele Teodoro.

Como mencionado, o recuo do coroamento em relação ao corpo, presente apenas na fachada voltada para a praça, resultou em uma varanda lateral descoberta no nono andar, ou seja, no primeiro pavimento do coroamento. Por sua vez, o recuo dos dois pavimentos superiores em relação a este primeiro do coroamento resultou em um pequeno balcão descoberto em todo o perímetro no primeiro deles.

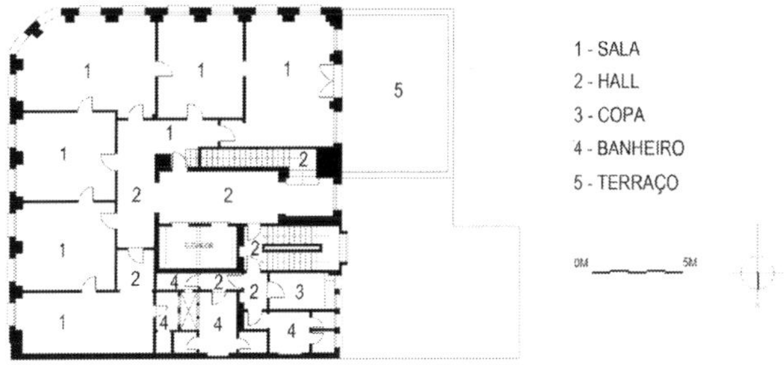

Planta do nono pavimento do edifício Sul América (situação atual). FONTE: Acervo da autora, jan. 2020. Desenho: Michele Teodoro.

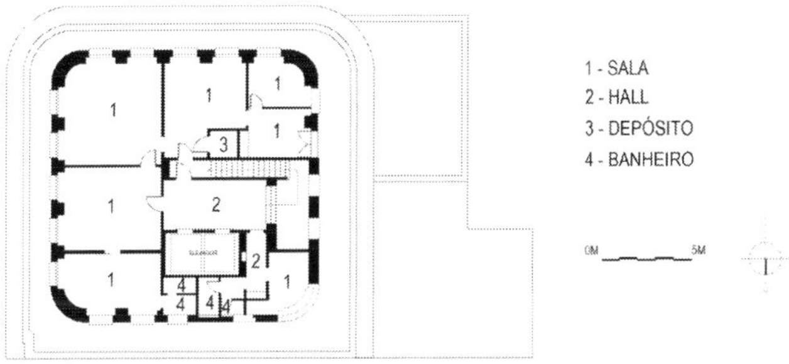

Planta do décimo pavimento do edifício Sul América (situação atual). FONTE: Acervo da autora, jan. 2020. Desenho: Michele Teodoro.

Por fim, os dois últimos andares abrigam a casa de máquinas e a caixa d'água. A edificação também possui um subsolo acessado por uma escada a partir do térreo, que abriga depósitos e casa de máquinas.

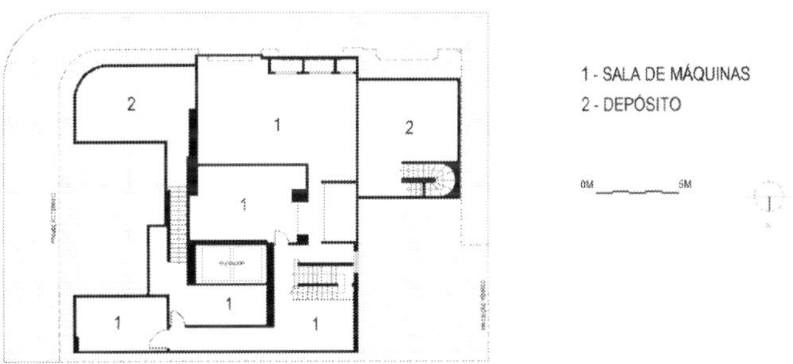

Planta subsolo do edifício Sul América (situação atual). FONTE: Acervo da autora, jan. 2020. Desenho: Michele Teodoro.

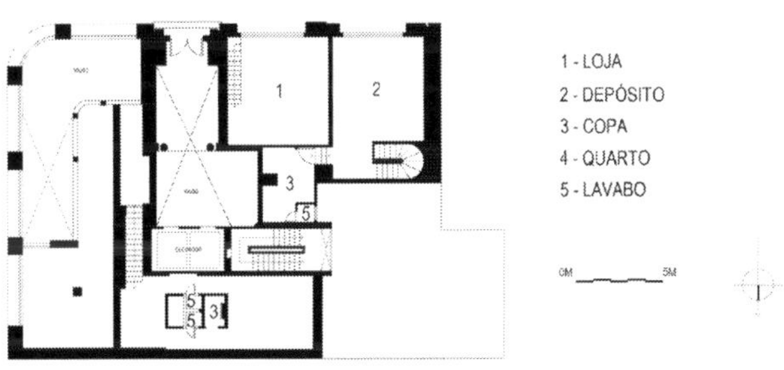

Planta da sobreloja (térreo) do edifício Sul América (situação atual). FONTE: Acervo da autora, jan. 2020. Desenho: Michele Teodoro.

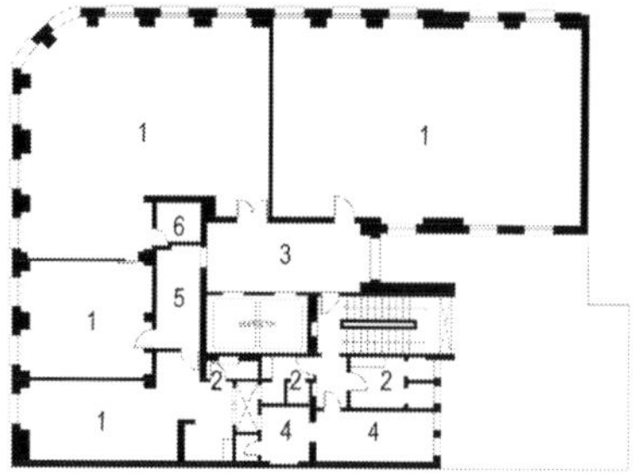

1 - SALA
2 - BANHEIRO
3 - HALL
4 - COPA
5 - CIRCULAÇÃO
6 - SALA DE CONTROLE

Planta do segundo pavimento do edifício Sul América (situação atual). FONTE: Acervo da autora, jan. 2020. Desenho: Michele Teodoro.

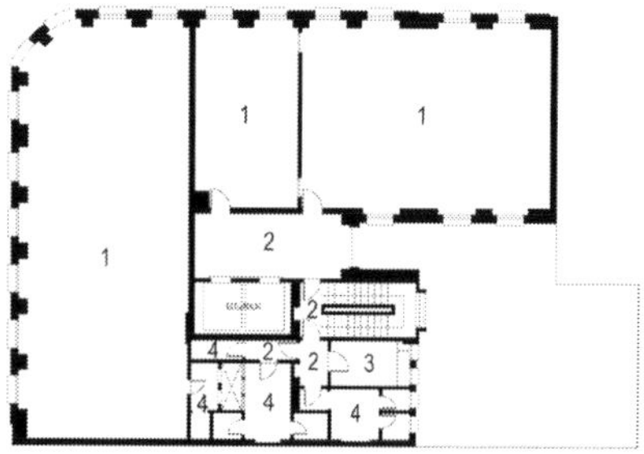

1 - SALÃO
2 - HALL
3 - COPA
4 - BANHEIRO

Planta do quinto pavimento do edifício Sul América (situação atual). FONTE: Acervo da autora. jan. 2020. Desenho: Michele Teodoro.

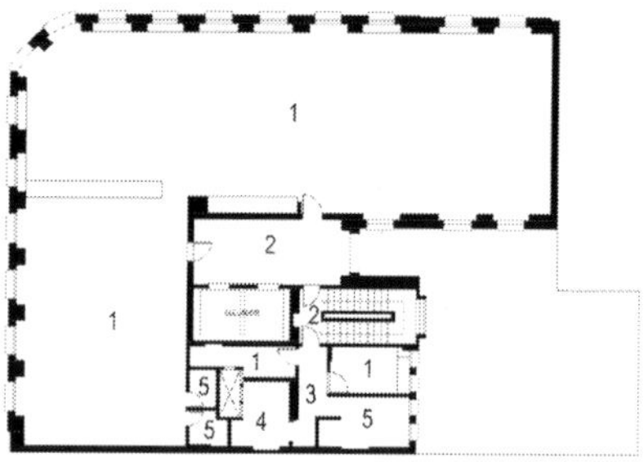

1 - SALÃO
2 - HALL
3 - CIRCULAÇÃO
4 - COPA
5 - BANHEIRO

Planta do sexto pavimento do edifício Sul América (situação atual). FONTE: Acervo da autora, jan. 2020. Desenho: Michele Teodoro.

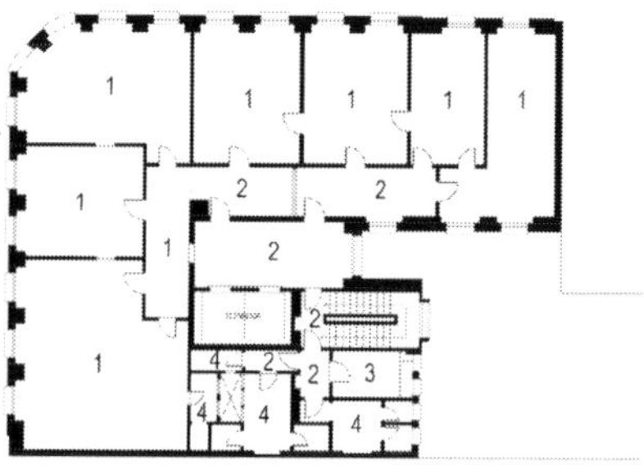

1 - SALA
2 - HALL
3 - COPA
4 - BANHEIRO

Planta do sétimo pavimento do edifício Sul América (situação atual). FONTE: Acervo da autora, jan. 2020. Desenho: Michele Teodoro.

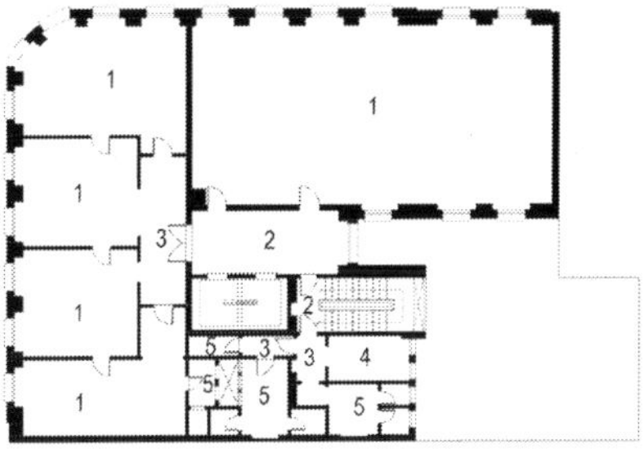

1 - SALÃO
2 - HALL
3 - CIRCULAÇÃO
4 - DEPÓSITO
5 - BANHEIRO

Planta do oitavo pavimento do edifício Sul América (situação atual). FONTE: Acervo da autora, jan. 2020. Desenho: Michele Teodoro.

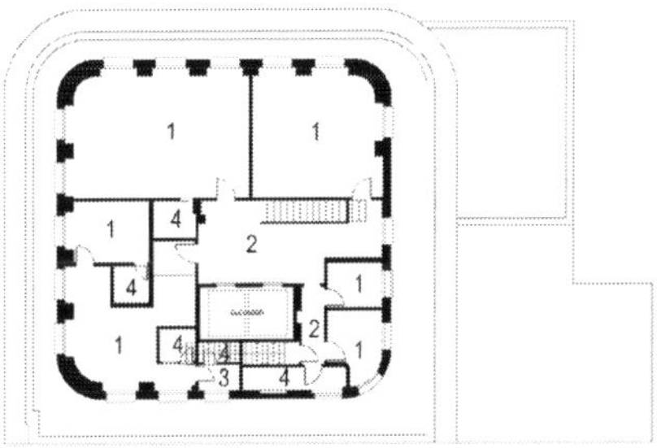

1 - SALÃO
2 - HALL
3 - DEPÓSITO
4 - BANHEIRO

Planta do décimo primeiro pavimento do edifício Sul América (situação atual). FONTE: Acervo da autora, jan. 2020. Desenho: Michele Teodoro.

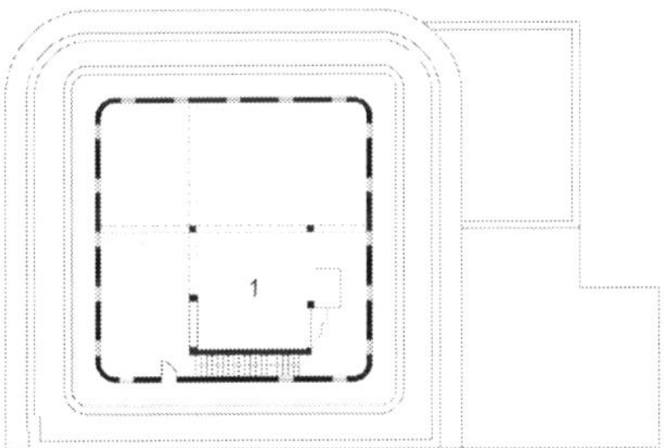

1 - CASA DE MÁQUINAS

Planta do décimo segundo pavimento do edifício Sul América (situação atual). FONTE: Acervo da autora, jan. 2020. Desenho: Michele Teodoro.

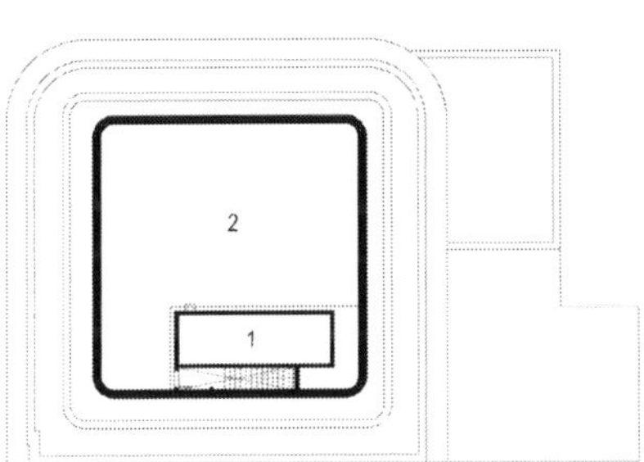

1 - CAIXA D'ÁGUA
2 - ÁREA

Planta do último pavimento do edifício Sul América (situação atual). FONTE: Acervo da autora, jan. 2020/ Desenho: Michele Teodoro.

Considerações finais

A análise dos edifícios-sede da empresa Sul América aqui apresentada resultou de uma ampla pesquisa que não se esgota com este livro, além de estar sujeita a novas interpretações a partir de outros olhares investigativos.

Ademais, ao término da pesquisa foram identificadas algumas lacunas que não puderam ser preenchidas em decorrência de diversos fatores, principalmente pela limitação de tempo para o desenvolvimento de uma tese. Restou, por exemplo, pesquisar as autorias de algumas sedes da empresa identificadas em outras cidades brasileiras, como as de Florianópolis, Belém e Manaus. Também faltou confirmar a construção dos edifícios em Goiânia/GO e Campo dos Goitacazes/RJ, cuja aquisição dos terrenos nessas cidades para a construção das sedes foi registrada nas revistas *Sul América*. Outra tarefa essencial para o registro de inventário do conjunto arquitetônico projetado por Roberto Capello e que não pôde ser realizada pelas circunstâncias do período[178] foi a realização dos levantamentos arquitetônicos (mesmo que em croquis) dos edifícios que não continham nenhum registro de projetos nos órgãos municipais e na literatura referente, tais como as sedes Sul América de Salvador e de Recife, cujas informações, se reunidas, completariam a documentação produzida. Além disso, foram excluídas desta pesquisa as sedes construídas no exterior, o que poderia ampliar a discussão sobre os edifícios da empresa ao considerar contextos diferenciados do panorama brasileiro.

O início da construção das sedes no Brasil ocorreu em um período de profundas transformações econômicas, sociais e tecnológicas que, inevitavelmente, refletiram no campo da produção arquitetônica brasileira. As novas demandas sociais e as inovações das técnicas construtivas resultantes desses processos alteraram significativamente a paisagem das áreas centrais das principais cidades brasileiras, até então caracterizadas pelas estruturas arquitetônicas remanescentes dos primórdios da ocupação dos seus territórios. Os novos edifícios em altura, erguidos inicialmente nas áreas centrais, passaram a simbolizar a inovação na forma de morar e trabalhar dos brasileiros, além de refletir as novas tipologias arquitetônicas que identificavam a modernidade desejada pela sociedade da época.

Até a década de 1930, as principais cidades brasileiras ainda mantinham o modelo habitacional estabelecido na segunda metade do século XIX, resultado dos limitados investimentos imobiliários, os quais eram considerados mais como uma forma conveniente de aplicação do excedente da produção agrícola do que com um investimento no setor da construção civil. Desse modo, a produção imobiliária frequentemente decorria de outras atividades econômicas, como

178 A situação pandêmica instalada no início de 2020 me impediu de realizar as viagens planejadas para o período de 2020 e 2021.

evidenciado pelo exemplo com a empresa Sul América no período em que suas primeiras sedes foram edificadas. O excedente financeiro gerado pelo negócio de seguros da empresa era frequentemente investido na construção de edifícios em altura, que serviam tanto para abrigar as sucursais da empresa nas cidades quanto para locação a terceiros, estratégia que visava garantir a sua sustentabilidade diante das imprevisíveis oscilações da economia, como ocorreu de fato na década de 1960.

Na década de 1940, o setor imobiliário brasileiro experimentou um crescimento bastante significativo. O período também foi marcado pela transição na tipologia arquitetônica, à medida que os modestos edifícios de três ou quatro pavimentos começaram a dar lugar a edificações cada vez mais altas e com linguagem arquitetônica distinta daquela até então produzida. Essa mudança refletia o desejo de modernidade de parte da sociedade burguesa, que a empresa Sul América soube muito bem interpretar com a construção dos edifícios empresariais e de uso misto nas principais cidades brasileiras.

Seus edifícios eram aqueles mais altos e de maior evidência no espaço urbano ainda predominantemente horizontal e com resquícios do passado colonial. Eram também os que possuíam as tecnologias mais avançadas do mercado da construção civil, tanto em relação aos sistemas prediais quanto aos materiais e técnicas construtivas. Entretanto, ao mesmo tempo que os aspectos formais caminhavam para a racionalidade arquitetônica, ainda estavam presentes em suas sedes certas características alinhadas à tradição arquitetônica. Por exemplo, em todos os edifícios estudados estão presentes a solução volumétrica tripartida clássica, a composição simétrica, a ausência de afastamentos em relação ao terreno, o uso de sobrevergas e cimalhas como elementos decorativos, janelas de madeira, entre outros aspectos.

Sobreverga triangular na portada do edifício Sul América de Salvador. FONTE: Rodrigo Baeta, 2020.

Em um contexto de debate entre a arquitetura tradicional e moderna, quando a mudança ainda era temida ou resistente para grande parte da população, para uma empresa do ramo de seguradoras, que por princípio deve transparecer segurança aos seus clientes, nada seria mais apropriado que construir sedes com uma linguagem ainda vinculada à tradição arquitetônica. Cabe mencionar o termo "inércia de hábito", cunhado por Anthony Giddens,[179] em que se considera a não ocorrência de uma ruptura definitiva entre a tradição e a modernidade, que implicaria ora em aproximações, ora em distanciamentos entre esses dois termos; o que está expresso no largo período (1930-1950) em que se utilizou tal gramática para representar os edifícios da empresa. Depois disso, a Sul América se renova e adere ao contemporâneo ao se adaptar a novas formas de representação por meio da arquitetura das suas edificações, primeiro nos anos 1970 e depois mais recentemente. Talvez não só rompendo com a "inércia de hábito", mas buscando novas pautas para essa representação dos valores empresariais.

Todas essas considerações somente foram possíveis de serem construídas com os estudos individuais das obras. Não haveria como entender a representatividade desses edifícios no contexto da produção brasileira sem o seu entendimento de fato. Mas antes desses estudos individuais, algumas dúvidas foram levantadas: como analisar uma obra de arquitetura? Que critérios adotar para essa análise? Há algum método disponível? É possível, a partir desses estudos, entender os recursos projetuais utilizados por Roberto Capello para as sedes? Sobre essa última dúvida, não há como negar que o entendimento da formação do arquiteto somado às técnicas de construções disponíveis no período foi fundamental para a assimilação do seu modo de projetar, identificado também em obras de outros profissionais que atuaram no território brasileiro, formando mais ou menos uma cultura projetual, questionada e desconstruída por alguns, mas defendida e mantida por outros. Afinal, conforme registrou Carlos Antônio Leite Brandão: "O projeto é um meio pelo qual as palavras de vários atores circulam em busca da razão mais conveniente e compartilhada por eles."[180]

O tipo de arquitetura produzido por Capello é comumente enquadrado em uma certa vertente italiana, abordagem que descartei preliminarmente. O meu entendimento é que sua obra é resultante de todas as trocas culturais entre os profissionais do período, e, para a compreensão dessas trocas, considero pertinente não só estudar mais a fundo as referências da formação de Capello, como também suas relações a uma sensibilidade na produção do edifício em relação ao contexto das cidades. Nota-se que contemporâneos de Capello, mas com

179 *Apud* AMORA, 2006, *op. cit.*

180 BRANDÃO, Carlos Antônio Leite. *Arquitetura, humanismo e república:* a atualidade do De re aedificatoria. Belo Horizonte: Editora UFMG, 2016. p. 136.

formação em Roma, como Rino Levi (1901-1946), estudado por Renato Anelli e Abilio Guerra, e mesmo Lina Bo Bardi (1914-1992) em Salvador, contribuíram para a produção de uma arquitetura nova na cidade antiga. Não sabemos, entretanto, se esses conteúdos, destacados sobretudo da obra *Vecchie città ed Edilizia Nuova*, publicada por Gustavo Giovannoni (1873-1947) em 1913, professor na Universidade de Roma, chegaram de alguma forma a Capello. Isso, sem dúvida, é algo para se pensar no futuro.

Mesmo assim, observamos uma clara preocupação de Capello em relação à implantação dos edifícios dentro do contexto morfológico das cidades, não só pela imposição dos parâmetros urbanísticos, como também em conferir-lhes uma expressividade monumental no contexto urbano sem, no entanto, deixar de pensar na relação harmônica entre eles. Entretanto, como já comentado, ao analisar os outros projetos de Capello, alguns aparentemente mais recentes, a gramática já não é a mesma adotada para as sedes da empresa. Seria o papel do cliente tão decisivo no objeto final arquitetônico?

Sobre a existência de métodos disponíveis para análises de obras arquitetônicas, vale aqui um parêntese antes de finalizar estas considerações. O texto "Há que se ir às coisas: revendo as obras", de Ruth Verde Zein,[181] foi tomado inicialmente como referência. Em decorrência das definições da palavra *análise* e para evitar equívocos, a autora propôs outro termo para o estudo de obras: o *estudo crítico e referenciado*. Para esse tipo de *estudo*, segundo Zein, faz-se necessário justificar o motivo final do seu reconhecimento, pois sem esse motivo não há como estudá-las e tampouco há como estudá-las, para este fim, invocando apenas os aspectos não textuais (desenhos, croquis etc.), sendo necessário recorrer a elementos verbais e textuais, os quais servem de apoio aos primeiros. Em relação aos estudos das sedes da empresa, por exemplo, alguns aspectos das soluções projetuais dos edifícios só foram entendidos após o estudo das legislações urbanísticas das cidades. Além disso, a autora considera que é impossível compreender o "objeto em si", pois ele está envolto sempre em uma "aura", com suas camadas de significados construídas ao longo de sua existência. Por isso a importância dos elementos textuais, que podem desvelar esses significados. A despeito das contribuições desse texto no que tange aos estudos referenciados de obras arquitetônicas produzidas por Capello para a empresa, decidi não empregar o termo proposto por Zein, tendo em vista que o vocábulo *análise* já está impregnado ao repertório da historiografia arquitetônica.

Por fim, é importante destacar como essa empresa procurou afirmar-se nos espaços urbanos das cidades, adquirindo os terrenos sempre nas áreas centrais,

181 ZEIN, R. V. Há que se ir às coisas: revendo as obras. In: ROCHA, G.; BRONSTEIN, L.; OLIVEIRA, B. S.; LASSANCE, G. (Org.). *Leituras em Teoria da Arquitetura 3*: objetos. Rio de Janeiro: Riobooks, 2011, v. 3, p. 198-218.

geralmente em esquinas (Salvador, Fortaleza, Recife e Santos) ou em lotes conformados pela metade de um quarteirão ou pelo quarteirão inteiro (Porto Alegre e Belo Horizonte); como também em representar os valores nacionalistas[182] dos anos 1930 e 1940 ao buscar adquirir terrenos situados em vias ou praças com a denominação 15 de Novembro, 7 de setembro ou Independência, como as sedes de Florianópolis, Manaus, Belém, Curitiba, Santos, Salvador e Recife.

Independentemente da representatividade das sedes da Sul América projetadas por Capello para o contexto da produção arquitetônica brasileira, é inegável o seu papel de testemunho da atuação de um arquiteto que, como muitos, tentou uma vida em um país livre dos ares obscuros que estavam por vir na Europa e que contribuíram para a conformação do espaço urbano das cidades brasileiras. Além disso, o estudo dessas obras também pode contribuir para o entendimento do edifício empresarial em altura e sua representatividade no contexto das cidades no Brasil, além de servir como material para futuros pesquisadores que, através de um outro olhar, revelarão novas reflexões não abordadas nesta pesquisa.

182 AMORA, *op. cit.*

Sobre a autora

Doutora em Arquitetura pela Universidade Federal do Rio de Janeiro - Proarq (2021); mestre em Ambiente Construído e Patrimônio Sustentável pela Faculdade de Arquitetura da UFMG (2014); especialista em Políticas Públicas pela Faculdade de Filosofia e Ciências Humanas da UFMG/Departamento de Ciência Política (2009); graduada em Arquitetura e Urbanismo pelo Centro Universitário Metodista Izabela Hendrix (1997).

Atuou por mais de quinze anos na elaboração de projetos de restauração arquitetônica e na prestação de consultoria para municípios mineiros na elaboração de políticas públicas de proteção ao patrimônio cultural (ICMS Cultural), incluindo a elaboração de dossiês de tombamento e inventários municipais.

Foi docente do curso de Arquitetura e Urbanismo do Centro Universitário Newton Paiva entre 2015 a 2024 e atuou também como coordenadora do curso de Tecnologia em Design de Interiores do Centro Universitário Newton Paiva no período entre 2021 a 2024.

Referências bibliográficas

A COMMEMORAÇÃO do centenário da elevação da Villa de Santos à categoria de cidade. *A Tribuna*, jan. 1939. Disponível em: https://www.novomilenio.inf.br/santos/h0312.htm. Acesso em: 2 ago. 2017.

ABREU, Mauricio Almeida. Sobre a memória das cidades. *Revista da Faculdade de Letras – Geografia*, Porto, I série. v. XIV, 1998. Disponível em: https://ojs.letras.up.pt/index.php/geografia/article/view/7761/7122.

ABREU FILHO, Silvio Belmonte de. *Porto Alegre como cidade ideal*: planos e projetos urbanos para Porto Alegre. Tese (Doutorado em Arquitetura) – Faculdade de Arquitetura, Universidade Federal do Rio Grande do Sul, Porto Alegre, 2006.

ALVES, Jaqueline Fernández. Ausência de historiografia sobre a arquitetura moderna santista. *Revista Ceciliana*, maio de 2012. Disponível em: https://sites.unisanta.br/revistaceciliana/edicao_especial_museus/TEXTO1.pdf. Acesso em: 2 ago. 2017.

ALVES BARTHEL, Stela Gláucia. *Vestígios do Art Déco na cidade do Recife (1919-1961)*: abordagem arqueológica de um estilo arquitetônico. Tese (Doutorado em Arqueologia) – Universidade Federal de Pernambuco, Recife, Pernambuco, 2015.

AMORA, Ana Albano. *O nacional e o moderno*: arquitetura e saúde no Estado Novo nas cidades catarinenses. Tese (Doutorado em Arquitetura) – Faculdade de Arquitetura, Universidade Federal do Rio de Janeiro, 2006.

ANDRADE, M. J. F. S. Verticalização e a origem do Movimento Moderno em Fortaleza. 1999. 3º SEMINÁRIO DOCOMOMO NO BRASIL, 1999, São Paulo. Disponível em: http://docomomo.org.br/wp-content/uploads/2016/01/Margarida_jfs.pdf. Acesso em: 28 jan. 2020.

ANDRADE, Wilma Therezinha Fernandes de. *O discurso do progresso*: a evolução urbana de Santos, 1870-1930. Tese (Doutorado) – Universidade de São Paulo, São Paulo, 1990.

ANDRADE JUNIOR, Nivaldo Vieira de. O lugar da Bahia na história da arquitetura moderna brasileira. *In*: *Coleção Arquitetura Moderna na Bahia, 1947-1951*. vol. 1. Salvador: EDUFBA, 2019.

ANDRADE JUNIOR, Nivaldo Vieira de. *Arquitetura Moderna na Bahia, 1947-1951*: uma história a contrapelo. Tese (Doutorado em Arquitetura e Urbanismo) – Faculdade de Arquitetura, Universidade Federal da Bahia, Salvador, 2012.

ANDRADE JUNIOR, Nivaldo Vieira de. O Epucs e a automização do campo arquitetônico na Bahia. *In*: *Coleção Arquitetura Moderna na Bahia, 1947-1951*, vol. 2. Salvador: EDUFBA, 2019.

ANDRADE JUNIOR, Nivaldo Vieira de; CARVALHO, Maria Rosa; FREIRE, Raquel Neimann da Cunha. O IPHAN e os desafios da preservação do patrimônio moderno: a aplicação na Bahia do Inventário Nacional da Arquitetura, Urbanismo e Paisagismo Modernos. *In*: 8º SEMINÁRIO DOCOMOMO BRASIL, 2009, Rio de Janeiro. *Anais do 8º Seminário DOCOMOMO Brasil*. Rio de Janeiro: DOCOMOMO-Brasil; PROARQ/FAU/UFRJ, 2009.

ANELLI, Renato Luiz Sobral. O Mediterrâneo nos trópicos: interlocuções entre arquitetura moderna brasileira e italiana. *In*: Abílio Guerra. (Org.). *Textos fundamentais sobre história da arquitetura moderna brasileira. Parte 2*. 1 ed. São Paulo: Romano Guerra, 2010, v. 2, p. 219-238.

ARGAN, Giulio Carlo. Projeto e destino. *In*: *Coleção Temas*, v. 71. São Paulo: Ática, 2000.

ARIMATEIA, Karine de. *Roberto Capello e os Edifícios SULACAP e Sul América*: 1930 a 1950. Tese (Doutorado em Arquitetura) – Faculdade de Arquitetura e Urbanismo, Universidade Federal do Rio de Janeiro, Rio de Janeiro, 2021.

ARTIGAS, João Batista Vilanova. Os caminhos da Arquitetura Moderna (1952). *In*: *Caminhos da Arquitetura*. São Paulo: LECH- Livraria Editora Ciências Humanas, 1981. 142 p.

ARTIGAS, João Batista Vilanova. Tradição e Ruptura (1984). *In*: *Caminhos da Arquitetura*. São Paulo: COSAC NAIFY, 2004. 142 p.

BARBOSA, Renata Horn. *Fortaleza*: arquitetura e cidade no final do século XX. Dissertação (Mestrado em Arquitetura) – Faculdade de Arquitetura e Urbanismo da Universidade de São Paulo, 2006.

BARROS, M. F., & CARRIÇO, J. M. Esvaziamento e transformação morfológica da área central de Santos/SP: gênese e perspectivas. *Urbe – Revista Brasileira de Gestão Urbana, 11*, 2019. Disponível em: https://doi.org/10.1590/2175-3369.011.e20180100. Acesso em: jan. 2019.

BEDOLINI, Alessandra Castelo Branco. *Banco Hipotecário Lar Brasileiro, S. A.*: análise das realizações no Estado de São Paulo 1941-1965. Dissertação (Mestrado em Arquitetura e Urbanismo) – Faculdade de Arquitetura e Urbanismo, Universidade de São Paulo, 2014.

BENEVOLO, Leonardo. *História da Arquitetura Moderna*. 4. ed. Perspectiva, 2009.

BENEVOLO, Leonardo. *Introdução à Arquitectura*. Lisboa: Edições 70, 2014.

BENEVOLO, Leonardo. *A cidade e o Arquiteto*. 3. ed. Perspectiva, 2017.

BENJAMIN, Walter. *Magia e técnica, arte e política*: ensaios sobre literatura e história da cultura. São Paulo, Editora Brasiliense, 1985. (Obras escolhidas, v. 1)

BERNARDINI, Sidney Piochi. Epidemia e saneamento: o engenheiro Estevan A. Fuertes e seu plano sanitarista para a cidade de Santos (1892-1895). *Arquitextos*, São Paulo, ano 12, n. 144.05, Vitruvius, maio de 2012. Disponível em: https://www.vitruvius.com.br/revistas/read/arquitextos/12.144/4345. Acesso em: 8 jan. 2019.

BIERRENBACH, A. C. S. *Traços das arquiteturas modernas de comércios e serviços em Salvador no século XX*. 2019. Disponível em: https://lab20.ufba.br/sites/lab20.ufba.br/files/tracos_das_arquiteturas_modernas_comerciais_em_salvador_no_seculo_xx.pdf. Acesso em: 8 jan. 2020.

BORGES, Marília Santana. *Quarteirão de sucesso da cidade*: o Art Déco e as transformações arquitetônicas na Fortaleza de 1930 e 1940. Dissertação (Mestrado em Arquitetura e Urbanismo) – Faculdade de Arquitetura e Urbanismo, Universidade de São Paulo, 2007.

BOURDIEU, Pierre. A ilusão biográfica. *In*: AMADO, Janaína; FERREIRA, Marieta de Moraes. *Usos e abusos da história oral*. 8ª edição. Rio de Janeiro: Editora FGV, 2006. p. 183-191.

BRAGA, Bruno Melo; OLIVEIRA, Bruno Perdigão de; RIBEIRO, Igor Lima. Além da arquitetura: pioneirismo e legado na atuação profissional do arquiteto Neudson Braga. 5º SEMINÁRIO DOCOMOMO N/NE. *Projeto, obra, uso e memória*: a intervenção no patrimônio modernista, 2014, Fortaleza.

BRANDÃO, Carlos Antônio Leite. *Arquitetura, humanismo e república*: a atualidade do De re aedificatoria. Belo Horizonte: Editora UFMG, 2016.

BRITTO, L.; MELLO, M.; ALMEIDA, R. M. O processo de transformação urbana de Salvador. *RDE - Revista de Desenvolvimento Econômico*, v. 2, 2017. p. 111-127.

BURKE, Peter. *Hibridismo cultural*. Tradução Leila Souza Mendes. São Leopoldo: Ed. UNISINOS, 2003. 116 p.

CANEZ, Anna Paula Moura. *Arnaldo Gladosch*: o edifício e a metrópole. Tese (Doutorado em Teoria, História e Crítica da Arquitetura) – Faculdade de Arquitetura, Universidade Federal do Rio Grande do Sul, Porto Alegre, 2006.

CAPELLO, Roberto. O Copacabana Palace Hotel. *Revista Arquitetura e Urbanismo*, Rio de Janeiro: Instituto dos Arquitetos do Brasil (IAB), jul./ago. 1936. p. 17.

CARDOSO, Carina Folena. *100 anos de verticalização em Juiz de Fora*: edifícios de apartamentos na avenida Barão do Rio Branco. Dissertação (Mestrado em Ambiente Construído) – Faculdade de Engenharia, Universidade Federal de Juiz de Fora, Minas Gerais, 2015.

CARSALADE, Flávio de Lemos. *Arquitetura*: interfaces. Belo Horizonte: AP Cultural, 2001. 116 p.

CARVALHO, Giuliano Orsi Marques de. Urbanismo no século XIX: o plano do engenheiro Dott para a cidade Juiz de Fora (MG), 1860. *In*: ANPUH, XXIII SIMPÓSIO NACIONAL DE HISTÓRIA, Londrina, 2005.

CAVALCANTE, M. G.; BARROSO, Paulo Hermano Mota. A hegemonia do edifício habitacional na verticalização de Fortaleza. *In*: IV ENANPARQ, 2016, Porto Alegre. *Anais do IV ENANPARQ*, Estado da Arte, 2016. Disponível em: https://enanparq2016.files.wordpress.com/2016/09/s46-02-cavalcante-m-barroso-p.pdf. Acesso em: 28 jan. 2020.

COLCHETE FILHO, Antônio Ferreira; RIBEIRO, Tiago Goretti; NASCIMENTO, Victo Hurgo. *Transformações urbanas em Juiz de Fora/MG*: a Avenida Barão do Rio Branco e a história da cidade. DOI 10.17058/redes. v22i1.6979. Disponível em: file:///C:/Users/User/Dropbox%20(Pessoal)/04%20-%20DOUTORADO/01%20-%20Tese/Juiz%20de%20Fora/bibliografia/Dialnet-TransformacoesUrbanasEmJuizDeFora MG-6354634.pdf. Acesso em: jun. 2019.

CONSELHO DELIBERATIVO DO PATRIMÔNIO CULTURAL DO MUNICÍPIO DE BELO HORIZONTE. Deliberação do, nº 03/1994, de 10 de novembro de 1994. Diário Oficial do Município de Belo Horizonte, Poder Executivo, citado em: http://portal6.pbh.gov.br/dom/iniciaEdicao.do?method=DetalheArtigo&pk=991630. Acesso em: 18 jul. 2018.

CONSELHO DELIBERATIVO DO PATRIMÔNIO CULTURAL DO MUNICÍPIO DE BELO HORIZONTE. Deliberação do, nº 16/1998, de 12 de dezembro de 1998. Diário Oficial do Município de Belo Horizonte, Poder Executivo, Belo Horizonte, MG, 12 dez. 1998. Ano IV - Edição N.: 785. Disponível em: http://portal6.pbh.gov.br/dom/iniciaEdicao.do?method=DetalheArtigo&pk=991630. Acesso em: 18 jul. 2018.

CONSELHO DELIBERATIVO DO PATRIMÔNIO CULTURAL DO MUNICÍPIO DE BELO HORIZONTE. Deliberação do, nº 24/2000, de 12 de setembro de 2000. Diário Oficial do Município de Belo Horizonte, Poder Executivo, Belo Horizonte, MG, 20 set. 2000. Ano VI - Edição N.: 1217. Disponível em: http://portal6.pbh.gov.br/dom/iniciaEdicao. do?method=DetalheArtigo&pk=878916. Acesso em: 18 jul. 2018.

CORBUSIER, Le. *Maneira de pensar o urbanismo*. São Paulo: Ed. Publicações Europa-América, 1977.

COSTA, Lucio. *Arquitetura*. Rio de Janeiro: José Olympio, 2011.
COSTEIRA, Elza Maria Alves. *Olhar o passado para construir o futuro*: desafios da preservação da moderna arquitetura hospitalar. Tese (Doutorado em Arquitetura) – Faculdade de Arquitetura e Urbanismo, Universidade Federal do Rio de Janeiro, Rio de Janeiro, 2018.
CZAJKOWSKI, Jorge Paul (Org.). *Guia da arquitetura art déco no Rio de Janeiro*. Rio de Janeiro: Casa da Palavra: Prefeitura da Cidade do Rio de Janeiro, 2000.
CZAJKOWSKI, Jorge Paul (Org.). *Guia da arquitetura moderna no Rio de Janeiro*. Rio de Janeiro: Casa da Palavra: Prefeitura da Cidade do Rio de Janeiro, 2000.
D'ELBOUX, R. M. M. Joseph Bouvard na América do Sul: Argentina e Brasil. *Revista Brasileira de História da Ciência*, Rio de Janeiro, v. 11, n. 1, jan. a jun. 2018. p. 37-53. Disponível em: file:///C:/Users/User/Desktop/RBHC%202018_1%20Roseli%20Maria%20Martins%20D'Elboux.pdf. Acesso em: 13 out. 2020.
DUARTE JUNIOR, Romeu. *Breve história da arquitetura cearense*. Fortaleza: Editora Demócrito Rocha, 2018. 1ª ed. 112 p.
DUTRA, Ligia Maria Comis. Estudo simplificado da evolução da legislação urbanística no município de Santos. *In*: XV CONGRESSO NACIONAL DO CONPEDI, 2007, Manaus/AM. *Anais do XV Congresso Nacional do CONPEDI*. Florianópolis: Fundação BOITEUX, 2007. v. I. p. 497.
ESCRITURA PÚBLICA DE COMPRA E VENDA DE BENS IMÓVEIS. Cartório do 1° Ofício de Registros de Imóveis de Belo Horizonte, Tabelião Fernando Pereira do Nascimento, Belo Horizonte, MG. Livro 3-H, folha 59, ficha 1-F, 05 abr. 1998. Escritura. [Arquivo da administração do condomínio Sul América].
ESCRITURA PÚBLICA DE COMPRA E VENDA DE BENS IMÓVEIS. Cartório do 4° Ofício de Registros de Imóveis de Belo Horizonte, Belo Horizonte, MG. Livro 4-A, folha 91, 25 out. 1966. Escritura. [Arquivo da administração do condomínio sul América].
ESCRITURA PÚBLICA DE CONVENÇÃO DE CONDOMÍNIO. Cartório do 4° Ofício de Registros de Notas Belo Horizonte, Belo Horizonte, MG. Livro de notas 229-A, folhas 102 a 120V, 31 mar. 1967. Convenção. [Arquivo da administração do condomínio Sul América].
ESCRITURA PÚBLICA DE CONVENÇÃO DE CONDOMÍNIO. Cartório do 1° Ofício de Registros de Notas Belo Horizonte, Tabelião João Maurício Villano Ferras, Belo Horizonte, MG. Livro de notas 289-E, folhas 001 a 013V, 31 jul. 1967. Convenção. [Arquivo da administração do condomínio Sul América].
FELDMAN, Sarah. *Planejamento e zoneamento*. São Paulo: 1947-1972. São Paulo, EDUSP/FAPESP, 2005. p. 15.
FINOCHIO, Carlos. Santos do século XX: trajetória da arquitetura e urbanismo. WebArtigos, 2011.Disponível em: http://www.webartigos.com/artigos/santos-do-seculo-xx-trajetoria-da-arquitetura-e-urbanismo/64802/. Acesso em: 2 out. 2014.
FOCAULT, Michel. *A arqueologia do Saber*. Tradução Luis Felipe Baeta Neves. 8ª edição. Rio de Janeiro: Forense Universitária, 2019. 236 p. (Coleção Campo Teórico)
FONSECA, José Ignacio; GALCERÁN, Virginia. Manifestaciones compositivas de la formación Beaux Arts en la diversidad programática materializada por los arquitectos de la Elite en la Provincia de Buenos Aires: 1880-1930. *In*: CONGRESO INTERNACIONAL BEAUX-ARTS, 2019. Disponível em: http://ocs.congresos.unlp.edu.ar/index.php/CBA/1CBA/paper/viewFile/4315/1095. Acesso em: 12 out. 2020.

FRANCO, Tiago Seneme. *A Trajetória de Jacques Pilon no Centro de São Paulo*: análise das obras de 1940 a 1947. Dissertação (Mestrado em Arquitetura e Urbanismo) – Faculdade de Arquitetura de Urbanismo, Universidade Presbiteriana Mackenzie, São Paulo, 2009.

GALERA, Izabella; GARCIA, Paula M. Brasil. Alegorias do tempo: uma reflexão sobre a transformação da paisagem do Parque Municipal de Belo Horizonte – Minas Gerais. *In*: ANAIS DO XVII ENAMPUR, 2017, São Paulo/SP. Disponível em: http://anpur.org.br/xviienanpur/principal/publicacoes/XVII.ENANPUR_Anais/ST_Sessoes_Tematicas/ST%207/ST%207.8/ST%207.8-02.pdf. Acesso em: 2 out. 2020.

GIROLETTI, Domingos. *Industrialização de Juiz de Fora*: 1850/1930. 1 ed. Juiz de Fora: UFJF, 1988.

GOLDHAGEN, Sarah Williams. Something to talk about Modernism. Discourse, Style. *Journal of the Society of Architectural Historians*. v. 64, n. 2, 2005, p. 144-167. Publicado pela University of California Press. Disponível em: https://www.jstor.org/stable/25068142?seq=1. Acesso em: 2 out. 2020.

GREGOTTI, Vittorio. *Nuevos Caminos de La Arquitectura Italiana*. Barcelona: Editorial Blume, 1969. 128 p.

JACOBS, Jane. *Morte e vida de grandes cidades*. São Paulo: Martins Fontes, 2000. p. 207.

Líder dos anti-fascistas. *O Dia*, Curitiba, 30 de julho de 1943. ed. 06126, p. 2.

MACIEL, Carlos Alberto. O exemplo e a regra. *Hoje em Dia*, Belo Horizonte, 28 de maio de 2006. p. 10.

MALARD, Maria Lucia. *As aparências em arquitetura*. Belo Horizonte: Editora UFMG, 2006. p. 125.

MANIFESTO aos Arquitetos. *Correio da Manhã*, Rio de Janeiro, 15 de julho de 1949, ed. n. 17278. p. 1. Disponível em: https://memoria.bn.gov.br. Acesso em: 28 fev. 2018.

MAZIVIEIRO, Maria Carolina. *Privatismo e gestão pública na urbanização de Santos, continuidades e mudanças*: décadas de 1910, 1940 e 2000. Tese (Doutorado em Arquitetura e Urbanismo) – Faculdade de Arquitetura e Urbanismo, Universidade de São Paulo, 2013.

MELLO, G. *A modernização de Santos no século XIX*: mudanças espaciais e da sociabilidade urbana no centro velho. Dissertação (Mestrado em Arquitetura) – Faculdade de Filosofia, Letras e Ciências humanas, Universidade de São Paulo, São Paulo, 2008.

MONTANER, Josep Maria. *Arquitetura e Crítica*. Barcelona: Editorial Gustavo Gili, SL, 2007.

MIZOGUCHI, Ivan; Xavier, Alberto. *Arquitetura moderna em Porto Alegre*. Porto Alegre: Pini, 1987.

MOREIRA, Fernando. A transformação do bairro de Santo Antônio no Recife (1938-1949). *In*: SEMINÁRIO DE HISTÓRIA DA CIDADE E DO URBANISMO, XIV, 2016, São Carlos. *Cidade, Arquitetura e Urbanismo*: visões e revisões do século XX. Anais eletrônicos. Disponível em: http://www.iau.usp.br/shcu2016/anais/wp-content/uploads/pdfs/31.pdf. Acesso em: 02 set. 2018.

NIEMEYER, Oscar. *A forma na arquitetura*. 3ª ed. Rio de Janeiro: Avenir, 1980. 54 p.

O IMPONENTE edifício da Sul América. *O Dia*, Curitiba, p. 8, 16 mai. 1936, edição 03592. Disponível em: http://bndigital.bn.br/hemeroteca-digital. Acesso em: 28 fev. 2018.

O'GORMAN, Juan. Arquitectura técnica y Arquitectura Orgánica. *In*: MALUENDA, Ana Maria Esteban. *La Arquitectura Moderna en Latino América*. Barcelona: Editorial

Reverté S.A., 2016. p. 43-44.

OLIVEIRA, Carlos Alberto. *A nova capital em movimento*: a reconfiguração dos espaços públicos em Belo Horizonte (1897-1930). Dissertação (Mestrado em História) – Instituto de Filosofia e Ciências Humanas, Universidade Estadual de Campinas, 2012.

OLIVEIRA, Neivalda Freitas de. *Rua Chile – caminhos de sociabilidades, lugar de desejos, expressão de conflitos*: 1900-1940. Tese (Doutorado em História) – Pontifícia Universidade Católica de São Paulo, 2008.

OLIVEIRA, Paulino. *História de Juiz de Fora*. Juiz de Fora: Companhia Dias Cardoso. S. A, 1953.

OS QUE VIAJAM pelo ar. *Jornal do Brasil*, Rio de Janeiro, 7 de novembro de 1937, ed. n. 05645, p. 12. Disponível em: http://bndigital.bn.br/hemeroteca-digital. Acesso em: 28 fev. 2018.

OS QUE VIAJAM pelo ar. *Jornal do Brasil*, Rio de Janeiro, p. 8, 8 de junho de 1935, ed. n. 00136. Disponível em: http://bndigital.bn.br/hemerotecadigital. Acesso em: 28 fev. 2018.

PAMPONET, Roger; SANCHEZ, José Manoel Morales. O engenheiro Emílio Baumgart e a arquitetura brasileira em concreto armado da primeira metade do século XX. *In*: CONGRESSO BRASILEIRO DE PONTES E ESTRUTURAS, IX 2016, Rio de Janeiro. Anais Eletrônicos. Disponível em: http://www.abpe.org.br/trabalhos2016/77.pdf. Acesso em: 18 jul. 2018.

PASSOS, Luiz Mauro do Carmo. *A metrópole cinquentenária*: fundamentos do saber arquitetônico e imaginário social da cidade de Belo Horizonte (1897-1947). Dissertação (Mestrado em História) – Faculdade de Filosofia e Ciências Humanas da Universidade Federal de Minas Gerais, Belo Horizonte, 1996.

PILOTTO, Angela Seixas. *Área metropolitana de Curitiba*: um estudo a partir do espaço intra-urbano. Dissertação (Mestrado em Planejamento Urbano e Regional) – Faculdade de Arquitetura e Urbanismo, Universidade de São Paulo, São Paulo, 2010. Disponível em: http://www.teses.usp.br/teses/disponiveis/16/16139/tde09062010-141856/pt-br.php. Acesso em: jul. 2020.

PONTUAL, Virginia; PEREIRA, J. M. *As práticas do urbanismo modernista e da conservação urbana na cidade do Recife*: dilemas, confrontos e o plano de gabaritos de 1965. Oculum Ensaios (PUCCAMP), v. 13, 2011. p. 98-111.

PRELADOS Illustres, um senador argentino e outros passageiros de destaque. *Correio da Manhã*, Rio de Janeiro, p. 6., 14 de agosto de 1929, ed. n. 10620. Disponível em: http://bndigital.bn.br/hemeroteca-digital. Acesso em: 28 fev. 2018.

PUENTE, Moisés. *Conversas com Mies van der Rohe*: certezas americanas. Barcelona: Editorial Gustavo Gili, 2006.

QUAL É o rumo da Itália? 20 Anos de Tirania e Traição. *Diário da Noite*, Rio de Janeiro, 28 de outubro de 1943. ed. 03915, p. 4. Disponível em: http://bndigital.bn.br/hemeroteca-digital. Acesso em: 28 fev. 2018.

RABELO, Clévio. *Arquitetos na cidade*: espaços profissionais em expansão (Rio de Janeiro, 1925-35). Tese (Doutorado em Arquitetura e Urbanismo) – Faculdade de Arquitetura e Urbanismo da Universidade de São Paulo, FAUUSP, Brasil, 2011.

RAHY, I. B. Verticalização e paisagem urbana. *In*: III SEMINÁRIO INTERNACIONAL URBICENTROS, 2012, Salvador. *Anais do II Seminário Internacional Urbicentros*: morte e vida dos centros urbanos. Salvador: Latitude21 / Cartograf, 2012.

REYNALDO, A. M. O.; ALVES, P. R. M. Origem da expansão urbana do Recife: divisão do solo e configuração da trama urbana. *In*: V SEMINARIO INTERNACIONAL EN URBANISMO, 2013. *V Seminario Internacional de investigación en Urbanismo*. Barcelona: DUOT> Universitat Politècnica de Catalunya, 2013. v. 1. p. 82-82.

RIBAS, Ana Maria; CARDOSO, Maria Helena Cabral de Almeida. *A história da Sul América na memória de seus funcionários*. 1985. Acervo Sul América.

RIBEIRO, Maria Angélica Mojaes. *Urbanização e loteamentos irregulares em Juiz de Fora*. Dissertação – Pontifícia Universidade Católica de São Paulo, São Paulo, 1988.

RODRIGUES, Felipe S.S. São Paulo, de volta às alturas: edifício Santos Augusta de Isay Weinfeld. *Drops*, São Paulo, ano 18, n. 127.08, Vitruvius, abr. 2018. Disponível em: https://www.wvyw.vitruvius.com.br/revistas/read/drops/18.127/6956. Acesso em: 17 mai. 2019.

SCRUTON, Roger. *Estética da Arquitectura*. São Paulo: EDIÇÕES 70, Lda, 2010.

SEGAWA, Hugo. *Arquiteturas no Brasil*: 1900-1990. São Paulo: Edusp, 1998.

SEGRE, Roberto. *Fervor cartesiano, paixão barroca*: reflexões sobre o centenário de Belo Horizonte. Tradução: Concepção R. Pedrosa de Segre. Rio de Janeiro, 1998. Disponível em: https://joaodiniz.wordpress.com/2011/12/17/fervor-cartesiano-paixao-barroca-reflexoes-sobre-ocentenario-de-belo-horizonte-por-roberto-segre/. Acesso em: 15 fev. 2018.

SERÃO festivamente inaugurados, hoje, ás 15 horas, os edifícios "SULACAP". *Jornal do Dia*. Porto Alegre, p. 3, 20 de setembro de 1949. ed. n. 00799. Disponível em: http://bndigital.bn.br/hemeroteca-digital. Acesso em: 28 fev. 2018.

SILVA, Joana Mello de Carvalho e. *O arquiteto e a produção da cidade*: a experiência de Jacques Pilon (1930-1960). São Paulo: Annablume; Fapesp, 2012.

TAFURI, Manfredo; Dal Co, Francesco. *Arquitectura contemporânea*. Madrid, 1978.

TASCA, Luciane. *As contradições e complementaridades nas leis urbanas de Juiz de Fora*: dos planos aos projetos de intervenção. Tese (Doutorado em Planejamento Urbano) – Universidade Federal do Rio de Janeiro, 2010.

TEDESCHI, Enrico. *Teoría de la arquitectura*. Buenos Aires: Ediciones Nueva Visión, 1978.

TENTORI, Francesco. *PM. Bardi*. São Paulo: Instituto Lina Bo e P.M. Bardi/IMESP, 2000.

TOGNON, M. *Arquitetura Italiana no Brasil*: a obra de Marcello Piacentini. 1. ed. Campinas: Editora da Unicamp, 2000. v. 01, 276 p.

VASCONCELLOS, Sylvio. *Arquitetura dois estudos*. Goiânia: MEC/SESU/PIMEG-ARQ/UCG, 1983. p. 17.

VIAJANTES. *Jornal do Commercio*, Rio de Janeiro, 15 de novembro de 1931, ed. n. 00237, p.11.

VIAJANTES. *Diário de Notícias***,** Rio de Janeiro, 11 de abril de 1936. ed. n. 02857, p. 9. Disponível em: http://bndigital.bn.br/hemeroteca-digital. Acesso em: 28 fev. 2018.

VIAJANTES. *O Imparcial*. Rio de Janeiro, p. 12, 23 de julho de 1938, ed. n. 969. Disponível em: http://bndigital.bn.br/hemeroteca-digital: Acesso em: 28 fev. 2018.

VIAJANTES. *Diário de Notícias*, Rio de Janeiro, p. 9, 17 de outubro de 1939. ed. n. 05207. Disponível em: http://bndigital.bn.br/hemeroteca-digital. Acesso em: 28 fev. 2018.

WAISMAN, Marina. *O interior da História*: historiografia arquitetônica para uso de latino-americanos. Tradução: Anita Di Marco. São Paulo: Perspectiva, 2013.

WAISMAN, Marina. *La estructura historica del entorno*. 3. ed. Buenos Aires: Ediciones

Nueva visión SAIC, 1985. 286 p.

WEIMER, Günter. *Arquitetura erudita da imigração alemã no Rio Grande do Sul*. São Paulo: FAU-USP, 1989.

WEIMER, Günter. *Arquitetura Moderna em Porto Alegre entre 1930 e 1945*. Porto Alegre: UE, 1998.

ZEVI, Bruno. *Saber ver la Arquitectura*. 2.ed. Buenos Aires: Editorial Poseidon, 1955.

ZEIN, R. V. Há que se ir às coisas: revendo as obras. *In*: ROCHA, G.; BRONSTEIN, L.; OLIVEIRA, B. S.; LASSANCE, G. (Org.). *Leituras em Teoria da Arquitetura 3*: objetos. Rio de Janeiro: Riobooks, 2011. v. 3, p. 198-218.

ZEIN, R. V. *Quando documentar não é suficiente*: obras, datas, reflexões e construções teóricas. 2011. Disponível em: https://www.archdaily.com.br/br/01-84215. Acesso em: jan. 2021.

Conselho editorial
Alencar Fráguas Perdigão, Claudia Masini
Editora responsável
Luciana Tanure
Editores
João Camilo de Oliveira Torres, Guilherme Coelho e Bruna Fortunata
Tecnologia da informação
Alessandro Guerra
Revisão
Guilherme Coelho
Imagem da capa
Ed. SULACAP de Juiz de Fora

Catalogação na publicação (CIP)
Bibliotecária Janaina Ramos – CRB-8/9166

A699r Arimateia, Karine de

Roberto Capello e os edifícios Sulacap e Sul América do Brasil / Karine de Arimateia. – Belo Horizonte: Quixote+DO, 2024. 256 p.; fotos; 17,5x24,5cm
ISBN 978-65-5283-005-0

---

1. Arquitetura. I. Arimateia, Karine de. II. Título.

CDD 720

Índice para catálogo sistemático
I. Arquitetura

Nesta edição, respeitou-se o Acordo Ortográfico da Língua Portuguesa de 1990, que entrou em vigor no Brasil, em 2009.

Quixote + Do Editoras Associadas

Av. Cristóvão Colombo 519 sala 606
30140-140 Belo Horizonte MG
(31) 3141-1256
www.quixote-do.com.br

Este livro foi composto em Sentinel,
Halyard Text e TT Commons
e impresso em papel offset 90g
na gráfica Star 7.